POR UMA ÉTICA DO CUIDADO

(Volume 2)

CONSELHO EDITORIAL

André Costa e Silva

Cecilia Consolo

Dijon de Moraes

Jarbas Vargas Nascimento

Luis Barbosa Cortez

Marco Aurélio Cremasco

Rogerio Lerner

Blucher

POR UMA ÉTICA DO CUIDADO

Winnicott para educadores e psicanalistas

(Volume 2)

Alexandre Patricio de Almeida

Por uma ética do cuidado: Winnicott para educadores e psicanalistas (Volume 2)
© 2023 Alexandre Patricio de Almeida
Editora Edgard Blücher Ltda.

Publisher Edgard Blücher
Editor Eduardo Blücher
Coordenação editorial Jonatas Eliakim
Produção editorial Thaís Costa
Preparação de texto Ana Maria Fiori
Diagramação Guilherme Henrique
Revisão de texto Marco Antonio Cruz
Capa Laércio Flenic
Imagem da capa SPERB, Gisele Teixeira, Retrato de Winnicott, 2022. Coleção privada, acrílica sobre tela, 85 × 70 cm

Blucher

Rua Pedroso Alvarenga, 1245, 4º andar
04531-934 – São Paulo – SP – Brasil
Tel.: 55 11 3078-5366
contato@blucher.com.br
www.blucher.com.br

Segundo o Novo Acordo Ortográfico, conforme 5. ed. do *Vocabulário Ortográfico da Língua Portuguesa*, Academia Brasileira de Letras, julho de 2021.

É proibida a reprodução total ou parcial por quaisquer meios sem autorização escrita da editora.

Todos os direitos reservados pela Editora Edgard Blücher Ltda.

Dados Internacionais de Catalogação na Publicação (CIP)
Angélica Ilacqua CRB-8/7057

Almeida, Alexandre Patricio de
  Por uma ética do cuidado : Winnicott para educadores e psicanalistas : Volume 2 / Alexandre Patricio de Almeida. – São Paulo : Blucher, 2023.
  312 p.

Bibliografia
ISBN 978-65-5506-815-3

1. Psicanálise 2. Winnicott, Donald Woods, 1896-1971 I. Título

23-0540   CDD 150.195

Índice para catálogo sistemático:
1. Psicanálise

Aos meus pais, legítimos praticantes da ética do cuidado e responsáveis pelo meu processo contínuo de vir a ser. À minha querida avó Elizabeth (*in memoriam*) que dizia a todos, orgulhosamente, que um dia eu iria me tornar um doutor. Uma pena a senhora ter partido um ano antes desse feito. Uma pena...

Agradecimentos

À minha mãe, Silvania, por ser o exemplo mais legítimo de "mãe suficientemente boa". Com você, eu aprendi que educar faz parte do ser e, portanto, deve antecipar o nosso fazer. O ato de educar só faz sentido, quando o fazemos com o íntimo e isso, certamente, ultrapassa os limites de *qualquer* teoria. Esta pesquisa só se moveu e, seguiu até o fim, graças ao seu olhar devotado.

Ao meu pai, José Anselmo, por me ensinar, todo santo dia, que a humildade pode ser a maior força do caráter de um ser humano. Sou grato por ter me apresentado o mundo pelas janelas do seu caminhão, e por ter conduzido a minha vida pelas vias do amor e da empatia.

Ao meu querido orientador, o prof. dr. Alfredo Naffah Neto, que teve paciência e sensibilidade para cicatrizar as minhas feridas traumáticas, abertas pela crueldade que se mantém presente no universo acadêmico. Do seu lado, pude alçar grandes voos e, sobretudo, aprendi a me criticar, sem me destruir. Não tenho dúvidas de que esse é o maior legado que um verdadeiro mestre pode deixar na vida de um aluno e, eternamente, serei grato ao senhor por isso.

Ao meu parceiro de cumplicidade, de amor e de loucuras, Filipe, que soube segurar a minha mão todas as vezes em que eu pensei em correr e deixar para trás a realização dos meus sonhos. Realizamos juntos e aqui estamos. Afinal, *"nothing fails, no more fears"*.

À minha grande amiga, Kátia, que durante todo esse meu tempo de imersão na psicanálise, se colocou em segundo plano, para me ver em primeiro. E que nunca, nem por um segundo, deixou de acreditar que eu conseguiria concluir, dispondo-se, pois, "numa frequência que só a gente sabe".

Aos meus avós, Nilza e Antenor, que sentiram a dor da minha ausência e, ainda assim, estiveram comigo em todos esses anos dedicados à pesquisa e à produção científica. Lamento pelo meu distanciamento.

À prof.ª dr.ª Paula Regina Peron, que me introduziu à psicanálise com o seu jeito apaixonado de transmitir o saber. Suas aulas, desde o primeiro dia, foram um divisor de águas para mim, comprovando o quanto a figura de uma professora pode transformar, por completo, os rumos do destino de um estudante.

Ao prof. dr. Renato Mezan, pelos "encantamentos" realizados em seus seminários na PUC-SP. A sua criatividade, o seu conhecimento infinito, a sua postura humana e a sua elegância na escrita, me inspiraram a buscar a excelência em meu fazer como pesquisador. Valores que cativam qualquer iniciante nesse campo.

À prof.ª dr.ª Ana Karina Amorim Checchia que, desde o início, aceitou participar efetivamente da construção desse trabalho, me ajudando com apontamentos enriquecedores e com colocações grandiosas no meu exame de qualificação.

Ao prof. dr. Daniel Kupermann, pelas aulas sublimes sobre a vida e a obra de Sándor Ferenczi, no Instituto de Psicologia da USP. Ter contado com a sua presença na minha banca de doutorado foi uma honra enorme.

À Vera Maria Guilherme, uma grande amiga que a psicanálise me presenteou. Vera foi a primeira leitora desse material, trazendo sugestões que me guiavam quando eu perdia o rumo. Nossas risadas, diálogos e debates salvaram a minha alma do adoecimento.

À minha querida amiga Samantha Dubugras Sá que participou ativamente, com força e vigor, de cada detalhe final desse livro, auxiliando-me a torná-lo possível. Nossas conversas revelaram que a *ética do cuidado* pode ser realizada apesar da distância.

Aos professores que eu tive a sorte de encontrar no decorrer da minha existência. Essa produção é o resultado desse encontro. Vocês me ensinaram o verdadeiro significado de resiliência, lutando por uma causa completamente abandonada em nosso país.

À equipe do Colégio Patricio que, desde 1999, se consolidou como a minha segunda família.

Aos meus alunos, que me ensinam diariamente a capacidade de lidar com o meu não-saber.

Aos meus pacientes, que me mostram a todo instante a eficácia da ética cuidado.

Aos ouvintes do *podcast* "Psicanálise de boteco", que me fizeram chegar ao "top 5" de programas mais ouvidos do Spotify Brasil. Essa conquista assegura a certeza de que a democratização da psicanálise, tão urgente em nosso país, está, de fato, acontecendo.

Agradeço, imensamente, ao Conselho Nacional de Desenvolvimento Científico e Tecnológico (CNPq), por ter custeado essa pesquisa e ter acreditado na potência de suas ressonâncias.

À Elizabeth, minha avó paterna (*in memorian*) – e como é horrível ter de escrever esses parênteses. Vó, o tempo foi cruel com a gente: tirou você de mim no dia do meu aniversário, que, a partir dessa ocasião, perdeu o sentido de comemoração e alegria. A senhora estava na primeira fila da defesa do meu mestrado, em 2018 e, agora, eu terei que defender esse doutorado 'sozinho'. Confesso que não era assim que eu esperava. Talvez, por isso, esse trabalho enroscou no final. Simplesmente não saía. As palavras não me vinham à mente. Faltaram-me recursos. Mas entendi que você gostaria que eu finalizasse e, portanto, eu o fiz. A senhora não está aqui para ver o seu neto *doutor*. Porém, cada linha, cada ponto e cada vírgula desse texto carrega um pedaço seu que habita em mim. Que ele possa ser um motivo de orgulho para nós. Um brincar compartilhado, mesmo na angústia infinita de estar só, sem a sua presença.

A realidade não esvanece
como esvanecem os sonhos.
Nenhum murmúrio ou campainha
a dispersa,
nenhum grito ou estrondo
pode interrompê-la.

. . . Para os sonhos há chaves.
A realidade se abre sozinha
e não se deixa fechar.

. . . Não são os sonhos que são loucos,
louca é a realidade,
mesmo que só pela teimosia
com que se agarra
ao curso dos acontecimentos.

Szymborska, 2020, n.p.[1]

---

1 Szymborska, W. (2020). *Para o meu coração num domingo.* Companhia das Letras. (E-book)

É essa integração do ego que me interessa e me dá um prazer particular (embora não deva ocorrer em função do meu prazer). É muito gratificante observar a capacidade crescente do paciente de reunir tudo dentro da área de sua onipotência pessoal, inclusive até traumas genuínos. A força do ego resulta em uma mudança clínica no sentido do relaxamento das defesas, que são empregadas e implementadas de forma muito mais econômica, de modo que o paciente não se sente mais preso dentro de sua doença, como resultado, mas livre, mesmo que não esteja livre de sintomas. Em suma, observamos crescimento e desenvolvimento emocional que tinha ficado em suspenso na situação original.

Citação do texto "Objetivos do tratamento psicanalítico", de Donald Winnicott, apresentado à Sociedade Britânica de Psicanálise, no dia 7 de março de 1962.

Conteúdo

Apresentação: Volume 2: Winnicott — 17

Prefácio geral: Por uma educação mais humana e menos excludente — 29

Prefácio para o volume 2: Por uma escola não normatizante — 33

Introdução — 39

1. A teoria do amadurecimento de D. W. Winnicott: novos horizontes para a educação — 71

2. O papel de espelho dos professores no desenvolvimento infantil — 107

3. A questão do falso *self* no ambiente escolar e a impossibilidade do 'ser' verdadeiro — 133

4. O estágio da concernência e o complexo de Édipo: reflexões para a educação — 167

5. Adolescência: uma análise winnicottiana do filme "Red: crescer é uma fera" — 205

6. Novas compreensões para a agressividade infantil: uma visão winnicottiana ... 233

7. As consultas terapêuticas e suas contribuições para o ambiente escolar ... 275

Considerações finais ... 301

Apresentação: Volume 2: Winnicott

> *O leitor deve saber que sou um fruto da escola psicanalítica, ou freudiana. Isso não significa que eu tome como correto tudo o que Freud disse ou escreveu; isso seria em todo caso absurdo, visto que Freud continuou desenvolvendo suas teorias – isto é, modificando-as (de modo ordenado, como qualquer cientista) até o momento de sua morte, em 1939.*
>
> Winnicott, 1950/2011, p. 29

Começo a Apresentação deste volume 2, dedicado ao estudo da obra de D. W. Winnicott, com uma de suas passagens mais emblemáticas, que assinala o seu jeito irreverente de ser e, ao mesmo tempo, revela uma dificuldade intrínseca à sua própria personalidade: o autor britânico tinha certas resistências para seguir fielmente o pensamento de *qualquer* pessoa, embora se julgasse um herdeiro direto da linhagem freudiana.

O fato é que Winnicott, transformou radicalmente as ideias de Freud, a ponto de alguns pesquisadores da nossa área, considerarem suas teses como a inauguração de um novo paradigma em psicanálise – ver Loparic (2002), Dias (2017) e Abram (2008). Aspecto que eu particularmente não concordo e, talvez, esse assunto em específico assinala a minha proximidade com o estilo do autor inglês. Explico: eu tenho a *minha forma* de compreender Winnicott, e acredito que é essa peculiaridade que torna as suas contribuições tão efetivas e atuais ao meu *ser* e *fazer* psicanalítico.

Vale lembrar que ele nunca sonhou com uma escola fundada em seu nome; pelo contrário, tinha horror aos dogmatismos. A meu ver, Winnicott absorveu os nutrientes mais ricos, isto é, o *húmus* das teorias de Freud e Klein, e transformou-as à sua maneira, por meio de uma vasta experiência clínica na pediatria e na psiquiatria infantil. Isso o consagrou como um teórico original, colaborando diretamente para estender a nossa compreensão acerca do desenvolvimento emocional humano e a devida importância do ambiente nesse processo.

Winnicott não era um mero repetidor. Era um cientista incansável – assim como Sándor Ferenczi. Questionava tudo aquilo que era simplesmente imposto para ele *de fora para dentro*. Em um texto, dedicado ao reconhecimento das influências kleinianas em sua trajetória, o autor nos diz: "Acredito que meus pontos de vista começaram a se diferenciar dos dela, e de qualquer modo achei que ela não me tinha incluído como um kleiniano" (Winnicott, 1962/2022, p. 225). E, em seguida, completa: "Isso não me importava, porque nunca fui capaz de seguir quem quer que fosse, nem mesmo Freud" (p. 225). Winnicott finaliza o parágrafo com o seu conhecido sarcasmo: "Mas Freud era fácil de criticar, porque ele mesmo era sempre crítico de si mesmo. Por exemplo, simplesmente não acho válida sua ideia de instinto de morte" (pp. 225-226).

Nesse sentido, ele nunca tomou partido enquanto as "controvérsias" entre Anna Freud e Melanie Klein aconteciam na Sociedade Britânica de Psicanálise, no auge da Segunda Guerra Mundial.

Winnicott se manteve "neutro", criando o *Middle Group* ou Grupo Independente. Segundo a história contada por Adam Limentani (Bonamino, 2011, p. 20), em uma de suas entrevistas para escolher um analista em Londres, quando encontrou Winnicott e expressou o seu desejo de fazer uma análise freudiana, o britânico lhe respondeu: "*We are all freudian*" (nós somos todos freudianos), e depois de um breve instante de pausa acrescentou: "*more or less*" (mais ou menos).

No entanto, a escolha de não se alinhar com nenhum dos dois grupos institucionais foi firmada pelo reconhecimento de diferenças teóricas insustentáveis entre suas ideias e as das novas líderes (Anna Freud e Melanie Klein), mas também foi influenciada pelo forte hermetismo desses grupos, ambos adeptos da sucessão apostólica (Moraes, 2008). Dessa forma, Winnicott almejava manter certa independência no desenvolvimento de suas teorias – muitas delas ainda em período embrionário –, tendo como objetivo posicionar a psicanálise como uma ciência da natureza humana, em sua opinião algo maior que ser freudiano ou kleiniano.

A proposta de valorizar o *debate* e o aperfeiçoamento da *técnica* era o que orientava a sua participação na Sociedade, tanto como simples membro, como na posição de presidente, que ocupou durante dois mandatos: de 1956 até 1959 e de 1965 até 1969.

Notamos alguns traços dessa conduta no decorrer de toda sua obra, especialmente nas correspondências agrupadas no livro "O gesto espontâneo". Por exemplo, em uma carta enviada para Hanna Segal, de 21 de fevereiro de 1952, ele escreve: "Minha intenção é não me conter nos encontros da Sociedade, sempre que a tendência se desviar do relato científico para a expressão de uma posição política" (Winnicott, 2017, p. 34). E lamenta os rumos da teoria kleiniana:

> *Há outro motivo para eu escrever esta carta, que é meu interesse pela contribuição de Melanie Klein à psicanálise.*

> *Essa contribuição está gradualmente se tornando inaceitável devido à propaganda a que a dra. Heimann, e a senhora em particular, se dão ao luxo de fazer em todos os encontros. Há um ditado que diz que o que é bom não precisa de propaganda. De modo similar, o que há de bom na contribuição de Melanie Klein não precisa ser impingido em Encontros Científicos. Essa contribuição pode ser comunicada e discutida. Atualmente, ela é pouco discutida porque é apresentada de modo agressivo e depois defendida de uma maneira que só pode ser designada como paranoica. (Winnicott, 2017, p. 33, grifos meus)*

Assim sendo, sua atitude de *independência* não pode ser interpretada como rejeição da tradição psicanalítica e tampouco como receio em se posicionar. "Deve ser compreendida como crítica àqueles que temem o que é novo e criativo" (Moraes, 2008, p. 81). Para Winnicott, não há possibilidade de se criar onde os 'espaços' se acham preenchidos de arrogâncias e certezas. Paradoxalmente, é impossível ser livre e criativo sem a tradição. Ele acreditava que o exercício da reflexão, a introdução de novas formas de pensar, o uso de outra linguagem e até mesmo a discordância de aspectos teóricos centrais são importantes passos tanto para a confirmação do que se sabe, como para o surgimento de um pensamento inovador (Moraes, 2008).

Não à toa, um dos alicerces do edifício de sua teoria do amadurecimento consiste na preservação de uma *criatividade primária*, ou seja, do *gesto espontâneo* do bebê que precisa ser efetivamente respeitado pelo ambiente cuidador, responsável por lhe apresentar a realidade externa em pequenas doses. Cada um de nós, portanto, cria um mundo que já existe, mas que nunca deixará de ser pessoal, à medida que é *experienciado* pelo próprio sujeito.

Tais características também estão presentes no processo de formulação de diversos conceitos winnicottianos. Um deles é a noção de 'transicionalidade'. À guisa de curiosidade, Roger Money-Kyrle, um excelente analista do grupo kleiniano, sugeriu o adjetivo "intermediário" durante a discussão do artigo de Winnicott sobre os objetos transicionais. O nosso autor, então, responde ao colega, com a sua habitual e aparente ingenuidade, numa carta de 27 de novembro de 1952:

> *Parece-me que na última parte desse parágrafo você faz uma nobre tentativa de enunciar a área intermediária para a qual estou tentando chamar atenção. Você se lembrará de que a palavra intermediária me foi dada por você mesmo durante a discussão do ensaio sobre objetos e fenômenos transicionais. A palavra intermediária é certamente útil, mas a palavra transição implica movimento, e não posso perdê-la de vista, do contrário acabaremos por ver algum tipo de* fenômeno estático sendo associado ao meu nome. *(Winnicott, 2017, pp. 52-53, grifos meus)*

Infelizmente, no fim, parece que o "feitiço virou contra o feiticeiro", mesmo que isso tenha ocorrido, sobretudo, após a morte de Winnicott. Acontece que grande parte de seu pensamento se tornou *estático*, paralisado. Com o passar dos anos, pudemos assistir à formação de uma verdadeira 'legião de fãs' que defendem o legado de Winnicott com 'unhas e dentes', mantendo-se fechados aos diálogos e, por conseguinte, às trocas.

Recentemente, participei de um congresso sobre o pensamento winnicottiano e fiquei assustado com a mediocridade dos trabalhos: a maioria mostrava mais do mesmo, acompanhado de um *endeusamento* da 'figura' do autor inglês. O encontro que deveria ser *científico* mais parecia um culto religioso. Sem contar o uso leviano dos termos cunhados por ele: tudo parecia uma *grande farofa* de 'mãe suficientemente boa', com pedaços de 'falso *self*' e pitadas de '*holding*' – para mencionar alguns dos *ingredientes* principais.

Entretanto, o que mais me assusta nesse contexto é a resistência de alguns analistas diante das contribuições de outros autores que estruturam a base da história da psicanálise. Nesses espaços, falar de Freud significa uma heresia. Melanie Klein é um absurdo. O pobre coitado do Lacan, então, é praticamente apedrejado. Em síntese: apenas é permitido circular entre as ideias winnicottianas – fenômeno que representa um sério risco para a sobrevivência da herança deixada pelo próprio Winnicott.

Ora, basta ter um pouco de bom senso para perceber o quanto essas *imposturas* são incoerentes ao discurso do pediatra britânico. Isso não quer dizer, de maneira alguma, que não podemos simpatizar pela teoria de Winnicott e escolhê-la como atriz principal para atuar em nossa prática clínica. O que estou denunciando aqui é o caráter de *fanatismo* que emerge quando nos tornamos impenetráveis às outras opiniões. Afinal, como o próprio Winnicott afirmou: só há inovação, se partirmos da tradição. Logo, não existiria Winnicott sem as descobertas de Freud e Klein – o que faz *indispensável* o estudo desses clássicos veteranos.

Pois bem, voltemos agora às marcas autorais que me levaram a escolher a linhagem winnicottiana como fio norteador para esse livro. Winnicott não falava apenas para psicanalistas. Valia-se da linguagem mais simples e coloquial para elaborar os seus artigos. Porém, isso não significa que eles sejam fáceis de compreender. Ele é um autor complexo, com centenas de escritos espalhados em dezenas de livros que, para piorar a nossa situação, possuem uma qualidade péssima de tradução para a língua portuguesa. Contudo, desde 2019, a editora Ubu tem feito um trabalho de excelência, publicando novas edições com traduções coordenadas por um conselho técnico de altíssimo calibre.² Em 2016, a Oxford University Press, publicou "*The Collected Works of D. W. Winnicott*", que reúne, pela primeira vez, uma coleção cronológica dos trabalhos de Winnicott. Inclui, ainda, material de arquivo inédito: cartas, revisões, obituários, desenhos, comentários e discussões sobre questões políticas e psicanalíticas. Além disso, fornece o acesso on-line às gravações de áudio selecionadas das transmissões de rádio feitas pelo autor inglês. Todavia, cabe ressaltar, que o custo disso tudo foge da realidade financeira da população brasileira, ultrapassando a 'bagatela' de 2 mil dólares³ – fator que certamente dificulta o crescimento de pesquisas.

Analisando as origens de diversos textos do pediatra britânico, percebemos uma preocupação constante, da sua parte, em fazer a psicanálise *circular*. Como mencionei a pouco, Winnicott fez incontáveis conferências para enfermeiros, assistentes sociais, educadores, médicos e estudantes de medicina. Acrescento, nesse ponto, a mais importante de todas as suas contribuições para a sociedade e a cultura: ele foi um dos pioneiros a compartilhar a transmissão da teoria psicanalítica com o *grande público*, usando um vocabulário comum e transparente, que pudesse ser compreendido pelo maior número possível de pessoas.

Essa atitude foi inaugurada em 1949, por meio de uma comunicação radiofônica na BBC de Londres, em que enuncia, pela primeira vez, o conceito de "mãe suficientemente boa" (*good enough mother*). No ano de 1958, ele publica o livro "A criança e o seu mundo", reunindo uma série de palestras que foram originalmente transmitidas pela mesma emissora de rádio. A obra "Bebês e suas

---

2   Composto por pesquisadores doutores, especialistas na teoria de Winnicott: Ana Lila Lejarraga, Gilberto Safra, Leopoldo Fulgencio, Tales Ab'Sáber. O conselho conta, ainda, com a presença de Christian Dunker que, embora não seja um 'winnicottiano', possui um conhecimento imensurável de história da psicanálise.
3   https://www.amazon.com/Collected-Works-D-Winnicott-12/dp/0199399336 (Acesso em dezembro de 2022).

mães" (*Babies and their mothers*)[4] também segue o mesmo padrão, sendo organizada e publicada, postumamente, em 1987, por sua esposa Clare Winnicott, com o auxílio de Ray Shepherd e Madeleine Davis. Maria Rita Kehl, no prefácio da versão em português (Ubu, 2020), resume com brilhantismo a espinha dorsal do livro:

> *A rotina de pequenos cuidados corporais que a mãe proporciona ao filhote também contribui para que, aos poucos, o bebê desenvolva a capacidade de sentir-se real. Para isso, não basta que a mãe saiba cuidar dele. Assim que uma mulher dá à luz seu bebê, ela deve aceitar a dura realidade de que aquela união tão perfeita com outro ser, experimentada durante a gravidez, terminou. Nos braços, ela carrega com amor um perfeito estranho. É bom que seja assim; com surpreendente originalidade, o autor afirma que "o bebê precisa que a mãe falhe ao se adaptar".*

---

[4] Na quarta capa da versão em inglês, publicada pela editora Da Capo Press, em 1992, encontramos comentários de ilustres profissionais da área: 1) "D. W. Winnicott é uma grande influência para todos nós que tentamos trazer questões emocionais e comportamentais para a pediatria. Seu trabalho deve estar à disposição dos pais e de todos os que trabalham com crianças pequenas neste país" (T. Berry Brazelton, M.D.); 2) "O dr. Winnicott foi, entre os meus mestres, o pediatra que mais admirei e com quem mais aprendi" (Sir Peter Tizard, Presidente da British Pediatric Association); 3) "Winnicott ajudou a preencher a lacuna entre a pediatria e a dinâmica do desenvolvimento infantil" (Benjamin Spock, M.D.); 4) "Minha reação a este trabalho talvez possa ser melhor compreendida como se eu fosse o editor de algum jornal popular que acabara de receber de Sigmund Freud uma coleção de sua obra mais importante, escrita especificamente para o público leigo. Embora a importância de Winnicott continue a crescer nos círculos psicanalíticos, esta coleção de ensaios representa Winnicott em sua forma mais criativa, compreensível e relevante" (Harold Bursztajn, M.D., Harvard Medical School) – a tradução é minha.

> *Daí sua preferência pela expressão* mãe dedicada comum *para designar o conjunto de qualidades e falhas com que, no melhor dos casos, a mulher conta para apresentar o mundo ao filho recém-nascido. Poeticamente, a leitura deste livro nos faz entender que o bebê se transforma em um pequeno ser para o mundo à medida que o mundo lhe é apresentado pela mediação insubstituível da mãe. Aliás o próprio bebê só se torna um ser para si mesmo conforme se percebe como um ser para a mãe. "É importante destacar que* eu sou *não significa nada a não ser que* eu, no início, *sou junto a outro ser humano que ainda não se diferenciou". (Kehl, 2020, pp. 10-11, grifos da autora)*

O conhecimento contido no livro "Bebês e suas mães" me parece ainda mais necessário ao mundo contemporâneo, quando os indivíduos desconfiam cada vez mais do valor da experiência transmitida entre sujeitos que compartilham destinos semelhantes e só se sentem seguros quando substituem tais saberes históricos por inovações tecnológicas. Em tempos nos quais a família entrega a educação de suas crianças aos famosos 'especialistas', a simplicidade winnicottiana simboliza uma ousadia muito atual, evidenciando o fato de que a perfeição humana não existe e nem deve ser esperada. Em outras palavras: "Com o passar do tempo, o bebê precisa que a mãe falhe ao se adaptar – e esse fracasso também é um processo gradual que *não se aprende nos livros*" (Winnicott, 1966/2020, p. 22, grifos meus).

Ao contrário do que muitos imaginam, Winnicott retira a maternidade de um lugar de romantização/idealização ao salientar que a figura materna deve ser apenas *ela mesma*, prestando os cuidados necessários na medida do possível, nem demais e nem de menos. "Não há nada de místico nisso", redige o autor (1966/2020, p. 26).

A minha relação com Winnicott se estreitou, principalmente, na reta final do meu mestrado, em 2017. Neste período e durante todo o meu doutorado (feito na PUC-SP), tive o privilégio de ter como orientador o prof. dr. Alfredo Naffah Neto – um dos maiores conhecedores do pensamento winnicottiano do país. Tais fatores colaboraram para que eu empreendesse uma vasta pesquisa nesse campo, ao mesmo tempo que passei a rever a minha prática clínica e as possibilidades de intervenção terapêutica com pacientes considerados 'graves' (*borderlines* e psicóticos).

Durante a pandemia de covid-19, tive a ideia promissora de criar um *podcast*, chamado "Psicanálise de boteco", com o intuito de democratizar o acesso à psicanálise. Para a minha surpresa, o projeto se manteve no *ranking* dos 100 *podcasts* mais ouvidos do país, na plataforma de *streaming* Spotify, circulando entre diversos profissionais e o público leigo. O nome despojado do programa justifica o seu formato: priorizamos a produção de conteúdos com leveza e didática, mas sem perder o rigor epistemológico que configura a nossa disciplina.

Portanto, o livro que o leitor agora tem em mãos, abraça essa mesma dinâmica. Ele parte das minhas experiências, das devolutivas que recebo em relação ao *podcast* e da minha leitura da teoria de Winnicott. Não apresento, nas próximas páginas, um manual de uma prática winnicottiana, voltado tanto para o universo escolar, quanto para o exercício da clínica. Compartilho, sobretudo, *narrativas*, na intenção de despertar inquietações e promover uma contínua reflexão nos leitores. Mantive a preocupação de ser o mais claro possível, fugindo do jargão técnico.

A minha aposta abrange a possibilidade de uma leitura *plural* e *pessoal* feita de modo singular por cada sujeito que queira se aventurar pelas estradas tortuosas desse livro. Torço para que cada um possa encontrar o 'seu próprio Winnicott', na esperança de manter o seu legado vivo e atualizado.

Finalizo essa Apresentação com um fragmento do clássico livro de Adam Phillips que, no meu ponto de vista, sintetiza uma boa parte das inovações winnicottianas e destaca uma das principais críticas proferidas pelo psicanalista inglês aos padrões de uma 'análise ortodoxa' – ainda comumente praticada. Vejamos:

> *Para Winnicott, o oposto do brincar não é o trabalhar, mas a* coerção. *Isto significa, claro, que o analista também tem de ser capaz de brincar. É no encontro, no espaço transicional*[5] *entre analista e paciente que a comunicação ocorre.* O brincar acaba quando um dos participantes se torna dogmático, *quando o analista impõe um padrão que esteja em desacordo com o material do paciente. (Phillips, 2006, pp. 200-201, grifos meus)*

Referências

Abram, J. (2008). Donald Woods Winnicott (1896-1971): A brief introduction. *The international Journal of Psychoanalysis*, 89(6), 1189-1217.

Bonamino, V. (2011). *Nas margens de mundos infinitos...* Imago.

Dias, E. O. (2017). *A teoria do amadurecimento de D. W. Winnicott.* DWW Editorial.

Kehl, M. R. (2020). Uma ética do bom senso – conselhos de Donald Winnicott a jovens mães. In D. W. Winnicott, *Bebês e suas mães.* Ubu.

---

5 O conceito de "espaço transicional" será amplamente discutido no capítulo 1 desse livro.

Loparic, Z. (2002). Winnicott's Paradigm Outlined. *Revista latino-americana de psicopatologia fundamental*, 5(1), 61-98.

Moraes, A. A. R. E. (2008). Winnicott e o Middle Group: a diferença que faz diferença. *Natureza humana*, 10(1), 73-104.

Phillips, A. (2006). *Winnicott*. Ideias & Letras.

Winnicott, D. W. (1992). *Babies and their mothers*. Da Capo Press.

Winnicott, D. W. (2011). Crescimento e desenvolvimento na fase imatura. In D. W. Winnicott, *A família e o desenvolvimento individual*. Martins Fontes. (Trabalho originalmente publicado em 1950)

Winnicott, D. W. (2020). A mãe dedicada comum. In D. W. Winnicott, *Bebês e suas mães*. Ubu. (Trabalho originalmente publicado em 1966)

Winnicott, D. W. (2022). Enfoque pessoal da contribuição kleiniana. In D. W. Winnicott, *Processos de amadurecimento e ambiente facilitador*. Ubu. (Trabalho originalmente publicado em 1962)

Prefácio geral: Por uma educação mais humana e menos excludente

Com uma narrativa leve, sensível, cativante e didática, Alexandre expressa, neste livro, um legítimo compromisso de contribuir para a *humanização* do homem, das relações escolares e da prática pedagógica, tendo a psicanálise como um suporte teórico que pode subsidiar a luta pela efetivação da ética do cuidado nas escolas. Seu texto, muito bem fundamentado teoricamente, é um convite à reflexão sobre um significativo diálogo entre 'psicanálise e educação', centrado em princípios da ética do cuidado como alicerce da prática pedagógica – no Volume 1, este diálogo é realizado à luz das proposições de Ferenczi e no Volume 2, de Winnicott.

O primeiro aspecto a ser destacado nesta obra consiste na apresentação de belos relatos de situações vivenciadas por Alexandre em sua experiência, desde o início de sua vida, no berçário particular em que sua mãe foi diretora, bem como em seu percurso como estudante de pedagogia, professor, coordenador pedagógico, e em sua prática clínica como psicanalista. Por meio da exposição dessas lembranças, são elucidados, com sensibilidade, elementos que compõem a trama da ética do cuidado em psicanálise, de modo a se propiciar uma discussão viva e pertinente.

Alexandre explicita o questionamento de práticas educativas autoritárias, opressoras e normativas, atravessadas pela estigmatização e humilhação dos indivíduos no ambiente escolar, e apresenta subsídios para a consolidação da ética do cuidado nas escolas, que valoriza a escuta, o olhar atento ao sujeito e o acolhimento.

A importância do diálogo e a indagação de métodos opressores têm sido bem enfatizados ao longo do movimento crítico, no campo da *psicologia escolar*. Esta *perspectiva crítica* apresenta, como base epistemológica, o materialismo histórico dialético e tem como importante referência a obra de Maria Helena Souza Patto. Ao questionar a naturalização e o reducionismo de fenômenos, como o fracasso escolar, no âmbito individual, Patto enfatiza a necessidade de se compreender a complexidade de fatores implicados no *processo educacional*, de modo a convocar a nossa atenção para os aspectos sociais, históricos, políticos, institucionais e relacionais que o constituem, situando-o na atual conjuntura social brasileira regida pelo modelo de produção capitalista vigente. Com base no pensamento crítico, Alexandre se propõe a investigar os problemas do cotidiano escolar, situados no contexto do nosso sistema educacional, analisando as relações entre os sujeitos que configuram essa dinâmica.

Esse movimento centra-se em um compromisso ético e político da psicologia escolar que envolve a luta pela humanização, pela educação de qualidade e pela transformação da cultura, bem como a denúncia de mecanismos de opressão, humilhação, exclusão e violência que atravessam práticas pedagógicas em um sistema educacional regido pelos ditames de uma sociedade de classes, dividida e desigual. Esse compromisso envolve, ainda, a denúncia de visões reducionistas que, como expressão de uma inversão ideológica, naturalizam o que é social e historicamente produzido, enquanto culpabilizam os indivíduos e legitimam a manutenção do *status quo*.

Por esta via, ao se analisar as relações intersubjetivas, valoriza-se a circulação da palavra, por meio da escuta e do diálogo, o acesso à versão dos sujeitos sobre a temática investigada e a problemática da estigmatização e da patologização no contexto institucional. Neste livro, encontra-se a expressão de alguns desses elementos constitutivos do conhecimento, produzido no campo da psicologia escolar em uma perspectiva crítica. Ao fazer alusão a esse pensamento, Alexandre enfatiza a importância de se questionar a naturalização que se evidencia em tradicionais concepções ideológicas e a culpabilização do indivíduo (fundamentalmente estudantes de classes populares) pelo fracasso escolar.

Nos relatos apresentados, estão presentes tanto a crítica à normalização e à normatização, arraigadas em práticas escolares que produzem humilhação e sofrimento, quanto a valorização do olhar para o sujeito, isto é, para os seus recursos (em oposição ao foco no que lhe falta). Desse modo, o autor salienta a importância do cuidado, da empatia e do acolhimento dos estudantes que vivenciam as marcas da exclusão, da estigmatização e da violência produzidas nos mais diversos âmbitos da sociedade.

Assim, nesta pesquisa, são tecidas algumas possibilidades em busca da efetivação da *ética do cuidado* nas escolas; que buscam a superação de reducionismos, a implicação de construções e desconstruções, o valor da criatividade e do brincar, o transformar e o ser – caraterísticas essenciais da linhagem psicanalítica escolhida pelo autor para fundamentar a sua investigação.

Alexandre nos inspira, portanto, a seguir acreditando em novas oportunidades do encontro da psicologia com a educação. É importante que nós, profissionais dessas duas áreas, sejamos, bem como o autor deste livro, aliadas e aliados na luta pela educação de qualidade, pela humanização do homem e das práticas escolares, pelo cuidado, pelo compromisso ético e político implicado na busca pela *transformação social*, valorizando o *olhar* para o outro, centrado na potência e na superação de mecanismos de opressão, que atravessam o cotidiano escolar e se configuram como alicerce de uma sociedade de classes, excludente.

Sigamos juntas e juntos nesta luta!

Dezembro de 2022.

Ana Karina Amorim Checchia

(Psicóloga escolar. Docente do curso de psicologia da Universidade Paulista, coordenadora do curso de especialização em Psicologia e Educação da UNIP e professora contratada da Faculdade de Educação da Universidade de São Paulo – FEUSP)

Prefácio para o volume 2: Por uma escola não normatizante

Winnicott nos diz, em um dos seus textos mais tardios:

> *Alguns bebês se especializam em pensar e buscam palavras; outros se especializam em experiências auditivas, visuais e outras experiências sensoriais e em memórias e imaginação criativa de tipo alucinatória, e esses últimos podem não buscar palavras. A questão aí não é que uns sejam normais e os outros anormais. Um mal-entendido pode ocorrer, no debate, através do fato de que uma pessoa falante pertence ao tipo de pensamento e verbalização, enquanto outra pertence ao tipo que alucina no campo visual e auditivo, em vez de se expressar por palavras. De alguma forma, as pessoas falantes tendem a clamar por sanidade, enquanto aquelas que têm visões não sabem como defender a sua posição quando acusadas de insanidade. O argumento lógico pertence aos que verbalizam. O sentimento, ou um sentimento de certeza,*

> *ou verdade, ou "real" pertence aos outros. (Winnicott, 1965/1997, p. 155, a tradução é minha)*

Esta afirmação nos mostra, de início, como a questão da sanidade e da doença é um assunto complexo e, mais do que isso, como é possível que, já na escola maternal se inicie um processo de normatização da criança a partir de falsos pressupostos de sanidade e insanidade. "Não fala aos 3 anos de idade? Alguma coisa errada deve ter acontecido com ela, na família! Melhor encaminhar para um fonoaudiólogo, quiçá para um psicólogo. Ou chamar os pais para uma conversa".

Tais expressões representam, de maneira geral, um dos pensamentos mais corriqueiros na nossa cultura escolar, que se pauta, quase sempre, pelo mais frequente, pelo mais comum, como sinônimo de sanidade. E, logicamente, esses pais ganharão uma preocupação inútil e enganadora, porque provavelmente o seu filho pertence ao segundo tipo de criança: a que prefere se pautar por experiências sensoriais em vez de verbais. [1]

Por isso, é de grande valor o lançamento de uma obra que se proponha a ampliar a visão dos diferentes tipos de educadores, a partir das descobertas pediátricas e psicanalíticas de Donald W. Winnicott, autor que tanto enfatizou as influências do ambiente para o amadurecimento individual, analisando as intersecções desse processo com a cultura.

---

[1] Aliás, há uma grande diferença entre Winnicott e Bion, no tocante a essa questão. Para Bion, a experiência sensorial pertence a uma classe inferior de pensamento, que necessita ser elaborada e depurada pelo que ele denomina *função alfa*, a fim de se tornar um símbolo abstrato e poder atingir a forma verbal. Há, para ele, portanto, uma hierarquia entre o sensorial e o simbólico abstrato que, para Winnicott, não existe. Este último pensa numa unidade psique-somática, na qual psique e corpo, muito embora não se confundam, trabalham em harmonia, nos casos saudáveis, sem nenhum tipo de hierarquia entre ambos.

Fruto de uma tese de doutorado, defendida no Programa de Estudos Pós-Graduados em Psicologia Clínica da PUC-SP, no ano de 2022, e que tive o prazer de orientar, este livro tem, por esses motivos elencados, uma enorme contribuição a nos oferecer.

Para que a escola – desde o ciclo maternal até a universidade – possa, de fato, formar pessoas sadias, é preciso o maior respeito à singularidade própria de cada um. Cada criança tem um ritmo próprio de crescimento e de amadurecimento, além de características pessoais que a tornam incomparável a qualquer outra criança, inclassificável em qualquer escala numérica de qualquer tipo. É necessário poder mergulhar na história de vida dos indivíduos para entender tanto as suas qualidades, quanto as suas dificuldades e intempéries. Tarefa talvez impossível no interior da instituição escolar, se pensada no seu âmbito maior.

Entretanto, faz bastante diferença um professor indiferente às singularidades dos seus alunos, que só pensa em *inculcar* conteúdos, seja de que forma for, e aquele mais receptivo, interessado na humanidade própria de cada um, buscando compreender melhor cada marca da existência para, então, poder *educar*, no sentido mais amplo do termo.

Winnicott nos diz que a democracia, em qualquer país, depende da proporção de pessoas saudáveis, em relação às pessoas psiquicamente doentes ou antissociais que compõem o tecido social (Winnicott, 1950/1990, pp. 239-259). Nesse sentido, é ímpar responsabilidade da educação, propiciada pela família ou pela escola.

Lembremos do quão fácil é desencaminhar uma criança do seu crescimento saudável, simplesmente pelo desconhecimento ou desconsideração de suas características particulares. Mais fácil ainda quando, pela ausência ou pelo excesso do meio cuidador, ocorre uma interrepução da continuidade de ser, isto é, uma quebra na linha de amadurecimento. Eis aí a função da escola que pode, quando efetivamente apoiada pelo Estado, resgatar o indivíduo das mazelas do sofrimento, amenizando essas rupturas.

Alexandre Patricio de Almeida é um psicanalista e educador de notáveis qualidades, que acompanho e oriento desde o mestrado; portanto, alguém que conheço muito bem. Poucos orientandos meus se dedicaram com tanto vigor e entusiasmo a desbravar a obra complexa de Donald W. Winnicott, para destilar os melhores atributos que ela pode proporcionar à educação e à profilaxia da saúde psíquica.

Sendo assim, o que vocês, leitoras e leitores, vão encontrar nesse livro é um trabalho competente, rigoroso e exemplar de pesquisa de temas educacionais importantes, iluminados pela luz da teoria winnicottiana; considerando, ao mesmo tempo, a incomensurabilidade da tarefa educacional, no seu sentido mais abrangente, e as possibilidades reais dos educadores (e psicanalistas), inseridos na realidade tão dura do nosso país.

Trata-se, portanto, de uma contribuição inestimável a todos aqueles que se preocupam, de alguma forma, com o papel fundamental da educação nos destinos do Brasil.

Quero, pois, dar as boas-vindas a esse livro, que vem enriquecer ainda mais a biblioteca educacional brasileira, com as suas brilhantes considerações.

Janeiro de 2023.

Alfredo Naffah Neto

(Psicanalista. Professor titular do Programa de Estudos Pós-Graduados em Psicologia Clínica da PUC-SP, membro do IBPW e da *International Winnicott Association*)

Referências

Winnicott, D. W. (1990). Some thoughts on the meaning of the word 'Democracy'. In D. W. Winnicott, *Home is where we start from*. Penguin Books. (Trabalho originalmente publicado em 1950)

Winnicott, D. W. (1997). New light on children thinking. In D. W. Winnicott, *Psycho-Analytic Explorations*. Harvard University Press. (Trabalho originalmente publicado em 1965)

Introdução

1. Por que os psicanalistas não entram nas escolas?

> *Mas é tão importante, tão rico de esperanças para o futuro, que talvez seja o trabalho mais relevante da psicanálise. Falo de sua aplicação à pedagogia, à educação da próxima geração.*
>
> Freud, 1933/2010c, p. 307, grifos meus

O texto desta Introdução já estava praticamente finalizado quando fomos surpreendidos pela pandemia de covid-19. Logo tudo que eu havia escrito parecia não fazer sentido ou se mostrava incoerente diante da catástrofe que vivenciávamos. Pensei que poderia resolver o problema acrescentando uma simples nota de rodapé, explicando a situação ao leitor, mas isso não seria honesto. Ora, um trabalho sobre psicanálise e educação pode ser *tudo*, menos desonesto. Assim, sentei-me e redigi todo o texto novamente, o que acabou me gerando algumas noites de insônia e boas crises de ansiedade, pois, com o prazo à vista, achei que não daria conta de criar um novo material.

Dessa forma, sentia, na própria pele, as agonias inomináveis que todos os alunos do país e do mundo estavam sentindo, em decorrência das mudanças, incertezas e falta de perspectivas que brotavam com o aparecimento do vírus mortal. Então, minha pesquisa foi ganhando outros sentidos e, em meio a esse contexto caótico, a psicanálise também conquistou novos rumos. Os psicanalistas saíram dos seus abrigos e se voltaram para o grande público, na tentativa de poder contribuir para o entendimento dessa situação inédita – pelo menos em nosso século.

No tocante à educação, podemos dizer que o *golpe do martelo* foi mais forte. Apesar de muitas escolas terem aderido ao sistema on-line de ensino, nunca ficou tão evidente que os laços humanos são recursos indispensáveis ao nosso amadurecimento e ao processo de aprendizagem de modo geral. As aulas híbridas vieram ocupar uma lacuna provisória, que ajudou alguns, mas prejudicou milhares, devido à ausência de *condições básicas* para que esse sistema fosse mantido e seguido à risca pelos estudantes, principalmente por aqueles em situações de vulnerabilidade social.

O cenário pandêmico denunciou que, em paralelo à formação cognitiva, deve haver um investimento nos aspectos subjetivos e emocionais das crianças. Neste ponto, achamos uma brecha para que a psicanálise possa entrar e se sentir "em casa" – caso *ela* queira, obviamente. Porém é preciso admitir que a maioria dos psicanalistas tem uma profunda dificuldade para escrever, falar e se comunicar com outros profissionais, mantendo um "dialeto" próprio, que dificulta o entendimento da nossa disciplina.

Roudinesco (2014) escreve que, uma das maiores alegrias da vida de Freud, foi na ocasião em que ele avistou um jovem rapaz – funcionário da tripulação do navio em que estava viajando rumo aos Estados Unidos, no ano de 1909 –, lendo seu magnífico *Psicopatologia da vida cotidiana* (1901). Aquela cena revelou ao médico de Viena o que ele tanto almejava: tornar a psicanálise um saber que *não* ficasse restrito aos pequenos núcleos da sociedade (as elites e os intelectuais). Identificamos sua intenção, aliás, por meio de sua própria escrita: *objetiva* e *cristalina* – não à toa ele recebeu o Prêmio Goethe de Literatura em 1930.

Sigmund Freud escrevia para todos, embora poucos suportassem o peso de seus escritos. Contudo, o meu trabalho como professor universitário, lecionando em alguns cursos de psicologia e pedagogia, me mostrou o quanto a maior parte dos alunos carrega resistências frente à leitura dos textos freudianos (e de outros autores clássicos). Tal comportamento, a meu ver, está totalmente relacionado à maneira como as ideias desse autor são apresentadas aos estudantes durante sua trajetória acadêmica.

Esclareço: se nos deparamos com um professor que fala com amor, entusiasmo e consegue despertar o *desejo* pela busca do conhecimento, é praticamente certeza que os alunos irão desenvolver um certo prazer pelos estudos. De modo análogo, o mesmo acontece quando estamos na escola. Geralmente, nossas matérias preferidas estão ligadas à figura de professores que nos marcaram profundamente e, por alguma razão inconsciente, acabaram se tornando um exemplo de *admiração* para nós.

Em um artigo publicado em 1914, intitulado "Sobre a psicologia do colegial", Freud já enunciava seu interesse pela educação. Trata-se de um texto que, à primeira vista, pode ser encarado como uma espécie de "memória afetiva", pois apresenta reflexões pessoais do autor a respeito de sua própria vida escolar. Cito-o:

> *Como psicanalista, devo interessar-me mais por processos afetivos do que por aqueles intelectuais, mais pela vida*

> *psíquica inconsciente do que pela consciente. Minha emoção ao encontrar o antigo professor do colégio me induz a fazer uma primeira confissão. Não sei o que mais nos absorveu e se tornou mais importante para nós: a ciência que nos era apresentada ou as* personalidades de nossos professores. *(Freud, 1914/2012b, pp. 419-420, grifos meus)*

Nesse ensaio, o psicanalista vienense apresenta algumas ideias sobre o processo de *identificação* que ocorre entre professores e alunos; salientando que, muitas vezes, aprendemos algo por admiração aos nossos mestres, até mais do que por nosso próprio interesse em determinada matéria. Adiante, Freud redige algumas considerações sobre o complexo de Édipo, afirmando que "esses homens [professores], que nem eram todos pais de família, tornaram-se para nós sucedâneos do pai" (Freud, 1914/2012b, p. 422).

Aprendemos por *amor* a alguém ou a alguma coisa. Igualmente, para que possamos aprender qualquer tipo de habilidade é necessário haver *paixão* e *desejo*, ou, na ausência desses afetos, temos de recorrer à prática do *cuidado*; é por meio desse mecanismo essencialmente humano que tais sentimentos terão a oportunidade de existir, e não o contrário.

O amor e o desejo só irão se formar de maneira *estruturada*, ou seja, com base no reconhecimento da alteridade, em um indivíduo que tenha um Eu minimamente organizado – ou "integrado", se quisermos usar uma linguagem mais winnicottiana. Sem essa aquisição básica tudo permanecerá confuso e perturbado. Não é a troco de nada que Winnicott (1988/1990b) escreve: "Bebês que tiveram experiências um pouco menos afortunadas se veem realmente aflitos pela ideia de que *não há um contato direto com a realidade externa*" (p. 135, grifos meus). Nesse sentido, a privação dos cuidados iniciais torna todas as conquistas futuras de um indivíduo muito mais difíceis de serem alcançadas.

A partir dessa perspectiva, podemos considerar que a escola representa um espaço de *esperança* para a promoção da saúde psíquica, e não apenas uma instituição social destinada à aquisição de conhecimentos. Em contrapartida, quando nos propomos a tratar de um tema que *não* é tão popular assim, é necessário, em primeiro lugar, cativar o público pretendido – a não ser que queiramos que nossa produção fique abandonada no fundo de uma estante, definhando junto ao pó, na companhia nada atrativa dos fantasmas do esquecimento.

Sim, foi isso mesmo que escrevi: o diálogo promissor entre a psicanálise e a educação "*não* é tão popular assim". Embora o tema "psicanálise e educação" tenha se consolidado como um campo específico de certos grupos de pesquisa da ANPEd (Associação Nacional de Pós-Graduação e Pesquisa em Educação),[1] resultando em uma quantidade expressiva de publicações nessa área, o assunto, infelizmente, parece não agradar o mercado editorial e uma boa parcela dos nossos psicanalistas e professores.

Aviso ao leitor, de antemão, que esse tema tem sido meu objeto de interesse desde que entrei no mestrado,[2] defendido em 2018, no Programa de Estudos Pós-Graduados em Psicologia Clínica da PUC-SP. Naquela época, analisei as possíveis contribuições da teoria de Melanie Klein para a educação escolar. Após o término

---

1 À guisa de exemplo, recomendo que o leitor veja as contribuições de Maria Cristina Kupfer, Rinaldo Voltolini e Leandro de Lajonquière, que mantêm linhas e projetos de pesquisa relacionando a psicanálise com a educação na Universidade de São Paulo (USP). Temos, também, a excelente coleção "A escola significativa", de autoria de Ana Archangelo (docente da Unicamp) e Fabio C. B. Vilella (docente da Unesp), material que se consagrou como grande referencial dessa área.

2 A pesquisa foi realizada com apoio da Bolsa Capes, pela qual sou muito grato.

da dissertação, fiz as devidas modificações e acréscimos exigidos ao formato padrão de um livro. Foi nesse exato momento que vivenciei, *em primeira pessoa*, a situação que narrei há pouco: muitas editoras *recusaram-se* a publicar o material, alegando que o tema *não* era bem aceito pelos consumidores.[3] Segundo elas, os psicanalistas não se interessavam pela educação, e os professores também não queriam saber o que a turma de "Freud & Cia." tinha a dizer sobre o assunto.

Para nossa surpresa (ou não), preciso admitir que eles *não* estavam errados!

Numa pesquisa rápida no *site* da Amazon, verifiquei que todos os livros que abordam esse conteúdo ocupam posições deploráveis no *ranking* de mais vendidos. Só isso não quer dizer grande coisa, evidentemente. Entretanto, conversando com diversos psicanalistas, de diferentes lugares do país e de distintas linhagens teóricas, em congressos, colóquios e encontros científicos, constatei que muitos não se encantavam pelas questões relacionadas à pedagogia. Para eles, sala de aula e consultório pareciam não combinar.

Obviamente, esse cenário me despertou indagações. Fiquei me perguntando o porquê de tamanho distanciamento entre duas disciplinas das ciências humanas tão cruciais a nossa prática. Ora, enquanto psicanalistas, atuando em nossos consultórios privados, somos o tempo todo atravessados pela temática da educação: seja na posição de estudantes, participando, com frequência, de um bom número de seminários teóricos, seja no papel de "mestres", transmitindo as ideias centrais de Freud, Klein, Lacan etc. Além disso, muitos psicoterapeutas de crianças recebem seus pacientes por indicações *das escolas*.

---

3 Por sorte, ainda existem editoras voltadas à expansão e ao apoio da pesquisa acadêmica, e o livro acabou saindo pela Editora Zagodoni (São Paulo), com o título *Psicanálise e educação escolar: contribuições de Melanie Klein* (2018), e está esgotado desde 2021.

Por esse caminho, chegamos no nosso primeiro problema: os psicanalistas não se interessam pela educação, ou os materiais que eles publicam não impressionam os professores porque seu conteúdo revela um distanciamento abissal entre a teoria e a prática?

Pois bem, diversas publicações que li, cujo escopo é propor um diálogo entre os dois campos, revelavam o quanto alguns psicanalistas não faziam a menor ideia de como seria o funcionamento de uma escola. Vários desses ensaios derivavam de pesquisas produzidas no interior das universidades, mas essa *não* é a raiz do problema. Mesmo porque este livro também é produto de uma investigação acadêmica. A pedra angular dessa "crise", no entanto, reside no fato de que muitos desses materiais são organizados por pesquisadores que *nunca* pisaram, efetivamente, no terreno de uma instituição escolar. Ou, quando o fizeram, foi em escolas de bairros nobres das grandes metrópoles – que destoam completamente da realidade brasileira, principalmente nestes últimos anos, em que alcançamos índices assustadores de desemprego e pobreza, retornando ao mapa da fome da ONU em 2015; situação agravada ao longo da pandemia de covid-19.[4]

Soma-se a isso outro ponto que já assinalei, mas julgo pertinente retomar: os textos geralmente são escritos em uma linguagem excessivamente técnica, abordando uma série de conceitos estritamente psicanalíticos, sem a preocupação de apresentá-los aos professores ou até mesmo ao público geral. E assim chegamos ao saldo negativo justificado pelas editoras: os professores não compram tais materiais, porque se afastam da realidade enfrentada por eles. Os psicanalistas também não se atraem pelas produções do gênero, porque elas não tratam da clínica, da história da psicanálise, da psicopatologia e afins – assuntos que mais *vendem*, de acordo com as empresas do mercado editorial.

---

4 Ver FAO, IFAD, UNICEF, WFP and WHO. (2022). *The State of Food Security and Nutrition in the World 2022. Repurposing food and agricultural policies to make healthy diets more affordable.* FAO. https://doi.org/10.4060/cc0639en

Diante desse balaio de gatos, descobrimos mais um grande empecilho: os institutos de formação em nossa disciplina vêm desprezando, com cada vez mais assiduidade, o universo "infantil". Explico melhor: raros são os cursos pretensamente formadores de psicanalistas que realmente exigem, como critério para a conclusão da formação, um estágio de observação em escolas ou creches municipais e estaduais. Em São Paulo, por exemplo, o Instituto Sedes Sapientiae o exige somente no seu "Departamento de Psicanálise com Crianças", fundado em 1997.

Em contrapartida, também não tenho o desejo de "passar pano" e acobertar as falhas das escolas. A propósito, inúmeras vezes fui surpreendido com respostas negativas a alunos que tentaram prestar um serviço voluntário a essas instituições, mas, mesmo assim, foram barrados pela direção pedagógica. Sabemos que uma boa parcela dos colégios ainda conserva certo receio e desconfiança sobre a atuação de psicanalistas, psicopedagogos e psicólogos, que, volta e meia, são encarados como "espiões" e "fofoqueiros", que ali estariam unicamente para apontar as falhas cometidas pelos educadores.

Assim, pouco a pouco, nos afastamos do sonho freudiano, presente na citação que abre este item: *a ideia de que o trabalho mais rico da psicanálise e cheio de esperanças seria sua aplicação à pedagogia, à educação das futuras gerações.*

Nesse sentido, precisamos superar tais dificuldades.

2. Por uma psicanálise para o povo

> *Nosso conhecimento não era de estudar em livros.*
> *Era de pegar de apalpar de ouvir e de outros sentidos.*
> *Seria um saber primordial?*
> *Nossas palavras se ajuntavam uma na outra por amor*
> *e não por sintaxe.*
> Barros, 2015, n.p.

Existe, ainda hoje, a concepção preconceituosa, geralmente declarada com entusiasmo pela nossa elite intelectual, de que o povo brasileiro *não gosta de cultura*. Ou seja: para alguns intelectuais, os assuntos supostamente "mais eruditos" não são capazes de despertar a atenção da população.

Sustento as minhas ressalvas em relação a essa atitude e gostaria de lançar a seguinte provocação: os brasileiros realmente não gostam de cultura ou não gostam *da maneira* como essa cultura é transmitida publicamente?

As mudanças no interesse do público, observadas durante o auge da pandemia e no período de isolamento social, indicam que a segunda hipótese parece ser a mais coerente. Quero dizer que, nesse meio-tempo, assistimos a um crescimento significativo de canais de psicanálise no YouTube,[5] além de um grande aumento no número de *podcasts*[6] que versam sobre a transmissão da nossa disciplina. Todos esses recursos, de acesso gratuito, possuem em comum a mesma coisa: são produzidos de forma clara e simplificada, mas sem perder o rigor (uns mais e outros menos, é óbvio).

Assim, ao analisar essa dinâmica de disseminação da psicanálise na sociedade, chegamos ao popular paradoxo: "vende mais porque é fresquinho ou é fresquinho porque vende mais?"[7].

Um fato é inegável: a demanda por informações, cursos e aperfeiçoamentos de orientação psicanalítica cresceu significativamente

---

5 Durante a quarentena, os canais no YouTube de psicanalistas como Maria Homem e Christian Dunker, por exemplo, tiveram um crescimento expressivo no número inscritos.
6 Meu *podcast*, Psicanálise de boteco, disponível nos principais agregadores, despontou entre os cinco mais ouvidos no país no Spotify Brasil – um feito inédito para um conteúdo dessa espécie.
7 Conceito criado pelo publicitário Enio Mainardi (1935-2020) na década de 80 para a campanha publicitária de uma marca de biscoitos, tornando-a um ícone no segmento.

nos últimos dois anos. É claro que, em meio a esse mar de ofertas, nos deparamos com produtos de excelente qualidade, mas também com muita gente oportunista, querendo ganhar dinheiro sem ter a mínima noção da disciplina freudiana. Nesse sentido, as palavras do maior interlocutor de Freud, o psicanalista húngaro Sándor Ferenczi, pronunciadas no Segundo Congresso de Psicanálise de Nuremberg, possuem um assustador caráter de presságio:

> *Mas a maneira mais perigosa e mais desprezível de aprovar as teorias de Freud consiste em redescobri-las e propagá-las sob um outro nome. Tais amigos constituem para a psicanálise uma ameaça maior do que a de seus inimigos. O perigo que nos espreita, de certa maneira, é que viéssemos a ficar em moda e crescesse rapidamente o número daqueles que se dizem analistas sem o ser.* (Ferenczi, 1911/2011a, p. 174)

É preciso, contudo, que façamos uma espécie de *filtragem* dessa imensidão de conteúdos que estão circulando por aí livremente. Não é qualquer material disponível que apresenta fidedignidade às ideias de Freud e seus seguidores. É evidente que a "moda psicanalítica" está em alta, porém, esse paradigma descortina os apontamentos realizados na profecia ferencziana: "é grande o número daqueles que se dizem analistas sem o ser". À guisa de exemplo, nestes últimos meses, apareceu uma suposta "graduação em psicanálise", oferecida por uma universidade particular, que foge completamente dos vértices que tangenciam o processo de formação em nossa disciplina. Essas e outras imposturas estão surgindo desenfreadamente, devido à oportunidade de lucrar às custas da ingenuidade do público leigo. Dito de outra forma: *muito oportunismo para pouca qualidade.*

Portanto, *democratizar* a psicanálise não implica *banalizá-la*, abandonando seu rigor ético e epistemológico. É necessário que as grandes instituições renomadas possam oferecer cursos e bolsas de estudos com valores justos e dignos à realidade econômica da sociedade. Ao mesmo tempo, nós, psicanalistas, como "pessoas físicas" também podemos fazer a nossa parte: *transmitindo* uma psicanálise sem soberba e rodeios. Aliás, muitos colegas têm ofertado a modalidade de "grupos de estudos", com preços acessíveis, realizados pelo Zoom e outros aplicativos on-line, facilitando o acesso para muitos interessados que gostariam de ter contato com o pensamento de um determinado professor ou professora referência na área. E, por último, mas não menos importante, saliento a necessidade de contarmos com trabalhos produzidos de maneira objetiva e consistente.

No entanto, ao direcionar a teoria psicanalítica para a educação, é preciso desfazer alguns desentendimentos. O primeiro deles consiste na premissa de que nossa disciplina só se vale da interpretação *individual*, ignorando o contexto em que o sujeito está inserido. Bom, sabemos que isso não é verdade, pois autores clássicos, como Freud, Ferenczi e Winnicott, possuem uma série de ensaios sobre os impactos da sociedade na formação subjetiva. Ainda assim, penso ser indispensável que possamos promover uma interlocução entre a psicanálise e o olhar sócio-histórico da psicologia crítica. Não há dúvida de que somos seres singulares, mas não podemos esquecer que tal singularidade é um produto das nossas relações com os outros e que, acima de tudo, somos fiéis representantes do caldo cultural em que estamos mergulhados. Nesse sentido, acompanhemos Patto (1997):

> *A possibilidade de pensamento crítico – do pensamento que vai à raiz do conhecimento, define seus compromissos sociais e históricos ... – implica saber que o "dado" (ou seja, o modo pelo qual a realidade se oferece como algo*

> *dotado de características próprias e já prontas) é ponto de partida sempre abstrato da busca do que se oculta sob o senso comum, sob os estereótipos e preconceitos, sob a versão corrente do que se pretende conhecer. (Patto, 1997, p. 464)*

Ao instituir os alicerces da perspectiva crítica no campo da psicologia escolar, Patto (1997) ressalta a necessidade de se questionar a naturalização presente em concepções ideológicas vigentes no campo da psicologia, e aqui incluo também a psicanálise, de modo a buscar além do que aparece de forma imediata e compreender a constituição social e histórica dos fenômenos investigados. Esse referencial "previne" que façamos generalizações levianas do tipo: "essa criança não aprende porque a família é carente" ou "essa escola não ensina porque está numa região de violência". O pensamento crítico *ultrapassa* os limites impostos por interpretações simplificadas.

Seguindo por essa linha de raciocínio, podemos inferir que a desvalorização da alteridade, caracterizada pela perspectiva neoliberal, tornou-se hegemônica em nossa vida social, apontando para a necessidade de assinalar a existência de múltiplas e renovadas experiências que resistem a essa dinâmica – o que poderá contribuir para ampliar a consciência sobre suas gravíssimas consequências. Com efeito, a dimensão ética do *cuidar* – que será comentada na extensão deste trabalho – insere-se em aberta contradição com a lógica que governa a vida econômica, social e política na contemporaneidade. Uma lógica que Byung-Chul Han (2017) denominou de "sociedade do cansaço", ao dizer que a filosofia do desempenho, apoiada na produção em massa e na competitividade, gera um esgotamento excessivo. Esses estados psíquicos, para o autor sul-coreano, são característicos de um mundo que se tornou pobre em negatividade e que é dominado por um excesso de positividade, isto é: o bem-estar *imediato* promovido pelo consumo de bens. Logo, "o excesso de elevação do desempenho leva a um enfarto da alma" (Han, 2017, p. 71). Esta contradição, longe de exprimir apenas um embate teórico, põe em evidência a profundidade de uma crise que afeta seriamente o futuro da nossa espécie – a destruição da natureza é somente uma das amostras das implicações da *soberania* de um Eu enfraquecido que quer se fazer presente pelo *extermínio* da alteridade, das diferenças.

O segundo mal-entendido que eu gostaria de esclarecer se relaciona à própria construção dessa pesquisa. Quando se fala dos *laços* produzidos entre a psicanálise e a pedagogia, o que costuma vir à mente das pessoas é a criação de manuais ou roteiros de intervenção, capazes de resolver problemas que há muito se encontram paralisados em nosso sistema educacional. *Grosso modo*, tenta-se, em vão, atender a demandas como: "se a criança não aprende, o que é preciso ser feito para a resolução do problema?", ou "quais medidas tomar diante de uma turma que possui um excesso de indisciplina?". É claro que uma ação educativa, orientada pelos princípios psicanalíticos, pode promover transformações efetivas, mas isso ocorrerá *em longo prazo*; não se trata de um mecanismo de intervenção instantânea, tampouco milagroso.

Pois bem, voltemos ao título deste item: "uma psicanálise para o povo". No meu ponto de vista, penso que, quando nos implicamos como autores e pesquisadores, compartilhando relatos de nossas próprias vivências, acabamos oferecendo ao leitor uma espécie de pano de fundo, um espaço de criação e possibilidades. Afinal, como bem nos disse Winnicott (1957/2020a), "somos mais do que um conjunto de fatos; e o modo como percebemos nossas experiências e a forma como elas estão entrelaçadas com nossos sonhos formam parte desse todo que *chamamos vida e experiência individual*" (p. 92, grifos meus).

Portanto, este livro é escrito em *primeira pessoa*, tentando desmistificar a compreensão de uma psicanálise inacessível e densamente complicada. Para isso, utilizo recortes das minhas próprias lembranças pessoais e, igualmente, de passagens do meu percurso profissional. Descrevo, pois, algumas das vivências que pude *experienciar*, desde o ingresso na faculdade de pedagogia, atuando, em seguida, como professor de educação infantil, ensino fundamental e, por fim, como diretor de escola – em um período de, aproximadamente, oito anos. Também compartilho com os leitores, histórias da minha prática como docente universitário (que iniciou em 2015 e segue até hoje).

Acredito que essa é a melhor solução para que o leitor leigo possa se sentir *dentro da pesquisa*. Estou de pleno acordo com Mandelbaum (2019), que nos adverte:

> *A aplicação da psicanálise – enquanto um agregado de teorias construídas ao longo da história dessa disciplina – sobre um determinado contexto, clínico e/ou investigativo, reduz em muito o alcance do que ela teria para oferecer ao estudo do fenômeno. Com isso quero dizer que, a meu ver, a aplicação da psicanálise, como um conjunto teórico preestabelecido, sobre qualquer campo de investigações, é um exercício limitado e em nada próximo do próprio exercício psicanalítico. . . . Freud elaborou sua teoria psicanalítica enquanto praticava a psicanálise. E é assim que a psicanálise se faz. Psicanálise é uma reflexão de uma prática e a prática de uma reflexão.*
> *(p. 23, grifos meus)*

No seu clássico texto sobre a "metapsicologia do cuidado", Figueiredo (2012) propõe que "uma obra artística, um filme, um bom romance, poesias, são extremamente capazes de conter nossas angústias, nossos desejos e ambições, nossas curiosidades e nossos medos" (pp. 136-137). Quando éramos pequenos, por exemplo, as histórias infantis nos ajudavam a nomear, entender, aceitar e tolerar muitos elementos de nossa vida corporal e mental primitiva. Essa é a base da *transformação* e do nosso *crescimento emocional* (Figueredo, 2012).

Nossas vidas podem se enriquecer a partir do contato com esses recursos da humanidade, que nos ajudam a simbolizar as nossas ações, assim como *contornam* as nossas vivências. Eis aqui a potência do relato e a forma mais legítima de traduzir a complexidade de uma teoria, sem engessá-la com os moldes da rigidez acadêmica. É preciso lembrar, porém, que "grupos, instituições e indivíduos isolados podem nos ajudar nestas transformações, ajudando a sonhar, ajudando a dar forma, colorido, palavra e voz aos estratos mais profundos do psiquismo" (Figueiredo, 2012, p. 137). Neste ponto, chegamos nos desígnios que sustentam os fundamentos de uma *ética do cuidado* – assunto que discuto no item a seguir.

3. Algumas poucas palavras sobre ética do cuidado em psicanálise

> *No mais profundo do nosso ser continuamos crianças e assim ficaremos por toda a nossa vida. Grattez l'adulte et vous y trouverez l'enfant. [Raspem o adulto e por baixo dele encontrarão a criança].*
>
> Ferenczi, 1909/2011b, p. 111

Embora eu defina e explique extensamente, no primeiro capítulo deste livro, a concepção de "ética de cuidado" em psicanálise, acho importante apresentar aqui, mesmo que de maneira sucinta, as noções *fundamentais* desse conceito, assim como a minha decisão de querer trabalhar com ele.

Antes de mais nada, gostaria de assinalar o fato de que muitas pesquisas que se dedicam a investigar as possíveis intersecções entre a psicanálise e a educação o fazem sob a orientação da linhagem lacaniana. Nesse sentido, nota-se, nesses conteúdos, uma ênfase atribuída à *ética do desejo*, acompanhada da hipótese de uma suposta escola "desejante" – o que me parece bem estranho, aliás. Ora, se hoje lidamos com indivíduos que possuem um Eu tão *pulverizado* (dissociado), repleto de fraturas, por causa da ausência de cuidados ambientais primários, fico me perguntando: como conceber a existência de *desejo* quando não há sequer uma noção *básica* de identidade e de diferenciação do outro?

Safra (2005) escreve algumas considerações muito pertinentes ao nosso debate. Acompanhemos:

> *Tradicionalmente, buscamos em nosso trabalho os traços deixados pelo desejo recalcado, deslocado, condensado no discurso, nos sonhos, no brinquedo e na fantasia transferencial. . . . O fato é que nossos pacientes, nos dias de hoje, encontram-se já em estado de dispersão de si mesmos. O que se observa é que o trabalho analítico frequentemente entra em situação de impasse, pois a técnica analítica empregada ameaça o paciente com uma* desintegração *e uma* fragmentação *ainda maiores do que as já vividas por ele. . . . O analista, nessa situação, fornece as funções buscadas pelo paciente para que ele dê continuidade ao desenvolvimento de si mesmo. (p. 14, grifos meus)*

Elevando um pouco mais o nível da nossa discussão, Christian Dunker (2020), um estudioso de Lacan, denuncia os equívocos embutidos no interior desse posicionamento *radical* de alguns lacanianos, que, lamentavelmente, ainda insistem em priorizar o desejo em prol das noções de empatia e de cuidado. Cito-o:

> *Quanto à empatia é preciso fazer uma nota técnica. Muitos já falaram que empatia não era um conceito psicanalítico*. Strachey, tradutor para o inglês de onde veio a nossa edição brasileira da Imago, tentou eliminar o termo "Einfühlung" (empatia) em alemão, que Freud usa extensamente, apenas para tentar dar maior cientificidade à psicanálise. *Desleixo intelectual e vergonha de quem não é capaz de dar um Google para ver que Titchener inventou a noção psicológica de* empathy *a partir do alemão* Einfühlung. *Não precisamos mais disso*. A arrogância lacaniana precisa acabar e um pouco de pesquisa, ouvido e leitura rigorosa do texto ajudam muito. Aquele que não se dá ao trabalho de ouvir, nunca conseguirá escutar. (Dunker, 2020, pp. 125-126, grifos meus)

Além desses aspectos assinalados, temos de convir que o estilo da escrita desse material disponível – sobre pedagogia e psicanálise lacaniana – é quase indecifrável, devido ao uso demasiado de *lacanês*, soando quase como uma afronta aos educadores que nunca tiveram contato com o arcabouço psicanalítico. Tais questões apontadas fizeram-me perceber que a psicanálise ainda permanece distante da realidade educacional, desfrutando de uma suposta erudição narcísica e, com isso, acaba conduzindo os educadores para um estado de maior desalento, pois, na medida em que não compreendem o conteúdo dessas articulações, se sentem ainda mais incompreendidos. Dessa forma, percebi o quanto falta à nossa disciplina o engajamento pelas *causas* humanas, que só será possível mediante a sua própria *humanização*.

É por esses e outros motivos, que pretendo desenvolver ao longo deste trabalho, que irei respaldar as minhas construções pela ética do cuidado em psicanálise. Antes de qualquer coisa, gostaria de lembrar que "aqui, ética é 'amiga' de *éthos* (morada, conjunto de hábitos) e *êthos* (disposição de alma, disponibilidade de espírito)" (Carvalho & Maia, 2009, p. 19), sendo somente possível compreendê-la na esfera da *alteridade*, ou seja, a partir do contato do indivíduo com o outro. Em outras palavras, podemos dizer que se trata de uma ética da vida, da preservação.

À guisa de despertar um maior entendimento a respeito dessa linhagem teórica, cito a excelente definição feita por Plastino (2009). Trata-se de um fragmento longo, mas que vale a pena ser lido na íntegra:

> *Antes mesmo de ser uma ação, o cuidar caracteriza uma atitude. Na ausência desta atitude – que exprime a consideração pelo outro e por suas necessidades – as ações do cuidar perdem sua motivação ética, desvalorizam-se e deterioram. Considerado nessa perspectiva, o cuidar revela sua dimensão ética, alicerçada no reconhecimento da alteridade e seus correlatos, na diminuição do narcisismo e da onipotência. Este reconhecimento do outro na sua alteridade se exprime na própria etimologia da palavra grega* éthos *(da qual deriva ética), que remete a dois sentidos: "morada" e "pátria"; a primeira refere-se assim às condições necessárias ao acontecer humano, isto é, ao que permite a cada sujeito "morar" no mundo inserido numa comunidade (Safra, 2004, p. 26). Morada, pátria, um lugar para viver, significa um lugar para ser, o que, como se verá, se relaciona direta e profundamente com a questão do sentido da vida. Esse "lugar", considerado uma condição para a emergência do ser, é na realidade*

> *o "nós" no interior do qual o sujeito pode construir sua singularidade. Supõe, então, o mútuo reconhecimento. É a relação fundante com o out*ro*, o pertencimento a um coletivo, o ser parte de uma comunidade, que constitui a condição fundamental para o vir a ser do sujeito e para o desenvolvimento de sua singularidade.* (pp. 53-54, grifos meus)

Podemos afirmar que, no campo psicanalítico, a ética do cuidado inaugurou-se com as contribuições do analista húngaro Sándor Ferenczi, recebendo novos e importantes significados por meio das descobertas e publicações do pediatra britânico Donald W. Winnicott. Ferenczi ficou conhecido, em nossa história, como o analista de *casos difíceis*, atendendo inúmeros pacientes que haviam sido vítimas de traumatismos psíquicos severos e que, por isso, não respondiam à técnica psicanalítica padrão desenvolvida por Freud. O autor húngaro também se consagrou como um grande *cientista clínico*, buscando sempre o alívio *efetivo* dos sofrimentos de seus analisandos. Winnicott, por sua vez, é um herdeiro direto da pediatria e ingressou na psicanálise com esse *diferencial* a seu favor. O autor inglês se considerava um estudioso da *natureza humana* e, gradualmente, firmou os alicerces de sua teoria do desenvolvimento maturacional. "Cuidado", portanto, é o termo winnicottiano usado para se referir à *provisão ambiental*, imprescindível à integração do *ser* que, nos primeiros períodos da vida, necessita de uma presença ativa, devotada e confiável, desempenhada pela figura cuidadora.

Esses grandes mestres inovadores nos permitiram refletir sobre a existência de um manejo clínico ancorado no *tato* e na *empatia* do analista; recursos que, por sinal, também são indispensáveis ao exercício pedagógico. Winnicott (1970/2021) em seu texto "Cura: uma conversa com médicos", nos dirá que a clínica psicanalítica deve acontecer no âmbito do relacionamento entre *dois seres humanos*. Por essa razão, a concepção de cura, no sentido *médico* do termo, precisa ser substituída por uma conotação mais abrangente: de cura enquanto um exercício de *cuidado pelo outro*. Nas palavras do autor: "A psicanálise não se resume a interpretar o inconsciente reprimido, mas fornece um *setting* profissional para a *confiança*, no qual esse trabalho pode ocorrer" (Winnicott, 1970/2021, p. 134, grifos meus). Ferenczi (1932/1990), nas notas realizadas em seu *Diário clínico*, segue esse mesmo fio condutor: "Contra a vontade de Freud, comecei a tratar publicamente de questões referentes à técnica. Recusava-me a abusar assim da *confiança* dos pacientes . . .; eu achava . . . que nós ainda estávamos, talvez, *insuficientemente* equipados" (p. 233, grifos meus). Para esses autores, a posição do analista requer um alto nível de *confiabilidade* e não pode ser fundada em uma postura fria e distante.

A mesma hipótese pode ser atrelada à educação. Rubem Alves, em um de seus textos mais tocantes, que versa sobre a organização do currículo escolar, questiona: "onde se ensina a compaixão? Como se ensina a compaixão? O lugar da compaixão não é o lugar do conhecimento. É no coração. É do coração que a *ética* surge, como determinação *viva do corpo*" (Alves, 2013, pp. 32-33, grifos meus).

Não se trata de romantizar o processo educacional, de esquecer que a prioridade da escola é ensinar, compartilhar conhecimentos, e que, para isso, o mínimo de ordem (e limite) torna-se indispensável. O que pretendo demonstrar, com essas breves reflexões, é que uma boa prática pedagógica precisa alinhavar os aspectos emocionais com os cognitivos. Afinal de contas, um conhecimento produzido sem tocar o coração é um conhecimento vazio de sentido, que tende a vagar aleatoriamente pelo espaço da racionalidade.

Trata-se de superar os dualismos que imperam na modernidade: individual e coletivo, natureza e cultura, corpo e psiquismo, que, quando deixam de ser pensados em termos de oposição e dominação, passam a ser compreendidos como ligados a um processo de continuidade, sem rupturas e exclusões. Nesse âmbito, a ética do cuidado se mostra extremamente eficaz e transformadora.

4. A definição do problema de pesquisa e do seu objetivo

> *O progresso, no trabalho científico, ocorre de maneira muito semelhante ao de uma análise. Levamos expectativas para o trabalho, mas temos de refreá-las. Através da observação aprendemos algo novo – ora aqui, ora ali – e inicialmente as peças não encaixam. Estabelecemos hipóteses, fazemos construções auxiliares, que retiramos quando não se confirmam; necessitamos de muita paciência, de prontidão para toda possibilidade; renunciamos a convicções prematuras, que nos obrigariam a não enxergar fatores novos e inesperados, e, por fim, todo esforço é recompensado, os achados dispersos se combinam, obtemos uma visão de toda uma parcela do funcionamento mental, completamos a nossa tarefa e estamos livres para a próxima.*
>
> Freud, 1933/2010a, p. 343

Assim como na análise, ocasião em que nossa instância crítica pode interromper o método da associação livre; no trabalho de escrita a mesma situação não é rara de acontecer. Talvez tenha sido isso que Freud quis nos mostrar ao comparar o método científico com o tratamento psicanalítico. Ele também está correto quando afirma que há momentos em que as peças simplesmente *não se encaixam*. E consegue ser ainda mais preciso ao dizer que necessitamos de *paciência* para renunciar a convicções prematuras. Um projeto de investigação nasce a partir de um "processo de elaboração, esclarecimento e precisão" (Berlinck, 2008, p. 313).

Utilizo como ponto de partida os aspectos que foram apresentados, desde o início desta Introdução, a saber: as inquietações inspiradas pelo meu trajeto na educação. São elas que, de forma direta e indireta, influenciaram o desenvolvimento desse material. Em síntese, posso dizer que o meu percurso de estudos em psicanálise, assim como a minha prática clínica, são os fatores responsáveis pelo estabelecimento dos alicerces deste livro, principalmente no que diz respeito à sua orientação teórica. Esclareço: há uns seis anos, mais ou menos, vivenciei um período de transição em meu consultório particular. A minha demanda de atendimentos, que era predominantemente infantil, passou a ser formada por adultos que, com certa frequência, traziam queixas de vazio, depressão, futilidade e a sensação de estarem vivendo uma vida sem sentido. Esse *turning point* da minha clínica levou-me a estudar autores que podiam me servir de amparo à compreensão de tais sofrimentos psíquicos, aprimorando o meu manejo e a minha técnica. Foi nesse período, então, que passei a ter um contato mais íntimo com as teorias de Ferenczi e Winnicott, buscando supervisores e analistas experientes que se pautavam nessas ideias.

Logo, decidi unir o útil ao agradável, pois, à medida que eu mudava a minha orientação clínica de escuta e tratamento, também comecei a me dar conta de quanto as contribuições desses autores se faziam essenciais ao campo da educação. Assim, analisando as publicações da área, percebi que uma pesquisa de doutorado, guiada por essa perspectiva da ética psicanalítica – a ética do cuidado – se fazia urgente a esse espaço de interlocução. Diante disso, introduzi as seguintes indagações:

De que forma, as teorias propostas por Sándor Ferenczi e Donald W. Winnicott, pertencentes a um campo predominantemente psicanalítico, poderiam ser desdobradas para além dos limites do consultório, possibilitando um diálogo significativo com a educação? É possível pensar em uma prática pedagógica alçada pelos princípios da ética do cuidado? Como abordar esse arcabouço teórico de maneira clara, coerente e didática, sem cair nas mazelas de um reducionismo leviano?

Essas são as questões *norteadoras* da pesquisa que teve como objetivo investigar as contribuições da ética do cuidado em psicanálise para uma ação educativa transformadora e menos engessada, buscando a superação de dualismos que tendem a restringir a nossa compreensão dos fenômenos e dos laços sociais – formados no ambiente escolar e no seu respectivo contexto sócio-histórico. Nesse sentido, os resultados apontados também se irradiam para o campo da clínica, no ofício do analista propriamente dito, tendo em vista que a nossa prática é (e sempre será) atravessada pelos fenômenos da cultura.

5. Considerações sobre o método

> *A psicanálise aplicada é, inescapavelmente, um campo interdisciplinar. Ela requer que a perícia do estudioso seja emparelhada à perícia do analista. Seja ou não o analista um perito no campo de aplicação, ele deve estar preparado para encontrar suas explanações, ou aspectos delas, subvertidas por novas descobertas acadêmicas que invadem as provas sobre as quais ele baseou suas conclusões. . . . Assim, a psicanálise aplicada se erige sobre duas dependências: a psicanálise clínica e os estudos e pesquisas das humanidades e ciências sociais.*
>
> Hanly, 1995, p. 62, grifos meus

Optei por iniciar este item com uma citação de Hanly (1995)[8] sobre a psicanálise aplicada porque, ao tomar como base os padrões propostos originalmente por Freud, esta pesquisa se encaixaria no que ele denominou, de fato, como *psicanálise aplicada ou clínica ampliada*. Trata-se de uma investigação que aborda a teoria e os conceitos psicanalíticos para *além* das restrições impostas pelas paredes do consultório, mas sem renegar *o pensamento clínico* e específico de nossa disciplina, tão peculiar e subjetivo – o que a torna um tanto quanto complexa. Além disso, Hanly (1995) nos diz que "a psicanálise aplicada é, inescapavelmente, um campo interdisciplinar". Assim, entre estes dois extremos – psicanálise e educação –, encontramos olhares epistemológicos bastante diferentes, que podem vir a fecundar um solo rico de discussões.

É preciso reconhecer que as concepções sobre um determinado assunto variam de acordo com o quadro conceitual que se considera como pano de fundo. Contudo, para propor esse intercâmbio de ideias, a *interdisciplinaridade* – como nos sugere Hanly – é um recurso indispensável e, desse modo, crucial à nossa pesquisa. Afinal, é o próprio Freud (1913/2012a) quem escreve: "a psicanálise reivindica o interesse de outros profissionais além dos psiquiatras, pois toca em vários outros âmbitos da ciência e estabelece inesperadas relações entre estes e a patologia da vida psíquica" (pp. 329-330).

Encontramos, assim, uma forma singular de conduzir uma pesquisa, mas que em hipótese alguma perde os princípios norteadores da eficácia científica – método, objetivo, análise bibliográfica, resultados etc. No entanto, a pesquisa em psicanálise se baseia, sobretudo, num paradoxo. Vejamos:

---

8 Conforme uma indicação de leitura do professor Renato Mezan, em um de seus seminários teóricos lecionados no Programa de Estudos Pós-Graduados em Psicologia Clínica da PUC-SP – a quem sou muito grato.

> *O pensamento lógico formal simplifica tudo isso, congelando o devir e abstraindo os entes singulares, a fim de obter conceitos imutáveis e poder operar por meio deles. Assim sendo, ele só pode se processar numa sequencialidade ordenada, enquanto a lógica paradoxal, com sua polissemia – em que cada sentido remete a vários outros – opera uma simultaneidade semovente. (Naffah Neto, 2010, p. 127, grifos meus)*

Partindo desse pressuposto, o grande desafio do analista pesquisador, ao criar um projeto de nível acadêmico, é aprender a traduzir essa *lógica paradoxal*, característica da clínica psicanalítica e rica na sua polissemia, para um pensamento *lógico formal*, exigido pelas universidades – sem achatar e simplificar a complexidade subjetiva do fenômeno clínico. "Tarefa quase impossível, poderíamos dizer, a exigir um longo desenvolvimento e aprimoramento da escrita" (Cintra & Naffah Neto, 2019, p. 22).

De acordo com a minha experiência pessoal, a escrita ocorre por meio de um movimento interno e externo. *Interno*, pois, ao ler as contribuições dos autores que estamos estudando, somos tocados pelas mudanças que eles provocam em nosso *interior*. Esse processo não está apenas interligado ao amadurecimento intelectual, mas aos múltiplos significados que esses grandes mestres produzem em nossas vivências e, por conseguinte, nos aspectos afetivos e emocionais que estruturam o nosso *ser*. Em contrapartida, quando tentamos transmitir essas inquietações aos outros, fazemos um trabalho dedicado, essencialmente, ao *externo*. Por isso, tendemos a escrever sempre aquilo nos toca.

Na tentativa de achar um estilo que fundamentasse a estrutura da minha pesquisa, me deparei com o conceito de "autoficção". Trata-se de uma narrativa escrita em primeira pessoa, que mistura recortes de realidade e fantasia. Na verdade, essa escrita de si não é considerada exatamente como um gênero da literatura, mas como um fenômeno literário típico da pós-modernidade (Araújo, 2011). Em 1977, Serge Dubrovsky lançou o neologismo "*autofiction*", fusão de autobiografia e ficção, na capa de seu romance *Fils*. Hoje, no Brasil, a autora Tati Bernardi[9] se destaca como uma das maiores representantes desse estilo literário.

As histórias contadas neste livro servem para dar corpo e sustentação aos conceitos teóricos que estão sendo delineados e explicados ao leitor. Nesses relatos, misturo um pouco das minhas memórias pessoais com fragmentos de observações do cotidiano escolar. Eis o método que encontrei para aproximar o público do conteúdo *técnico* aqui explorado. De forma análoga, o ofício do pesquisador implica uma "atitude passiva de se deixar impregnar pelo outro, tanto corporal quanto espiritualmente, para depois destilar, das marcas desse encontro, os ingredientes necessários à formulação do conhecimento buscado" (Cintra & Naffah Neto, 2019, p. 29).

6. *Sobre a estrutura do livro*

> *Minha mãe achava estudo*
> *a coisa mais fina do mundo.*
> *Não é.*
> *A coisa mais fina do mundo é o sentimento.*
> Prado, 1999, p. 118

Admito que escrever este volume 2 foi uma tarefa extremamente desafiadora. Donald W. Winnicott é um dos autores mais complexos

---

9 Autora de vários livros, entre os quais o *bestseller Depois a louca sou eu*, publicado em 2016 pela Companhia das Letras, que vendeu mais de 40 mil cópias.

da nossa ciência. Além disso, os seus artigos estão espalhados em uma série de livros e são derivados, em sua grande maioria, de conferências e palestras que ele realizou durante a sua vida. Isso revela o caráter original do seu pensamento que, inevitavelmente, abalou as bases da minha neurose obsessiva e da minha necessidade de organização. Por outro lado, o pediatra britânico possui uma autenticidade que sempre me atraiu – talvez por uma questão de identificação própria.

Isso posto, no capítulo 1, trabalho com os momentos iniciais da teoria winnicottiana do desenvolvimento maturacional. Ou seja: o período de dependência absoluta do bebê, que envolve a criação do espaço potencial, dos fenômenos transicionais, destacando a importância do brincar como uma ação que assegura a espontaneidade do *ser*.

No capítulo 2, amplio a compreensão de uma das ideias mais lindas de Winnicott, a saber, a "função de espelho" exercida pela figura do rosto materno. Aqui, ainda estamos nas etapas primitivas da vida, muito embora esse fenômeno se estenda ao longo de toda a nossa existência, como um critério indissociável das relações interpessoais.

Seguindo por esse caminho, no capítulo 3, explico detalhadamente um dos termos mais banalizados do pensamento winnicottiano: a ideia de "falso *self*". Devido à grande repercussão desse conceito, observamos diversos usos equivocados do seu sentido – tanto no campo da clínica quanto na dimensão cultural. Procurei definir, com certo rigor, os diferentes 'tipos' de falso *self*, evidenciando o papel do ambiente escolar no estabelecimento dessa estrutura defensiva do psiquismo.

A seguir, no capítulo 4, abordo a importância da conquista do estágio da concernência (*concern*), como um momento decisivo da maturidade humana, que assegura a nossa capacidade de lidar com a ambivalência e enfrentar os desafios oriundos do conflito edipiano. Como a escola, de modo geral, pode contribuir (ou não) para isso?

No capítulo 5, escrevo sobre uma das fases mais complicadas do nosso desenvolvimento, conhecida por sua gama de problemas e, ao mesmo tempo, tão mal compreendida: a adolescência. Para tanto, proponho uma análise do filme "Red: crescer é uma fera" (Disney, 2022), com a intenção de facilitar o entendimento do público leigo que não tem um contato direto com a psicanálise.

No capítulo 6, dedico-me a elucidar a compreensão de Winnicott sobre as origens da agressividade, já que o autor não aceitava o conceito de instinto de morte, postulado por Freud e ampliado por Klein. Nesse sentido, costuro esse assunto com o tema da tendência antissocial e a hipótese da deprivação (*deprivation*). O que pode a educação, como um agente da cultura, diante de casos que desafiam a clínica psicanalítica? Aqui, também recorro ao enredo de outra animação, para ilustrar o hermetismo da teoria; analiso a trama do longa "Lilo & Stitch" (Disney, 2002).

Por último, no capítulo 7, sugiro uma possível aproximação entre as "consultas terapêuticas" – *técnica* criada pelo nosso pediatra britânico para facilitar os seus atendimentos no âmbito hospitalar – e a prática educativa. Destaco a importância do sentimento de confiabilidade e do exercício da empatia, como fatores indispensáveis à manutenção do gesto criativo e à saúde do indivíduo e da sociedade.

Na tentativa de atribuir um contorno às discussões propostas nestes dois volumes, esboço algumas palavras finais que estão longe de encerrar o nosso debate. Posso dizer, sem sombra de dúvidas, que Sándor Ferenczi e Donald W. Winnicott apresentaram um mundo diferente daquele que eu já conhecia no campo da psicanálise. Eles me mostraram que a ética do cuidado pode ser o alicerce para uma vida autêntica, mais livre e verdadeira. É isso que eu busco compartilhar com essa escrita: a vivacidade, o brilho e o encanto que a leitura e o estudo profundo das obras desses autores despertaram em mim.

Espero que, *ao fim e ao cabo*, eu consiga atingir uma parcela mínima do meu objetivo que, embora pareça uma utopia, trata-se de um sonho real, sonhado em conjunto!

Sonhemos!

Referências

Alves, R. (2013). *Lições do velho professor.* Papirus.

Araújo, P. G. (2011). *Trato desfeito: o revés autobiográfico na literatura contemporânea brasileira.* 107 f. [Dissertação de mestrado em Literatura, Universidade de Brasília]. Brasília, 2011.

Bandeira, M. (2009). *Poesia completa e prosa.* Nova Aguilar.

Barros, M. (2015). *Menino do mato.* Objetiva. (E-book)

Berlinck, M. (2008). *Psicopatologia fundamental.* Escuta.

Carvalho, M. R. & Maia, M. S. (2009). Em tempos de descuido: o paradigma do cuidado. In M. S. Maia (Org.), *Por uma ética do cuidado.* Garamond.

Cintra, E. M. U. & Naffah Neto, A. (2019). Paradoxo, noite e mistério: os labirintos da pesquisa psicanalítica. In I. Kublikowski, E. Kahhale & R. M. Tosta (Orgs.), *Pesquisa em psicologia clínica: contexto e desafios.* Educ. (E-book)

Dunker, C. (2020). *Paixão da ignorância: a escuta entre psicanálise e educação.* Contracorrente.

FAO, IFAD, UNICEF, WFP and WHO. (2022). *The State of Food Security and Nutrition in the World 2022. Repurposing food and agricultural policies to make healthy diets more affordable.* FAO. https://doi.org/10.4060/cc0639en

Ferenczi, S. (1990). *Diário clínico*. Martins Fontes. (Trabalho originalmente publicado em 1932)

Ferenczi, S. (2011a). Sobre a história do movimento psicanalítico. In S. Ferenczi, *Obras completas* (vol. 1). Martins Fontes. (Trabalho originalmente publicado em 1911)

Ferenczi, S. (2011b). Transferência e introjeção. In S. Ferenczi, *Obras completas* (vol. 1). Martins Fontes. (Trabalho originalmente publicado em 1909)

Figueiredo, L. C. (2012). *As diversas faces do cuidar: novos ensaios de psicanálise contemporânea*. Escuta.

Freud, S. (2010a). Acerca de uma visão de mundo. In S. Freud, *Obras completas* (vol. 18). Companhia das Letras. (Trabalho originalmente publicado em 1933)

Freud, S. (2010b). Além do princípio do prazer. In S. Freud, *Obras completas* (vol. 14). Companhia das Letras. (Trabalho originalmente publicado em 1920)

Freud, S. (2010c). Esclarecimentos, explicações, orientações. In S. Freud, *Obras completas* (vol. 18). Companhia das Letras. (Trabalho originalmente publicado em 1933)

Freud, S. (2012a). O interesse da psicanálise. In S. Freud, *Obras completas* (vol. 11). Companhia das Letras. (Trabalho originalmente publicado em 1913)

Freud, S. (2012b). Sobre a psicologia do colegial. In S. Freud, *Obras completas* (vol. 14). Companhia das Letras. (Trabalho originalmente publicado em 1914)

Freud, S. (2020). Psicopatologia da vida cotidiana. In S. Freud, *Obras completas* (vol. 5). Companhia das Letras. (Trabalho originalmente publicado em 1901)

Han, B.-C. (2017). *Sociedade do cansaço*. Vozes.

Hanly, C. (1995). *O problema da verdade na psicanálise aplicada.* Imago.

Herzog, R. & Pacheco-Ferreira, F. (2015). Trauma e pulsão de morte em Ferenczi. *Ágora: Estudos em Teoria Psicanalítica, 18*(2), 181-194. https://doi.org/10.1590/S1516-14982015000200002

Mandelbaum, B. (2019). O que pode a psicanálise no campo da psicologia social? In M. Winograd & M. V. F. Cremasco. (Orgs.), *O que pode a psicanálise.* Blucher.

Naffah Neto, A. (2010). Paradoxo e racionalidade no homem winnicottiano: a sombra de Heráclito de Éfeso. *Revista Brasileira de Psicanálise, 44*(2), 123-133.

Patto, M. H. S. (1997). O papel social e a formação do psicólogo: contribuição para um debate necessário. In M. H. S. Patto (Org.), *Introdução à psicologia escolar.* Casa do Psicólogo.

Plastino, C. A. (2009). A dimensão constitutiva do cuidar. In M. S. Maia (Org.), *Por uma ética do cuidado.* Garamond.

Prado, A. (1999). *Prosa reunida.* Siciliano.

Roudinesco. E. (2014). *Sigmund Freud: na sua época e em nosso tempo.* Zahar. (E-book)

Safra, G. (2005). *A face estética do self: teoria e clínica.* Ideias & Letras.

Winnicott, D. W. (1990b). *Natureza humana.* Imago. (Trabalho publicado postumamente em 1988)

Winnicott, D. W. (2020a). A contribuição da psicanálise para a obstetrícia. In D. W. Winnicott, *Bebês e suas mães.* Ubu. (Trabalho originalmente publicado em 1957)

Winnicott, D. W. (2021). Cura: uma conversa com médicos. In D. W. Winnicott, *Tudo começa em casa.* Ubu. (Trabalho originalmente publicado em 1970)

1. A teoria do amadurecimento de D. W. Winnicott: novos horizontes para a educação[1]

1.1 Winnicott e a educação: primeiras palavras

> Winnicott prestava atenção com o corpo todo, e tinha um olhar perspicaz e não invasivo, que nos mirava com um misto de incredulidade e absoluta aceitação. Uma espontaneidade de criança impregnava seus movimentos. Mas ele podia também ficar muito quieto.... Cada um de nós que o conhecia tinha seu próprio Winnicott, e ele jamais atropelou a maneira como o outro o inventava com a afirmação de seu modo pessoal de ser. E, ainda assim, permanecia inexoravelmente Winnicott.
>
> Khan, 1975/2021, p. 11

---

[1] Este capítulo é derivado de um artigo científico, escrito em coautoria com meu orientador: "A teoria do desenvolvimento maturacional de Winnicott: novas perspectivas para a educação" (Almeida & Naffah Neto, 2021). No entanto, essa versão passou por uma ampla revisão e modificação, tendo em vista o desenvolvimento das minhas ideias como pesquisador, diferenciando-se quase por completo do trabalho anterior.

Decidi iniciar esse item com uma citação de Masud Kahn (1975), que relata uma breve descrição da *pessoa* de Donald Winnicott, pois, a meu ver, não há maneira melhor de nos aproximarmos da *originalidade* da obra de um autor do que "conhecendo" os matizes de sua personalidade. Digo isso porque o pediatra e psicanalista britânico possuía um jeito único de *fazer* a psicanálise, transformando-a como parte do seu *ser*. Não obstante, foi o primeiro pesquisador da história da nossa ciência a construir uma teoria do "desenvolvimento maturacional"[2], guiando-se pelas experiências obtidas no cotidiano da sua prática clínica, em consultório particular e, sobretudo, no seu trabalho como médico dentro do *Paddington Green Children's Hospital*, onde atuou por quarenta anos, atendendo a milhares de famílias.

O traço de autenticidade que atravessa o estilo winnicottiano é evidenciado por Adam Philips no trecho a seguir:

> *Mas enquanto para Freud a psicanálise era essencialmente uma "cura verbal" dependente de duas pessoas capazes de falar uma com a outra, para Winnicott o relacionamento mãe-bebê em que a comunicação era relativamente não verbal havia se tornado o paradigma para o processo analítico, e isso mudou o papel da interpretação no tratamento. Para o paciente neurótico e para o psicótico, para a criança e para o adulto, a interpretação era uma extensão sofisticada do cuidado infantil, embora uma parte crucial e a meta primária do analista no tratamento fosse estabelecer e manter um ambiente adequado para o crescimento. A característica*

---

2 Ou "desenvolvimento emocional", de acordo com as novas traduções publicadas pela editora Ubu.

decisiva do setting *analítico, para Winnicott, não era exclusivamente a troca verbal. (Phillips, 2006, pp. 195-196)*

Seguindo uma trilha semelhante à de Sándor Ferenczi, Winnicott foi o grande *precursor* em considerar a importância do ambiente como um recurso indispensável ao desenvolvimento individual – embora Freud e Klein, em suas concepções próprias, nunca tenham desprezado esse elemento em suas descobertas[3]. No entanto, o que diferencia o analista britânico desses dois últimos autores é o *peso* que ele atribui ao fator ambiental. Sua obra, de modo geral, proporcionou uma renovação muito significativa nas maneiras de compreender a essência do ser humano e de praticar a clínica psicanalítica.

O renomado psicanalista francês André Green (1927-2012), em seu livro *"Penser la psychanalyse avec Bion, Winnicott, Laplanche, Aulagnier, Rosalato"*, comenta: "Winnicott foi para mim o autor com uma concepção do desenvolvimento que ultrapassa as de Freud e de Klein, acreditável e suficientemente imaginativa para se fazer acreditar" (Green, 2010, p. 69). Nessa mesma direção, Thomas Ogden (1946-) salienta que a obra winnicottiana representa um importante avanço no desenvolvimento da concepção psicanalítica

---

3 Recomendo a leitura do excelente ensaio de Thomas Ogden (2020): "Psicanálise ontológica ou 'O que você quer ser quando crescer?'". Nele, o autor discute as diferenças entre o que chama de *psicanálise epistemológica* – relacionada ao conhecimento e à compreensão, tendo como principais autores Freud e Klein – e o que chama de *psicanálise ontológica* – relacionada ao *ser* e ao *tornar-se*, tomando nesse caso como principais referências Winnicott e Bion. Ao longo desse artigo, Ogden afirma que é importante que o leitor tenha em mente que *não existe psicanálise ontológica ou psicanálise epistemológica em forma pura*. As duas coexistem e se enriquecem mutuamente. São modos de pensar e de ser – sensibilidades, não "escolas" de pensamento analítico, conjuntos de princípios ou técnicas analíticas. De alguma forma, isso reduz as 'doenças infantis do pensamento' – como diz Renato Mezan, em suas aulas –, que tendem a 'separar as coisas', com o objetivo de diminuir uma perspectiva teórica para enaltecer outra.

de *sujeito*, pois "envolve vários tipos de *tensões dialéticas* de unidade e separação, de internalidade e externalidade, por meio das quais o sujeito é simultaneamente constituído e descentrado de si mesmo". (Ogden, 1996, p. 45, grifos meus).

Diante do reconhecimento feito por autores desse calibre, nos resta, então, encarar a pergunta: quais são as principais contribuições de Winnicott que poderiam ser *facilmente aplicadas* ao terreno da educação, ultrapassando os limites da clínica, mas sem despertar cisões ou dicotomias *entre* esses dois campos?

Neste primeiro capítulo, penso ser imprescindível tomar como escopo da discussão, alguns dos *períodos iniciais* do amadurecimento humano, relacionando-os ao contexto escolar. Enfatizo as necessidades peculiares do bebê em seu estado de *dependência absoluta*, explicando a origem do processo de criação do "espaço potencial", e, finalmente, aponto a importância da "área transicional" e do "brincar" para a constituição dos símbolos. Desse modo, *não irei explorar as etapas que o autor enuncia como conquistas tardias,* a saber: o estágio da concernência (*concern*),[4] o complexo de Édipo, as circunstâncias ligadas ao falso *self* patológico, as origens da agressividade e a tendência antissocial. Porém, garanto aos leitores que todas as *fases do desenvolvimento emocional* serão abordadas nesta pesquisa – com maior ou menor ênfase.

Antes de qualquer coisa é necessário registrar uma importante observação: essas fases são consideradas como uma *linha geral* para caracterizar toda a existência humana, "estendendo-se para um modo de ser-no-mundo que oscila entre a autonomia e a dependência" (Fulgencio, 2020, p. 100). No ensaio intitulado "O conceito de indivíduo saudável" (1967), é o próprio Winnicott quem nos alerta:

---

4 Traduzido por "estágio da consideração" pelas novas edições publicadas pela editora Ubu.

> *A maturidade individual implica movimento em direção à independência, mas não existe essa coisa chamada "independência". Seria nocivo para a saúde o fato de um indivíduo ficar isolado a ponto de se sentir independente e invulnerável. Se essa pessoa está viva, sem dúvida há dependência! (1967/2021a, pp. 21-22)*

Com efeito, a divisão do desenvolvimento humano em etapas claras e distintas corresponde a um método, que tem como intuito apresentar de *maneira pedagógica* as definições provenientes desse estudo. Logo, "a dissecação das etapas do desenvolvimento é um procedimento *extremamente artificial*. Na verdade, a criança está o tempo todo em todos os estágios, apesar de que um determinado estágio possa ser considerado dominante" (Winnicott, 1988/1990b, p. 52, grifos meus). Na saúde, "as pessoas não têm só sua própria idade; em alguma medida, *elas têm todas as idades, ou nenhuma*" (Winnicott, 1960/2021b, p. 95, grifos meus).

Valendo-se de uma delicadeza ímpar em sua escrita, o filósofo Zeljko Loparic propõe:

> *Assim*, há sempre uma loucura do bebê no adulto sadio. *Quando falamos do amadurecimento infantil sadio, "sabemos que estamos falando da infância toda, em particular da adolescência; e se estivermos falando da adolescência, estaremos falando de adultos, pois nenhum adulto é adulto o tempo todo" (1986b, p. 81; tr. p. 64). . . . A estrutura da personalidade do indivíduo winnicottiano que amadurece de modo sadio inclui a relação com o passado, o presente e o futuro, portanto, isto é, com o todo do tempo. . . . A concomitância dos estágios se deve, em parte, ao fato de as tarefas iniciais*

de amadurecimento nunca serem completadas e de suas aquisições maturacionais serem instáveis. (Loparic, 2014, p. 13, grifos meus)[5]

Para Winnicott (1988/1990b): "Cada estágio no desenvolvimento é alcançado e perdido, alcançado e perdido de novo, e mais uma vez: a superação dos estágios do desenvolvimento só se transforma em fato muito gradualmente, e mesmo assim apenas sob determinadas condições" (p. 55). Embora tais condições deixem de ser vitais com o passar do tempo, elas nunca perdem a sua importância.

Após esses breves comentários, admito que me esforcei ao máximo para seguir um tipo de roteiro linear que pudesse elucidar, de forma clara, a teoria do desenvolvimento emocional ao longo do meu livro. Todavia, adianto que, apesar de poupar o uso de repetições, inevitavelmente algumas partes desse todo se cruzaram aqui e acolá – atestando a premissa de Winnicott a respeito dos fenômenos atemporais. Meu objetivo é ser o mais didático possível, ainda que a complexidade do arcabouço winnicottiano considerado por alguns autores um "novo paradigma da psicanálise" (ver Loparic, 2001) – denuncie o caráter pretensioso da minha empreitada.

---

[5] Ao comentar essa questão, Naffah Neto (2019) retoma brevemente a problemática da temporalidade patológica: o *tempo congelado,* característico do paciente *borderline*. Cito-o: "Eu não acredito, a partir de minha experiência clínica, que esse congelamento seja absoluto, ou seja, que o *todo* da personalidade *borderline* fique congelado no tempo, à espera de melhores condições ambientais para um degelo e, consequente, para a retomada do processo de amadurecimento. O que a clínica tem me mostrado é que esse tipo de paciente atravessa todas as etapas do amadurecimento, mas o faz aos trambolhões, de forma incompleta e, muitas vezes, sem conseguir integrar no *self* a maior parte das experiências que pressupunham o atravessamento das etapas anteriores" (pp. 215-216, grifos do autor).

1.2 A dependência absoluta e as necessidades do ser

"Enquanto na psicanálise tradicional existe um método que caracteriza, por excelência, a própria tarefa analítica – a interpretação dos conflitos inconscientes relativos a elementos reprimidos – não se pode dizer o mesmo da clínica winnicottiana" (Dias, 2008, p. 30). Winnicott se ocupa em ampliar o pensamento de Freud, identificando um inconsciente que não advém apenas do processo de repressão e que, além disso, não pode ser reduzido ao conflito entre os instintos sexuais. Trata-se de uma nova matriz de pensamento, associada ao que ele caracteriza como a linha de *desenvolvimento do ser, a partir de si mesmo*, e sustentado pelo ambiente. Essas características o tornam um analista conhecido por seu pensamento próprio e criativo, longe dos jargões científicos – o que em nenhum momento desvaloriza o seu arsenal teórico e as suas descobertas clínicas. Nas palavras de Adam Phillips (2006):

> *No plano mestre do desenvolvimento humano sobre o qual trabalhou por mais de quarenta anos, Winnicott tentou explicar como o indivíduo cresce, para além da dependência, em direção a um jeito de ser pessoal, como ele se torna a um só tempo comum e característico de acordo com a percepção que tem de si mesmo e como o ambiente precoce faz com que isso seja possível. O crescimento seria essa tarefa contínua de integração psicossomática. Winnicott viria a enfatizar a necessidade de continuidade de cuidados – "maternagem suficientemente boa" – para sustentar o que ele chamava de "ser em desenvolvimento", a "linha da vida" do bebê, nos estágios mais precoces de sua vida. (p. 22)*

Ao afirmar enfaticamente que "*isso que chamam de bebê não existe*" (Winnicott, 1952/2021c, p. 215), Winnicott chama atenção para o fato de que, ao observarmos um bebê, não o encontraremos sozinho, e sim associado a alguém que dele cuida, atestando que o que existe no início está além do indivíduo e corresponde à unidade ambiente-indivíduo. Assim, o autor situa de que modo as coisas ocorrem como estrutura básica, para serem estabelecidas as *relações de objeto*.[6] O primeiro estado caracteriza-se pela relação com objetos parciais – como no caso do bebê que se relaciona com o seio, não havendo consciência da figura materna, embora o bebê possa "reconhecê-la" em momentos de contato afetuoso.

Winnicott concentrou os seus esforços para descrever como o ser humano progride de sua situação inicial – em que predomina a imaturidade, sendo totalmente dependente do ambiente e, portanto, um ser *não integrado* – para as diversas integrações que vão ocorrer ao longo de sua existência (chegando à diferenciação entre mundo externo e interno, conquistando uma unidade individual, diferenciando o eu do não eu). Para ele, o estágio inicial da vida é um período extremamente delicado, pois o bebê precisará de todos os cuidados da mãe para poder *vir a ser*. Cito o autor:

> *Gostaria de postular um estado de ser que é um fato no bebê normal, antes do nascimento e logo depois. Esse estado de ser pertence ao bebê, e não ao observador. A continuidade do ser significa saúde. Se tomarmos como analogia uma bolha, podemos dizer que, quando a pressão externa está adaptada à pressão interna, a bolha*

---

[6] No que tange a uma perspectiva crítica desse conceito, recomendo a leitura do artigo de Leopoldo Fulgencio (2022), "É adequado referir-se aos relacionamentos humanos como *relações de objeto*?", publicado no livro "Relações e objeto na psicanálise ontem e hoje" (Blucher, 2022).

pode seguir existindo. Se estivéssemos falando de um bebê humano, diríamos "sendo". Se, por outro lado, a pressão no exterior da bolha for maior ou menor do que aquela em seu interior, a bolha passará a reagir à intrusão. Ela se modifica como reação a uma mudança no ambiente, e não a partir de um impulso próprio. Em termos do animal humano, isto significa uma interrupção no ser, e o lugar do ser é substituído pela reação à intrusão. (Winnicott, 1988/1990b, p. 148, grifos meus)

Dessa forma, a mãe[7] será responsável por apresentar o mundo ao bebê em pequenas doses, sustentando o seu sentimento de *onipotência* inicial (criatividade primária), no qual estará presente uma sensação temporária de *ilusão*. É como se aquilo que satisfaz a necessidade fosse algo criado pela única coisa que existe, ou seja, o bebê. Tudo que é externo é advindo dessa sua criação ou dos gestos espontâneos criativos (Fulgencio, 2016).

Da perspectiva do observador, é o ambiente que atende às necessidades da criança, mas, do ponto de vista do infante, não há ambiente; há apenas ele, e os objetos aparecem e desaparecem na exata medida de sua necessidade, como elementos de sua *própria criação*. De forma esquemática, temos: 1. o bebê está com fome; 2. a mamãe oferece o peito; 3. para o bebê, o peito foi criado por ele (sentimento de onipotência). Nesse sentido, "caberá ao ambiente não decepcionar a criança, não a forçar, fora do tempo, a reconhecer a realidade externa como tal; não lhe impor uma unidade para a qual

---

7 É importante repensarmos, hoje, tomando como base as diversas configurações familiares, o sentido que Winnicott atribui à palavra "mãe". Ademais, para sermos coerentes com a nossa realidade social e cultural, seria mais sensato pensar em alguém que exerça a *função materna*. Nesse sentido, todas as vezes em que emprego o termo "mãe", proponho essa compreensão ao leitor.

ela *ainda não está madura* para assumir" (Fulgencio, 2016, p. 30, grifos meus).

Vale lembrar, porém, que o estado de *dependência absoluta* que Winnicott menciona *não* está fundamentado somente na condição de fragilidade do bebê, tampouco se refere a uma influência total do ambiente sobre um sujeito que, ao nascer, é tomado como uma *tábula rasa*. Também *não* se relaciona a um tipo determinado de "dependência afetiva", uma vez que o bebê *não* está suficientemente amadurecido para possuir (e reconhecer) a multiplicidade de afetos que atravessam as relações humanas.

Não é a partir de nenhuma dessas definições que se estrutura a tese do psicanalista britânico. A *dependência absoluta* está ligada ao fato de o recém-nascido *depender inteiramente* da mãe para "ser" e para cumprir a sua *tendência inata à integração* em uma unidade psicossomática. Logo, o relacionamento típico com a figura materna, nesse estado inicial, fornece um padrão para as futuras relações que o bebê venha a desenvolver com o meio externo. É no âmago desse encontro que está sendo construída a *ilusão* do contato com o mundo exterior – o mundo que já está ali, mas, paradoxalmente, também é criado pelo bebê.

Com o passar do tempo, e à medida que o infante vai amadurecendo, a mãe suficientemente boa torna a adaptação cada vez menos absoluta e, gradualmente, permite que ele alcance a *dependência relativa* e, por fim, as trilhas que o levarão *rumo à independência*. Se a mãe é saudável, a desadaptação ocorre de *maneira natural*, pois coincide com o período em que ela já está cansada das exigências que o estado de dependência absoluta requer. Essa transição é essencial ao amadurecimento do bebê; caso a mãe não consiga renunciar à adaptação absoluta, isso pode gerar graves consequências ao psiquismo do indivíduo.

Na intenção de desfazer outros mal-entendidos, é essencial compreender o sentido do conceito winnicottiano de *ambiente primário*. Em primeiro lugar, não se trata de algo nem externo nem interno, já que o bebê, ao nascer, encontra-se amalgamado à sua mãe, e justamente por isso *não possui* qualquer noção de "dentro" e "fora". Em segundo lugar, o ambiente primário é "alguém", embora ainda não reconhecido como "um outro" – porque faz parte do próprio bebê – que sustenta e responde ao estado de *dependência* do infante.

Winnicott usará a expressão "primeira mamada teórica" para enunciar a sequência das primeiras experiências concretas de amamentação. O termo, em si, supera o entendimento desse processo como algo *puramente fisiológico*, que apenas tem como objetivo saciar a fome do bebê. O ato de mamar, na concepção winnicottina, representa a ocasião em que começam a se estabelecer as bases da relação com a *realidade externa*. Independentemente do uso do seio ou não[8], o que mais conta nesse período é a *qualidade do contato humano* – refiro-me ao grau de compromisso da figura materna com os cuidados gerais demandados pelo recém-nascido, que, quando bem exercidos, estruturam uma espécie de *sintonia*.

No estágio da primeira mamada teórica, o bebê está envolvido com três tarefas essenciais à constituição do ser:

---

[8] Uma passagem belíssima do artigo "Amamentação como forma de comunicação" (1968) revela o quanto Winnicott tratava a questão da amamentação sem lançar o peso desse período da maternidade como uma obrigação imposta veementemente às mães – algo que contrasta com o que notamos na atualidade ao analisar o discurso de alguns "especialistas". Cito-o: "Talvez vocês notem do que é que quero me distanciar. Quero me dissociar daqueles que tentam *forçar* as mães a amamentarem seus bebês. Conheci muitas crianças que passaram por maus momentos com mães que lutavam para fazer seus seios funcionarem, o que é algo impossível de ser feito, uma vez que está fora de qualquer controle consciente. A mãe sofre e o bebê sofre. Em alguns casos, a mamadeira traz enorme alívio quando enfim é usada, e algo passa a funcionar bem logo que o bebê se satisfaz com a quantidade adequada do alimento apropriado. Muitas dessas dificuldades poderiam ser evitadas se a amamentação não fosse tratada como religião" (Winnicott, 1968/2020a, p. 39, grifos do autor).

1) a partir do estado de não-integração, a realização das experiências de integração no espaço-tempo, ou seja, a temporalização e espacialização do bebê (integração); *2) o alojamento gradual da psique no corpo* (personalização); *3) o início das relações objetais, que culminará, mais tarde, na criação e no reconhecimento da existência independente de objetos e de um mundo externo* (realização). *Winnicott refere-se a estas tarefas fundamentais em inúmeras passagens de sua obra, apresentando-as em ordens variadas. (Dias, 2003, p. 166)*

Essas tarefas são interdependentes, e nenhuma pode ser resolvida plenamente sem as demais. Quando tudo caminha bem, o bebê se depara com essas "etapas" de maneira mais ou menos concomitante, visto que, para dar início a um sentido real e poder habitar num mundo real e subjetivo, o lactente precisa ser introduzido no ritmo do tempo e do espaço – que *a priori* se estrutura no balanço e no aconchego do corpo materno (*holding*).[9]

O estado de dependência absoluta corresponde, assim, à junção mãe-bebê (ambiente-indivíduo) e, por essa razão, não há como descrever um bebê sem que se inclua, na descrição, os cuidados que ele está recebendo. É apenas gradualmente que os cuidados ambientais vão sendo incorporados como aspectos do *self* do bebê, ao mesmo

---

[9] *Holding*, que em português significa literalmente "segurando", é um termo usado por Winnicott para fazer referência ao suporte físico e psíquico oferecido ao bebê pelo seu cuidador. Envolve uma rotina nos cuidados do lactente e se expressa como um conjunto de comportamentos afetivos relacionados ao alimentar, limpar, proteger, uma vez que o bebê precisa estar fisicamente seguro e psicologicamente acolhido. O *holding* permite uma certa *estabilidade* e *previsibilidade* do ambiente, o que é fundamental para o desenrolar das tendências hereditárias do indivíduo. Esse processo dialoga diretamente com a continuidade do ser, com a noção de ilusão e com a integração do *self*.

tempo que o ambiente facilitador vai se convertendo em algo externo e separado dele. Cito Winnicott:

> A mãe que não é suficientemente boa não é capaz de complementar a onipotência *do lactente, e assim falha repetidamente em satisfazer o gesto dele; ao invés, ela substitui por seu próprio gesto, que deve ser validado pela submissão do bebê*. Essa submissão por parte do recém-nascido é o estágio inicial do falso self, e resulta da inabilidade da mãe de sentir as necessidades da criança. (Winnicott, 1960/1983b, p. 133, alterações minhas de tradução[10] e grifos meus)

A "ilusão de onipotência" é um aspecto indispensável ao alicerce da criatividade. Winnicott (1988) exemplifica a sua formação por meio da seguinte experiência: ao sentir fome e chorar, o bebê "alucina" o seio e a mãe devotada o oferece; logo, o lactente acredita que criou o seio, vivenciando uma *experiência de ilusão*. É fundamental, porém, que a alucinação do bebê e o objeto apresentado pela mãe sejam reconhecidos por ele como *idênticos*. "[A mãe] deve ir ao encontro do momento criativo específico, e saber disso através de sua própria capacidade para identificar-se com o bebê e pela observação do seu comportamento. *A mãe está esperando para ser descoberta*" (Winnicott, 1988/1990b, p. 122, grifos meus).

Quando isso não ocorre, podemos conceber a criação de um falso *self*, estrutura defensiva formada no campo psíquico do bebê (que pode assumir vários níveis), como uma espécie de *casca de*

---

10 Tive de fazer algumas modificações de traduções nas versões brasileiras de dois livros de Winnicott: *O ambiente e os processos de maturação* (1983) e *Natureza humana* (1988/1990b). Ambos possuem uma péssima qualidade textual. Para tanto, me respaldei nas versões em inglês (Winnicott, 1965/1990c e 1988).

um ego que teve de reagir às intrusões externas precoces. A mãe que *não* é capaz de apresentar o mundo na medida certa e que antes substitui a espontaneidade do infante pelo seu próprio gesto intrusivo não permite que ele "venha a ser" na totalidade de sua essência criativa,[11] resultando, pois, na formação de um falso *self* no psiquismo do indivíduo (em maior ou menor "escala"). Por ora, apenas bordejo essa temática, tendo em vista que tal conceito será mais bem explorado adiante.

Retomando o que foi discutido até aqui, vimos que, a princípio, a mãe suficientemente boa procede de uma *adaptação absoluta* e, um pouco mais tarde, de uma *adaptação relativa* às necessidades reais do lactente. "Winnicott insiste em que se trata de *adaptação à necessidade* e não de satisfação dos desejos" (Dias, 2003, p. 133, grifos da autora) – mesmo porque, na origem da vida, um bebê não possui "desejos". Ao discernir os cuidados suficientemente bons da *mãe devotada comum*, o pediatra inglês afasta qualquer juízo de *idealização* acerca da figura materna ou paterna. O autor não é ingênuo o suficiente para acreditar em uma realidade "cor-de-rosa" – como insistem em afirmar aqueles que não leram a imensidão de seus escritos –, ou seja, os pais não são benevolentes, nem o mundo que rodeia o bebê é um paraíso. A *perfeição* estaria ligada à ação das máquinas, e não ao conjunto de fatores relacionados à criação de um ser humano.

---

11 Winnicott postula diferentes constituições para esse falso *self*, desde a mais saudável – na qual ele constitui meramente a "face social" do *self* verdadeiro, formando-se como um prolongamento deste e em consonância *relativa* com o seu gesto espontâneo-criativo (já que uma parte dessa espontaneidade/criatividade tem sempre de ser sacrificada para uma adaptação social necessária) – até a mais patológica, na qual ele se forma totalmente reativo às intrusões ambientais, cindido do restante da personalidade, como uma espécie de escudo protetor do *self* verdadeiro (Winnicott, 1960/1983b).

Talvez esse ponto de vista nos auxilie a entender que a questão é muito mais simples do que parece (ou não). Explico: o cuidado suficientemente bom *não* se restringe às orientações estabelecidas em um manual que precisa ser seguido à risca para produzir alguma eficácia sobre o amadurecimento das crianças. O que se faz essencial, no entanto, *é que a mãe possa desenvolver empatia pelo bebê*. "Não há nada de místico nisso", aponta Winnicott. "Afinal, ela já foi um bebê e tem em si as memórias de já ter sido cuidada, e essas memórias ou ajudam ou atrapalham suas experiências como mãe" (Winnicott, 1966/2020a, p. 20).

Encontramos, aqui, uma brecha para nos aprofundarmos no território escolar. Muitos materiais publicados sobre esse tema ("psicanálise e educação") tendem a imputar a responsabilidade do desenvolvimento infantil, *unicamente*, aos educadores. Ora, um professor precisa *sentir* os cuidados fornecidos pela escola (ou pela instituição) para que ele próprio consiga efetivamente *cuidar* de seus alunos. Em um espaço onde não há escuta ou relações de mutualidade entre a equipe pedagógica, torna-se praticamente impossível a realização de um trabalho de acolhimento e atenção individual.

Recordemos o que aconteceu no período da pandemia de covid-19: milhares de professores foram dispensados ou sofreram cortes expressivos em seus salários. Em paralelo a isso, a inaptidão das instituições para oferecer algum tipo de suporte emocional a esses profissionais os deixou em um estado de maior vulnerabilidade. Em determinados institutos de ensino superior, por exemplo, muitos educadores foram obrigados a trabalhar em condições desumanas de sobrecarga e estresse. Soube de colegas que estavam lecionando para turmas com mais de 400 alunos em uma mesma reunião do *Zoom*. Isso demonstra que certas universidades se aproveitaram daquele lamentável contexto caótico para juntar as suas classes, com a intenção de pagar menos professores e evitar novas contratações – além, é claro, da própria diminuição salarial.

Desse modo, é no mínimo ofensivo delegar a função de escuta e acolhimento aos educadores em meio a esse quadro de desrespeito à sua dignidade. A questão, em si, envolve instâncias muito mais abrangentes e que precisam ser analisadas.

Com efeito, embora pareça evidente o que Winnicott pretende nos dizer, *nem todo educador conserva memórias de ter sido cuidado em sua vida*, principalmente quando essa experiência jamais existiu no registro de sua história pessoal (ou durante a sua atuação profissional, conforme apontei há pouco). Tomando como analogia a teoria do desenvolvimento do autor, podemos pensar que "quando existe uma dificuldade, a mãe e o bebê podem levar muito tempo até conseguirem se entender um com o outro" (Winnicott, 1988/1990b, p. 123). A mesma hipótese também se mostra coerente no campo escolar. Eis a importância de observarmos todas as esferas que atravessam a dupla professor-aluno, pois ambos poderão sofrer as consequências dessas falhas por muitos anos, "e às vezes para sempre" (Winnicott, 1988/1990b, p. 123).

Nesse ponto, destaco a importância de concebermos uma *gestão escolar humanizada*, que se preocupe muito mais com os princípios afetivos orientados pelo *gesto empático* do que com as burocracias que envolvem os afazeres educacionais. É esse olhar implicado que poderá, talvez, garantir um *espaço potencial* de confiança para que a criança, acompanhada de seu professor, venha a se desenvolver em seus mais variados aspectos.

1.3 A escola como um espaço potencial

Numa folha qualquer
Eu desenho um sol amarelo
E com cinco ou seis retas
É fácil fazer um castelo

> *Com o lápis em torno da mão*
> *E me dou uma luva*
> *E se faço chover*
> *Com dois riscos tenho um guarda-chuva*
>
> *Se um pinguinho de tinta*
> *Cai num pedacinho azul do papel*
> *Num instante imagino*
> *Uma linda gaivota a voar no céu*
>
> Toquinho, "Aquarela", 1983

De acordo com a biologia, sabemos que o bebê habita o corpo da mãe, e que durante a gestação ele fica envolvido por um conjunto de substâncias formadas para a sua proteção e que ao mesmo tempo o "separam" do corpo materno. Esse espaço de *separação* permite o isolamento básico, estando lá "desde sempre e para sempre" (Dias, 2003, p. 132). Mais tarde, esse fenômeno ficará conhecido na obra winnicottiana como "solidão essencial" – "que é o estado originário no qual o bebê se encontra no mais absoluto início, quando emerge do não-ser" (Dias, 2003, p. 132). Tal solidão deverá ser preservada eternamente, não importando o quão comunicativo e sociável o indivíduo se torne. Quanto a esse aspecto, Elsa Oliveira Dias (2003) destaca:

> *É desse isolamento fundamental que irá emergir a ilusão básica de contato e, mais tarde o* espaço potencial; *no devido tempo, esse espaço será preenchido pelos fenômenos transicionais e objetos transicionais que são, simultaneamente, parte do bebê e parte do ambiente.* (p. 132, grifos meus)

De maneira bastante sucinta, podemos pensar que, quando a totalidade dos cuidados maternos possibilita ao lactente viver no mundo subjetivo criado por ele e povoado pela vida imaginativa, esse lugar será, ao longo da vida, o seu principal refúgio para descanso e recolhimento, sendo essencial à *capacidade de estar só* – que se inicia na presença de alguém (Winnicott, 1958/1983a). Em seguida, depois de ter vivido tempo suficiente nesse universo, o bebê irá habitar no espaço potencial, cuja área será preenchida inicialmente pelos fenômenos transicionais[12] e, posteriormente, pelo brincar e pelas atividades artísticas e culturais, ou seja, por tudo que está *livre* das rédeas da objetividade. Nas palavras de Winnicott (1971/2019d):

> *Em oposição a essas duas realidades [subjetiva e objetiva], a área disponível para esse terceiro modo de vida (em que existem a experiência cultural e o brincar criativo) é extremamente variável entre os indivíduos. Isso ocorre porque essa área é produto das experiências* de cada pessoa *(bebê, criança, adolescente, adulto) no ambiente predominante.... Trago para o debate a tese de que, para o brincar criativo e para a experiência cultural, incluindo seus desenvolvimentos mais sofisticados, a posição é o* espaço potencial *entre o bebê e a mãe. Refiro-me a área hipotética que existe (mas pode não existir) entre o bebê e o objeto (mãe, ou parte da mãe) durante a fase de repúdio do objeto como não eu, ou seja, ao final do estado de fusão com o objeto.* (p. 172, grifos do autor)

Recapitulando as ideias expostas até o momento, podemos organizar a seguinte síntese: o bebê winnicottiano nasce com uma *tendência à integração* e vai construindo, a partir do cuidado ambiental, uma *realidade subjetiva*, em que poderá habitar *durante toda a vida*,

---

12 Esse conceito será apresentado ao leitor e fundamentado nas próximas páginas deste mesmo capítulo.

criada por ele mesmo, resultante do respeito à sua espontaneidade – *o infante cria o mundo que já está lá*. Essa conquista só acontece, porém, na presença de uma "mãe suficientemente boa", que, longe de ser uma figura perfeita e idealizada, é aquela pessoa que *cuida* do lactente e, aos poucos, lhe apresenta uma *realidade objetivamente percebida*. É justamente na lacuna que há *entre* a subjetividade e a objetividade que teremos o surgimento da *terceira área* – o *espaço potencial* que, com a dedicação e o suporte do meio, se tornará a *área transicional*.

Traçando uma sistematização histórica da evolução desse conceito na obra winnicottiana, Serralha (2019) pontua que:

> *Em* Natureza Humana *(1954-1971), Winnicott (1988/1990) forneceu uma outra descrição do espaço potencial, permitindo ver que, de fato, não se pode tomá-lo no sentido dado na representação. Ele o descreveu como "substância intermediária [intermediate substance]", o que é localizado entre o narcisismo primário e a relação de objeto. Essa substância seria representada pelos objetos e fenômenos transicionais, com a característica de unir e separar ao mesmo tempo, como também de ser parte do bebê e do ambiente. Além disso, essa substância continuaria existindo na vida das pessoas adultas e na cultura vivenciada por elas (1990/1988, p. 178). Desse modo, embora o espaço potencial seja possibilitador de experiências transicionais,* ele não pode ser em si transicional, *uma vez que nele o indivíduo vive experiências diversas, em um processo que envolve elementos subjetivos, transicionais, internos, objetivos e externos, de acordo com o tempo e as necessidades do amadurecimento individual.* (pp. 165-166, grifos meus)

Outros psicanalistas prestigiados e reconhecidos por seu trabalho científico também se dedicaram a explorar esse conceito inovador de Winnicott. Particularmente, gosto bastante das ideias de Thomas Ogden (2017), que faz uso da expressão "processo dialético" para se referir à complexidade do espaço potencial. Entre outras coisas interessantes, esse autor afirma que a *dialética* existente entre a realidade e a fantasia "pode ser limitada ou desmoronar em direção à realidade, *quando a realidade é utilizada predominantemente como defesa contra a fantasia. Em tais circunstâncias, a realidade rouba a fantasia de sua vitalidade*" (Ogden, 2017, p. 218, grifos meus).

Sendo assim, sempre que um processo dialético é limitado por questões defensivas, paga-se um preço. "Nesse caso, o preço é o impedimento da imaginação" (Ogden, 2017, p. 222). Explico: quando um processo dialético relativamente livre de restrições se estabeleceu, um menino brincando de professor, por exemplo, é tanto uma criança quanto um pai de família que ocupa essa profissão. Ou seja, ser um menininho que se sente amado pelo pai (em realidade) proporciona segurança para que ele pegue "emprestado" o que é do seu pai (em fantasia) sem medo de retaliação ou de perder-se na identidade paterna, desaparecendo como uma pessoa separada. Ser um pai (em fantasia) dá acesso e possibilita ao garoto valer-se de toda a preciosidade dos símbolos culturais, familiares, históricos e pessoais (por exemplo, em relação ao que significa ser homem, pai e filho) que foram transmitidos consciente e inconscientemente ao longo da experiência real com o pai, a mãe ou outras pessoas (Ogden, 2017). O processo dialético consiste na habilidade do sujeito de transitar entre as áreas "subjetiva e objetiva" sem o risco de permanecer aprisionado em apenas uma delas.

Em contrapartida, se o menininho é "somente" um menininho – preso aos aspectos *reais* do mundo objetivo –, ele não é capaz de brincar, nem de imaginar, e também será impossibilitado de *sentir-se vivo*. "Tal situação emerge quando *a realidade deve ser usada como defesa contra a fantasia*" (Ogden, 2017, p. 223, grifos meus).

Henrique ingressou na escola por volta dos seus 5 anos de idade. A mãe dizia que desde pequeno ele era "muito adulto". Henrique morava em uma casa de dois cômodos com mais três irmãos, a mãe e o namorado dela. Dormia no quarto com todos juntos, sem espaço. O seu pensamento era profundamente marcado por um ceticismo. Ele apresentava uma enorme dificuldade para fantasiar. Interessava-se em encontrar explicações lógicas para as coisas fantásticas. Coelhinho da Páscoa e Papai Noel não passavam de duas grandes bobagens para ele. A professora, sem saber lidar com o nível de maturidade do menino, ficava muito aborrecida com esses episódios. Os amiguinhos da turma não entendiam nada. Por que Henrique não acreditava nas histórias? As brincadeiras, então, eram um verdadeiro desastre... Tudo era real. "Quantas peças precisamos para montar esse castelo de blocos?", perguntava aos colegas. Henrique tinha apenas o prazer de construir, contar, numerar, mas não conseguia inventar um enredo de ficção em meio a tanta concretude. Princesas e dragões no castelo erguido? Para ele, nem pensar... "E não venham com essas mentiras!" – alertava, caso alguém tentasse lhe contar algo do mundo da imaginação.

É evidente que Henrique estava correto nas suas colocações. Todas aquelas coisas fantásticas não existiam de fato. Porém o *excesso de realidade* que atravessou esse menino desde o seu nascimento – ter de conviver com as dificuldades financeiras da família, presenciar a relação sexual dos adultos em razão da ausência de um quarto próprio para ele e seus irmãos etc. – o impediu de alcançar a intersecção entre a fantasia e a realidade, essencial ao surgimento da capacidade imaginativa. Podemos supor que, para essa criança, o perigo de desejos e medos *se tornarem verdade* em uma escala excessivamente assustadora era uma possibilidade muito real, devido às experiências que ele havia presenciado precocemente. Tais vivências atrapalham as fantasias de serem experimentadas no *espaço* potencial; elas caem direto no campo da objetividade.

Por outro lado, se essas fantasias passam a habitar o seu mundo subjetivo – o que não ocorreu no caso de Henrique –, ele irá se tornar um lugar *ameaçador* para a criança, dificultando o seu acesso ao "isolamento essencial", ou seja, a chance de poder se recolher nesse "abrigo interno" quando a realidade externa se revela de maneira muito dura. Essa configuração psíquica pode originar um estado de *depressão patológica*, pois na "depressão saudável" o sujeito consegue se recolher em seu mundo interno, sem se sentir ameaçado por ele.[13]

Considerando, então, que o contexto familiar de Henrique, atravessado pelas ressonâncias de uma implacável vulnerabilidade social, dificultou a criação de um *espaço potencial* para que o menino pudesse habitar, o que a escola poderia fazer frente a uma situação como essa?

Safra (2005) afirma que:

> A inserção desses símbolos [estéticos] no espaço potencial suspende as dicotomias do espaço e do tempo, do sujeito e do objeto, do externo e do interno. *É o lugar dos paradoxos e da articulação da experiência de ser que, eventualmente, inscreverá o self do indivíduo no campo cultural. . . . No trato com a criança ou com o paciente adulto, é fundamental que o analista possa acompanhar tanto as vivências psíquicas que se expressam pela linguagem discursiva, quanto aquelas que emergem,* por meio de símbolos estéticos, *como*

---

13 Recomendo a leitura do artigo de Winnicott "O valor da depressão" (1963/2021d) e do capítulo "*Darkness visible*: uma interpretação da patologia depressiva a partir de D. W. Winnicott", produzido por Alfredo Naffah Neto (2022).

símbolos do self, *articulados plasticamente no campo sensorial.* (p. 29, grifos meus)

Apesar de o autor se referir a um contexto *puramente clínico*, penso que as suas ideias podem ser compreendidas também no que tange à prática escolar. A escola deve ser encarada como um *espaço de experiência*, muito mais do que um lugar de pura cognição (racionalidade). Logo, uma instituição que tenha como objetivo central somente o desenvolvimento dos aspectos cognitivos da aprendizagem reforçará ainda mais os pilares da *realidade objetiva* – tão presente na psique de Henrique, por exemplo. Uma criança nesse estado busca no professor a *esperança* de encontrar "a função e o campo que lhe possibilitarão emergir como *ser existente e inserido na cultura e na história*" (Safra, 2005, p. 30). Ela busca, sobretudo, a oportunidade pela qual poderá criar a *constituição do seu self*.

Essa esperança ganha forma e consistência no momento em que professor e alunos se observam numa *trama de interações transformadoras*, marcada por construções e desconstruções intermináveis, imersas na dimensão do espaço potencial. Para tanto, penso ser necessário que um professor, valendo-se desse arsenal psicanalítico, consiga se adaptar às necessidades mais arcaicas de um aluno que se encontra no estado de "dependência absoluta". Não que essa seja a situação de Henrique, mas oferecer um ambiente de cuidado permite que o indivíduo retome a linha de seu desenvolvimento (*em primeira pessoa*), rompida pelas intrusões ambientais precoces.

Nesse sentido, nos deparamos com outra diferença em relação ao enquadre tradicional: o aluno sai da posição passiva e submissa para uma posição ativa e cooperativa, e ao educador compete a *mediação* dessa relação de mão dupla, posição que a criança também pode ocupar em circunstâncias específicas. Como resultado, obtemos a superação de uma série de cisões e seguimos os rumos de um exercício democrático – que aspira muito mais à horizontalidade.

Concordo com Safra (2005) quando menciona a importância dos "símbolos estéticos". Uma das alternativas encontradas pela professora de Henrique foi, lentamente, ir apresentando uma série de recursos para que ele pudesse conseguir fantasiar, acessando sua própria capacidade imaginativa. Isso ocorreu após o estabelecimento da *confiabilidade* pela via do acolhimento. Aos poucos, Henrique conseguiu regredir e acessar uma parte mais *infantilizada* de sua psique que estava resguardada, esperando a ocasião para emergir.

Se a professora, no entanto, tivesse sido impaciente ou incisiva, certamente essa transformação *não aconteceria*. Algum tempo depois, ela recorreu à literatura, aos poemas, aos filmes, ao teatro e à dança para despertar a imaginação do menino. Não bastava contar, ler ou apresentar tudo isso de maneira diretiva e sem vivacidade. A professora participava *ativamente* de todas essas atividades – dançando, cantando e interpretando os diferentes papéis das histórias narradas. Ora, se uma pessoa adulta se permitia imaginar e ser *livremente* o que (e quem) quisesse, por qual razão Henrique não se juntaria a ela (e aos outros colegas da turma)?

A certa altura, o próprio garoto começou a contar as fábulas para os amigos, reproduzindo as vozes, os timbres e as diferentes feições dos personagens. Havíamos alcançado a origem do espaço potencial e, por conseguinte, a abertura para a *área transicional* – uma das maiores conquistas da vida humana, diga-se de passagem.

1.4 Os fenômenos transicionais e sua importância à aprendizagem

meço meu tamanho por afetos:
eu sou o que movimento
Ferraz, 2022, p. 30

De acordo com Winnicott (1971/2019b)[14] e com as explicações que apresentei nas páginas anteriores, "desde o nascimento, o ser humano se preocupa com o problema da relação entre aquilo que é objetivamente percebido e o que é subjetivamente percebido" (p. 30). Contudo, o próprio recém-nascido consegue encontrar uma saída saudável para essa questão, *caso tenha recebido os cuidados iniciais do ambiente*; ele *cria* a área intermediária, ou seja, a transicionalidade.

Com efeito, os fenômenos transicionais representam os estágios iniciais do *uso da ilusão de onipotência*, sem a qual o indivíduo não vê sentido em estabelecer uma relação com os objetos *percebidos pelos outros* como externos ao ser. A fim de ampliar a nossa compreensão, observemos o esquema abaixo:

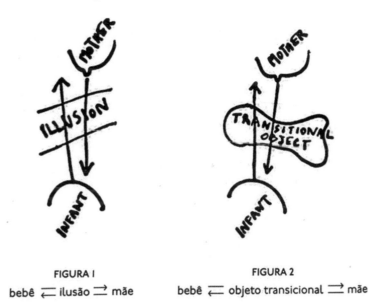

FIGURA 1
bebê ⇌ ilusão ⇌ mãe

FIGURA 2
bebê ⇌ objeto transicional ⇌ mãe

---

14 O clássico artigo de Winnicott "Objetos transicionais e fenômenos transicionais" foi publicado, originalmente, em 1951. No entanto, para a minha pesquisa, estou utilizando a versão de 1971, presente no livro "O brincar e a realidade", que recebeu uma ótima tradução da editora Ubu (2019).

Na Figura 1, a mãe se apresenta para saciar a crescente necessidade do bebê surgida de uma tensão instintiva – como a fome. O lactente, no entanto, não sabe o que deve ser criado. É nessa ocasião que a mãe aparece, atendendo às necessidades instintivas do recém-nascido. Tal movimento proporciona ao bebê *a ilusão* de que existe uma realidade externa que coincide com a sua capacidade criativa. "Em outras palavras, existe uma sobreposição entre o que a mãe fornece e o que o bebê consegue conceber" (Winnicott, 1971/2019b, p. 31). Não há intercâmbio entre a mãe e o bebê. "Psicologicamente, o bebê mama de um peito que é parte dele, enquanto a mãe dá de mamar para um bebê que é parte dela" (Winnicott, 1971/2019b, p. 31).

A ilustração da Figura 2 nos mostra um *contorno* para a área de ilusão, envolvendo os *objetos e fenômenos transicionais*. "*Pode-se dizer do objeto transicional que existe um acordo entre nós e o bebê, de que nunca faremos a pergunta: 'Você criou isso ou apresentaram isso para você a partir do exterior?'*" (Winnicott, 1971/2019b, p. 31, grifos do autor). Presumimos, então, que a área transicional não é interna e muito menos externa. Trata-se de um paradoxo que *não deve ser resolvido*. Nesse sentido, Gurfinkel (2017) nos dirá que:

> *ao propor a "terceira área" da experiência, Winnicott conferiu um* status *teórico e epistemológico para o entre: um lugar para os encontros potenciais, bem como os desencontros mais ou menos inevitáveis. Não se trata apenas de uma fronteira entre o interno e o externo, mas de um espaço específico primordial.... Este espaço é o reino das passagens, das travessias, das jornadas – entre o autoerotismo e a relação de objeto, entre o Eu e o outro, entre o self e o mundo –, o reino do experimentar e do experimentar-se na relação com a realidade; enfim, o reino do brincar e do sonhar, concebidos como formas*

> *simbólicas e altamente sofisticadas de comunicação* intra
> e intersubjetiva. *(p. 383, grifos meus)*

O objeto transicional se "materializa" na forma de um ursinho, um boneco, uma fronha, um lençol etc. – ou uma canção, uma repetição rítmica e um gesto, quando consiste em um fenômeno –, e tende a sofrer um "desinvestimento" gradual, não sendo necessariamente esquecido, "mas relegado ao limbo" (Winnicott, 1971/2019b, p. 20). Com isso, Winnicott quer nos dizer que, em condições saudáveis, "o objeto transicional não 'vai para dentro' nem o sentimento em relação a esse objeto é necessariamente reprimido. Ele não é esquecido, mas sua ausência também não é lamentada" (Winnicott, 1971/2019b, p. 20).

À guisa de exemplo, recordo-me de um rosário que ganhei de minha avó materna, quando eu ainda era pequeno, cuja "companhia" sempre utilizava para dormir. Até hoje, porém, quando vou viajar de avião tenho o costume de enrolar esse objeto de "valor afetivo" entre as mãos – gesto que aparentemente me traz mais *tranquilidade*.

No que diz respeito à escola, seria "chover no molhado" destacar a importância desses pertences para a vida cotidiana dos estudantes. É óbvio que, frente a uma situação nova e desconhecida pela criança, ela certamente buscará recursos que possam lhe garantir algum conforto emocional – ocasião em que os objetos e fenômenos transicionais entram em cena. Assim, proibir os alunos de carregarem esses itens consigo seria privá-los da conquista gradual dessa *terceira área*.

Isso posto, irei me concentrar na importância do *valor simbólico* dos fenômenos transicionais na nossa vida. Caminhemos com Winnicott:

> *Quando o simbolismo é empregado, o bebê já consegue*
> *distinguir claramente fantasia e fato, objetos internos*

e externos, criatividade e percepção. Mas, de acordo com minha hipótese, o termo "objeto transicional" abre espaço para o processo de aceitação da diferença e da similaridade. Creio que seja necessário cunhar um termo para designar a origem temporal do simbolismo, um termo que descreva a jornada feita pelo bebê do puramente subjetivo ao objetivo; e me parece que o objeto transicional (ponta do cobertor etc.) é a parcela visível dessa jornada de progressão em direção à experiência. (Winnicott, 1971/2019b, p. 21, grifos meus).

Recentemente, uma paciente que reside em um país da Europa me contou que as crianças começam a ser alfabetizadas naquele lugar somente por volta dos 8 ou 9 anos de idade. A princípio, confesso que essa informação causou em mim um certo "estranhamento", tendo em vista que, no cenário brasileiro, especialmente nas escolas particulares, as crianças são apresentadas às letras a parir dos seus 5 anos – já que se pressupõe (os pais e os diretores) que elas ingressem no primeiro ano estando praticamente alfabetizadas. No entanto, ela me disse que isso ocorre porque o governo de lá "espera a criança amadurecer" – inclusive, se orientam por uma série de indícios evidenciados pelas neurociências que corroboram essa hipótese. Perguntei, então, o que os alunos aprendiam na pré-escola e nas séries iniciais do ensino fundamental. Ela, de imediato, me respondeu: "Eles brincam!". Ora, nada mais surpreendente, levando em conta o número de crianças não alfabetizadas em seu país de residência – que é quase zero. No Brasil, no entanto, entre 2019 e 2021, houve um aumento assustador da porcentagem de alunos de 6 e 7 anos que não sabiam ler e escrever.[15]

---

15 Entre 2019 e 2021, houve um aumento de 66,3% no número de crianças de 6 e 7 anos de idade que, segundo seus responsáveis, não sabiam ler e escrever. O número passou de 1,4 milhão em 2019 para 2,4 milhões em 2021. Esse impacto

Este impacto reforçou a diferença entre crianças brancas e crianças pretas e pardas, denunciando a nossa assombrosa desigualdade social.

Essa vinheta ilustra perfeitamente a nossa *incapacidade* de compreender a importância do brincar e da área transicional para a totalidade do desenvolvimento humano. Também revela como essa incompreensão está enraizada nos nossos valores culturais e sociais. Para muitos de nós, brasileiros, a escola é o lugar de *aprender, de fazer lições e de produzir conteúdos.*

Ao longo de minha prática como diretor pedagógico, era comum receber pais que chegavam perguntando: "*Meu filho vai sair lendo e escrevendo da educação infantil, não é?*". Quando, por algum motivo, esse feito não ocorria, a decepção da família e dos professores em relação ao aluno era nitidamente visível. Entretanto, ninguém aprende por meio da repetição de uma série de exercícios que "levam nada a lugar nenhum". Esses métodos só tornam a rotina escolar mais chata e cansativa – fazendo com que a criança crie aversão à prática da leitura e da escrita.

Com o intuito de estender a dimensão das compreensões, sugiro que retornemos aos pilares dos estágios iniciais do desenvolvimento emocional. Winnicott (1958/2011) propõe uma diferenciação entre mente e psique: "A psique está ligada ao soma e ao funcionamento corporal, ao passo que a mente depende da existência e do funcionamento daquelas partes do cérebro que se desenvolvem depois das partes relacionadas à psique primitiva" (p. 9). Pode-se dizer que, de início, a figura cuidadora deve se adaptar de modo quase exato às necessidades do bebê para que a personalidade se desenvolva sem distorções. Entretanto, com o tempo, as falhas podem ser suportadas porque a mente e os processos intelectuais se tornaram capazes de processar certas ausências de adaptação.

---

reforçou a diferença entre crianças brancas e crianças pretas e pardas ("Aumenta em 1 milhão", 2022).

Grosso modo, se a mente amadurece antes da psique para compensar as falhas de adaptação, podemos encontrar um intelecto hipertrofiado incapaz de vivenciar a transicionalidade e, por conseguinte, brincar. Esse indivíduo poderá se enquadrar em um estado patológico. Cito Winnicott:

> *Em outras palavras, é a brincadeira que é universal e que pertence ao âmbito da saúde: o brincar promove o crescimento e, portanto, a saúde; brincar leva aos relacionamentos de grupo;* brincar pode ser uma forma de comunicação na psicoterapia; *e, por fim, a psicanálise foi desenvolvida como uma forma altamente especializada de brincar, em prol da comunicação consigo mesmo e com os outros.* (Winnicott, 1971/2019c, p. 74, grifos meus)

É também no brincar que a vida cultural é constituída como algo *compartilhável,* ampliando a nossa capacidade simbólica. A brincadeira é o alicerce da cultura. Resumidamente: "O lugar onde a experiência cultural se localiza é o *espaço potencial* entre o indivíduo e o ambiente.... Pode-se dizer o mesmo do brincar. Experiências culturais começam com a *vida criativa* manifestada inicialmente na *brincadeira*" (Winnicott, 1971/2019a, p. 162, grifos meus).

O ato de ler e escrever representa um dos maiores instrumentos que dispomos ao nosso alcance para produzir um legado cultural, uma marca subordinada à nossa própria existência. No entanto, essa aquisição não pode ser exclusivamente mental, isto é: dissociada da unidade psique-soma.

Uma escola que não possibilita o espaço para a brincadeira tampouco será capaz de facilitar o processo de alfabetização das crianças que, conforme mencionado, deve ocorrer numa dimensão *integrada* (mente e psique-soma). Os dados estatísticos fatalmente comprovam essas carências. É de nosso pleno saber, porém, que esse problema não é uma responsabilidade exclusiva das instituições. Precisamos lançar nossos olhares para os formatos e modelos que a educação anda recebendo em nosso país (e isso não vem de hoje).

Os objetos transicionais podem ser considerados os primeiros "objetos símbolos" com os quais a criança se relaciona, possuindo valor e existência para ela pelo investimento afetivo neles depositado; mais do que isso, eles têm valor porque são uma *criação* que diz respeito à própria atividade do brincar, sinônimo do gesto espontâneo ou da criatividade primária.

"O tema da espontaneidade naturalmente nos leva a considerar o impulso criativo, o qual (sobre todo o mais) dá a criança a prova de que está viva" (Winnicott, 1958/2011, p. 16). Esse impulso que, para Winnicott, é inato desaparece a menos que seja correspondido pela realidade externa. Em síntese: toda criança precisa recriar o mundo, mas isso só é possível se, pouco a pouco, o mundo for se *apresentando* nos momentos de atividade criativa do infante. O sucesso dessa operação depende da sensibilidade da adaptação do ambiente – incluindo a escola – às necessidades da criança, sobretudo na origem da vida.

"Pode-se dizer que, quando uma criança usa um objeto transicional, sua primeira posse não-eu, se assiste ao *primeiro uso de um símbolo*, como também a suas primeiras experiências em poder brincar e fazer uso da brincadeira" (Fulgencio, 2011, p. 398, grifos meus). Nesse sentido, a própria instituição escolar, orientada pelo trabalho das políticas públicas, poderá construir um projeto pedagógico que coloque o gesto criativo em uma posição de destaque, compreendendo que o brincar não consiste meramente em uma atividade cognitiva, mas em um ganho vital: trata-se da realização da *experiência de ser*, a única na qual é possível encontrar a si mesmo e ao outro. Sem ela, o aprender não possui qualquer sentido.

Referências

Almeida, A. P. & Naffah Neto, A. (2021). A teoria do desenvolvimento maturacional de Winnicott: novas perspectivas para a educação. *Revista Latinoamericana de Psicopatologia Fundamental*, 24(3), 517-536, 2021. https://doi.org/10.1590/1415--4714.2021v24n3p517-3.

Aumenta em um milhão. (2022). https://todospelaeducacao.org.br/noticias/aumenta-em-1-milhao-o-numero-de-criancas--nao-alfabetizadas/.

Dias, E. O. (2003). *A teoria do amadurecimento de D. W. Winnicott*. Imago.

Dias, E. O. (2008). A teoria winnicottiana do amadurecimento como guia da prática clínica. *Natureza humana*, 10(1), 29-46.

Ferraz, L. (2022). *Sede de me beber inteira*. Planeta.

Fulgencio, L. (2011). A constituição do símbolo e o processo analítico para Winnicott. *Paidéia (Ribeirão Preto)*, 21(50), 393-401. https://doi.org/10.1590/S0103-863X2011000300012.

Fulgencio, L. (2016). *Por que Winnicott?* Zagodoni.

Fulgencio, L. (2020). *Psicanálise do ser: a teoria winnicottiana do desenvolvimento emocional como uma psicologia de base fenomenológica*. Edusp.

Fulgencio, L. (2022). É adequado referir-se aos relacionamentos humanos como relações de objeto? In L. Fulgencio & D. Gurfinkel (Orgs.), *Relações e objeto na psicanálise ontem e hoje*.

Green, A. (2010). *Penser la psychanalyse avec Bion, Winnicott, Laplanche, Aulagnier, Rosalato*. Ithaque.

Gurfinkel, D. (2017). *Relações de objeto*. Blucher.

Khan, M. M. R. (2021). Introdução. In D. W. Winnicott. *Da pediatria à psicanálise*. Ubu. (Trabalho originalmente publicado em 1975)

Loparic, Z. (2001). Esboço do paradigma winnicottiano. *Cadernos de História e Filosofia da Ciência (Campinas), 11*(2), 7-58. https://www.cle.unicamp.br/eprints/index.php/cadernos/article/view/640/518.

Loparic, Z. (2014). Temporalidade e regressão. *Winnicott e-Prints, 9*(2), 1-19.

Naffah Neto, A. (2022). *Darkness visible*: uma interpretação da patologia depressiva a partir de D. W. Winnicott". In A. P. Almeida & A. Naffah Neto (Orgs.), *Perto das trevas: a depressão em seis perspectivas psicanalíticas*. Blucher.

Naffah Neto, A. (2019). Em primeira pessoa. *Natureza humana, 21*(2), 211-219.

Ogden, T. (1996). *Os sujeitos da psicanálise*. Casa do Psicólogo.

Ogden, T. (2017). *A matriz da mente: relações objetais e o diálogo psicanalítico*. Blucher.

Ogden, T. (2020). Psicanálise ontológica ou "O que você quer ser quando crescer?". *Revista Brasileira de Psicanálise, 54*(1), 22-45.

Phillips, A. (2006). *Winnicott*. Ideias & Letras.

Safra, G. (2005). *A face estética do self: teoria e clínica*. Ideias & Letras.

Serralha, C. A. (2019). O espaço potencial: da origem à evolução. *Estilos da Clínica, 24*(1), 157-172. https://dx.doi.org/10.11606/issn.1981-1624.v24i1p157-172.

Winnicott, D. W. (1983a). A capacidade para estar só. In D. W. Winnicott, *O ambiente e os processos de maturação: estudos sobre a teoria do desenvolvimento emocional*. Artmed. (Trabalho originalmente publicado em 1958)

Winnicott, D. W. (1983b). Distorção do ego em termos de falso e verdadeiro *self*. In D. W. Winnicott, *O ambiente e os processos de maturação: estudos sobre a teoria do desenvolvimento emocional*. Artmed. (Trabalho originalmente publicado em 1960)

Winnicott, D. W. (1990a). Ego distortions in terms of true and false self. In D. W. Winnicott, *The maturational processes and the facilitating environment*. Karnac. (Trabalho originalmente publicado em [1960] 1965).

Winnicott, D. W. (1990b). *Natureza humana*. Imago. (Trabalho publicado postumamente em 1988)

Winnicott, D. W. (2011). O primeiro ano de vida. In D. W. Winnicott, *A família e o desenvolvimento individual*. Martins Fontes. (Trabalho originalmente publicado em 1958)

Winnicott, D. W. (2019a). A localização da experiência cultural. In D. W. Winnicott, *O brincar e a realidade*. Ubu. (Trabalho originalmente publicado em 1971)

Winnicott, D. W. (2019b). Objetos transicionais e fenômenos transicionais. In D. W. Winnicott, *O brincar e a realidade*. Ubu. (Trabalho originalmente publicado em 1971)

Winnicott, D. W. (2019c). O brincar: proposição teórica. In D. W. Winnicott, *O brincar e a realidade*. Ubu. (Trabalho originalmente publicado em 1971)

Winnicott, D. W. (2019d). O lugar em que vivemos. In D. W. Winnicott, *O brincar e a realidade*. Ubu. (Trabalho originalmente publicado em 1971)

Winnicott, D. W. (2020a). As origens do indivíduo. In D. W. Winnicott, *Bebês e suas mães*. Ubu. (Trabalho originalmente publicado em 1966)

Winnicott, D. W. (2020b). Amamentação como forma de comunicação. In D. W. Winnicott, *Bebês e suas mães*. Ubu. (Trabalho originalmente publicado em 1968)

Winnicott, D. W. (2021a). O conceito de indivíduo saudável. In D. W. Winnicott, *Tudo começa em casa*. Ubu. (Trabalho originalmente publicado em 1967)

Winnicott, D. W. (2021b). Agressividade, culpa e reparação. In D. W. Winnicott, *Tudo começa em casa*. Ubu. (Trabalho originalmente publicado em 1960)

Winnicott, D. W. (2021c). Ansiedade associada a insegurança. In D. W. Winnicott, *Da pediatria à psicanálise*. São Paulo: Ubu. (Trabalho originalmente publicado em 1952)

Winnicott, D. W. (2021d). O valor da depressão. In D. W. Winnicott, *Tudo começa em casa*. Ubu. (Trabalho originalmente publicado em 1963)

2. O papel de espelho dos professores no desenvolvimento infantil

2.1 Algumas considerações sobre a função de espelho da mãe

Mas não é que você é algo para admirar?
Porque o seu brilho é algo como um espelho
E eu não posso evitar de reparar
Você reflete neste meu coração
Se você um dia se sentir sozinha e
A luz intensa tornar difícil me encontrar
Saiba apenas que eu estou sempre
Paralelamente do outro lado

O vazio que se instalou em meu coração
É um espaço que agora você guarda
Mostre-me como lutar pelo momento de agora
E eu vou lhe dizer, baby, foi fácil
Voltar para você uma vez que entendi
Que você estava aqui o tempo todo

É como se você fosse o meu espelho
Meu espelho olhando de volta para mim
Trechos da canção "*Mirrors*", de Justin
Timberlake, 2013, tradução minha

Escolhi iniciar este capítulo com um trecho da música "*Mirrors*", pois ela elucida, de forma metafórica, a importância do *olhar da mãe como espelho* do bebê no princípio da vida – ainda que o compositor faça menção a um relacionamento amoroso. Em uma leitura atenta podemos pensar que, em "Introdução ao narcisismo", Freud (1914) deixa implícita à aproximação que faz entre o *espelho humano* e o mito de Narciso.

O vocábulo *narcisismo* provém da mitologia grega e, considero que o mito de Narciso tem uma das suas mais lindas apresentações no "Livro Três" da coletânea de poemas "Metamorfoses" (2003), em que o poeta Ovídio (43 a.C. – 18 d.C.) enaltece a importância e a *potência* do amor. Esse poema intitula-se "História de Eco e Narciso".

Não vou aqui, descrever o mito, mas a síntese do destino de Narciso. Certo dia, ao refrescar-se em uma fonte, "...Um outro tipo de sede começou a crescer quando viu / Uma imagem na lagoa. Apaixonou-se / Por aquela imagem sem corpo, e encontrou substância / Em algo que era apenas um reflexo" (p. 63). E segue Ovídio: "...Tolo rapaz, / Ele quer a si próprio: o amante virou amado, / O perseguido, o perseguidor..." (p. 63).

Sabemos que essa referência mitológica tem sido objeto de muitas leituras e interpretações no campo da literatura psicanalítica. Ainda, podemos acrescentar, sem fugir ao inatingível domínio semântico, a função de espelho: "... Sei / A verdade, finalmente: Você é eu! Sinto isso, / Reconheço minha imagem agora. Ardo em amor / Por mim mesmo; eu próprio ateei o fogo que me queima..." (p. 64). Esse reconhecimento é a causa da morte de Narciso: "... sei / Que não tenho mais ânimo para viver, devo morrer cedo, / E a morte não me parece tão terrível assim, já que arranca / De mim o meu problema; fico triste apenas / Porque o rapaz que amo deve morrer: morreremos juntos!" (p.65).

A obsessão de Narciso por sua própria imagem ilustra, de maneira primorosa, o postulado por Jaques Lacan (1901-1981), em 1949/1998, no texto "*Le stade du miroir*" [O estádio do espelho][1]. Nesse escrito, o autor francês se refere ao uso do espelho no desenvolvimento do ego de cada indivíduo. Lambotte (1996) nos diz que, "a imagem especular circunscreve de outro modo o lugar de projeção do eu, e este ganha consistência a partir da relação com o outro na percepção de uma forma e no afeto de um olhar" (p. 352). Podemos pensar que a ausência dessa relação levou Narciso a assumir a posição de que "na ignorância de toda referência externa, mergulha numa visão amorosa, cujo colorido passional expressa uma total confusão entre o eu e seu modelo" (Lambotte, 1996, p. 352).

Importante esclarecer que Lacan se vale de um espelho concreto, estático, de vidro, que produz uma imagem que vai servir à criança como uma representação visual de si. Já Winnicott, inspirado pelo ensaio lacaniano, propôs *reposicionar* o conceito de "espelho", não mais à imagem ótica de um espelho específico, mas de um *rosto humano*: o materno. Assim fez sua própria leitura dessa ideia dizendo que *o primeiro espelho da criança é o olhar da mãe*[2], quando publica o

---

[1] A primeira apresentação do texto "O estádio do espelho como formador da função do eu" ocorreu em 31 de julho de 1936 no Congresso de Marienbad (República Tcheca). O artigo aborda os mecanismos infantis para a formação da função "Eu", tal como é revelada na experiência psicanalítica. Vale destacar que na língua francesa há duas formas de se nomear esse pronome pessoal, por meio do: *je* e do *moi*. A primeira é utilizada por Lacan para referir-se ao sujeito desejante, isto é, está mais relacionada ao inconsciente; já a segunda forma, refere-se ao eu consciente.

[2] "Refiro-me exclusivamente a bebês que enxergam", salienta o autor, a fim de não gerar mal-entendidos.

artigo "O papel do espelho da mãe e da família no desenvolvimento infantil", no seu icônico livro "O brincar e a realidade" (1971/2019).

A definição geral do pensamento do psicanalista britânico não se distancia das ideias propostas no capítulo anterior deste livro. De maneira resumida, nos primeiros estágios do desenvolvimento emocional do lactente, um papel fundamental para o seu amadurecimento é desempenhado pelo *ambiente* – que o infante ainda não separou de si. Gradualmente, de forma segura, se os cuidados ambientais forem *suficientemente bons*, o bebê vai se integrando, assimilando o que é *"eu"* e o que é *"não eu"*. Quando isso ocorre, a mãe-ambiente passa a ser *objetivamente* percebida (não eu).

Winnicott destaca que a função do ambiente, no princípio da vida humana, deve incluir: 1) segurar; 2) manusear; 3) apresentar objetos. Cito o autor:

> *Um bebê é segurado e manuseado satisfatoriamente; quando isso se torna uma obviedade, ele é posto em contato com um objeto de uma maneira que não viola sua legítima experiência de onipotência. Como resultado, pode usar o objeto e sentir que se trata de um objeto subjetivo, criado por ele próprio. Tudo isso faz parte do início da existência e surgem então as imensas complexidades que caracterizam o desenvolvimento emocional e mental do bebê e da criança.* (Winnicott, 1971/2019, p. 178, grifos meus)

Nesse sentido, "em algum momento o bebê olha em volta. *O bebê que mama nem sempre olha para o seio. É provável que olhe para o rosto. . . . Mas o que ele vê ali?*" (Winnicott, 1971/2019, pp. 178-179, grifos meus). Acrescento que, ao nos referirmos ao *seio*, obviamente, podemos entender como mamadeira também; ou seja, o ato de *nutrir*, fisiológico e, principalmente, *emocional*.

Antes de seguir, gostaria de compartilhar uma curiosidade com os leitores: a visão do recém-nascido é *bastante limitada*, ele só consegue focar algo se estiver a 20 ou 30 cm de distância dele – como o rosto de quem o segura, ou a ponta do seu bercinho. Ele ainda não é capaz de ver claramente o que está além desse espaço. Dentro desse limite, ele irá examinar tudo e, ao olhar para o rosto de quem o segura, seus olhos tenderão a ser atraídos por uma única característica facial (*como os olhos*), mas, em breve, ele poderá ver a face inteira dentro do foco de sua visão (ver Bee & Boyd, 2011).

Retornando à questão, Winnicott responde dizendo que o bebê, em geral, enxerga a *si mesmo*. "Em outras palavras, a mãe olha para o bebê e *a aparência da mãe se relaciona com o que ela vê ao olhar para o bebê*" (Winnicott, 1971/2019, p. 179, grifos do autor). Pois bem, é fácil compreender isso como algo simples, porém, a temática é complexa e exige cuidado. Vejamos: olhando em volta, o bebê encontra o rosto da mãe e, "se tudo correr bem", ele verá *naquele* rosto, *ele mesmo*. Esse olhar devolvido, irá influenciar diretamente os processos de *integração*[3], *personalização*[4] e *realização*[5]; dessa forma, o lactente será *capaz de existir* e de *sentir-se* real.

---

3 "A tendência principal no processo de amadurecimento está contida nos vários significados da palavra *integração*. A integração no tempo se acrescenta ao que poderia ser denominado de integração no espaço" (Winnicott, 1962/2022a, p.74, grifos do autor).

4 "O ego se baseia em um ego corporal. Mas é só quando tudo vai bem que a pessoa do bebê começa a ser relacionada com o corpo e as funções corporais, com a pele como membrana limitante. Usei a palavra *personalização* para descrever esse processo, já que o termo *despersonalização* parece no fundo significar a perda de uma união firme entre o ego e o corpo, inclusive impulsos do id e satisfações do id" (Winnicott, 1962/2022a, p.74, grifos do autor).

5 "O ego *inicia as relações de objeto*. Com maternagem suficientemente boa no início, o bebê não está sujeito a satisfações instintivas a não ser quando há participação do ego. Nesse sentido, não é tanto uma questão de satisfazer o bebê, mas lhe permitir descobrir e se entender por si mesmo com o objeto (seio, mamadeira, leite etc.)" (Winnicott, 1962/2022a, p.74, grifos do autor).

Do mesmo modo que a *aparência da mãe* se relaciona com o que ela vê ao olhar para o bebê, na perspectiva do lactente, a mãe (ou a figura que desempenha a função materna) reflete nele o *próprio humor*; podendo facilmente transparecer a rigidez erguida por suas próprias defesas. Novamente, o que o bebê vê ao olhar para o seu cuidador? "...muitos bebês vivem uma experiência prolongada de não receber de volta aquilo que dão. Eles olham, mas não veem a si mesmos, e isso traz consequências" (Winnicott, 1971/2019, p. 179).

Essas consequências podem ser as mais diversas. Lembremos que estamos nos referindo a um bebê no *estágio de dependência absoluta* dos cuidados ambientais. No primeiro momento da sua vida, *o bebê cria o que já está ali para ser usufruído* – como nos aponta o paradoxo de Winnicott –, isto é: a *criação subjetiva* do bebê deve ser sustentada para que ele não sinta, de imediato, o peso da *realidade objetiva*. A vivência da concretude daquilo que ele ainda não possui *integração* suficiente para assimilar, pode representar uma vivência demasiadamente traumática.

No princípio, tudo o que é visto pelo infante é *subjetivo* – até que a realidade se apresente de forma *objetiva*, o que deve ser evitado inicialmente. Se isso ocorrer, a *percepção* se anteciparáà *apercepção*. Esclareço: *aperceber-se* tem a ver consigo próprio, significa algo como "ver a si mesmo", enquanto, *perceber* se relaciona ao externo, a "olhar", a "ver" as coisas. Isso posto, primeiro o bebê precisa *se ver* para, depois *perceber* e poder realizar uma *troca criativa* com o mundo objetivo, um processo de 'mão dupla' no qual o *autoenrequecimento* se alterna com a descoberta do sentido da realidade (as coisas vistas).

Assim, o olhar angustiado ou triste de seu cuidador surge, na perspectiva do bebê, como algo de difícil assimilação e, como consequência "... a capacidade criativa[6] desses bebês *começa a*

---

6 Lembrando que, para Winnicott, criatividade é sinônimo de saúde.

se atrofiar e, de algum modo, eles buscam em seu entorno outras formas de conseguir que o ambiente lhes devolva algo de si" (Winnicott, 1971/2019, p. 179). Um bebê que começa a buscar em seu campo de visão algo de si, já está envolvido numa realidade objetiva, a qual ainda não possui maturidade o suficiente para lidar, procurando, talvez, *a tentativa de vitalizar o objeto*. Vejamos o que Winnicott nos diz:

> *Alguns bebês não perdem por completo a esperança, estudam o objeto e fazem todo o possível para ver nele algum significado, que encontrariam se pudessem senti-lo. Atormentados por este fracasso materno relativo, alguns bebês estudam a feição variável da mãe, tentando prever seu humor, da mesma maneira que nós estudamos o clima. O bebê aprende rapidamente a fazer previsões: "Este é um bom momento para esquecer o humor da mãe e ser espontâneo, mas a qualquer momento seu rosto ficará imóvel ou o seu humor será dominante e minhas necessidades pessoais deverão sair de cena, pois, do contrário, meu self central poderia ser afrontado".* (Winnicott, 1971/2019, p. 180, grifos meus)

A ausência de *previsibilidade* do ambiente às necessidades do bebê, produzem nele a urgência de prever – ou de se antecipar – quando, na verdade, ele poderia estar exercendo a sua espontaneidade. A base da criatividade, segundo o psicanalista inglês, vem exatamente daí: poder ser espontâneo e criar. No entanto, para que possamos criar, devemos estar relaxados e tranquilos, o que não é possível num ambiente imprevisível. "Um bebê criado dessa maneira crescerá confuso em relação a espelhos e com o que eles podem oferecer. Se o rosto da mãe não reage, então o espelho é uma coisa visível, mas onde *não se enxerga nada*" (Winnicott, 1971/2019, p. 180, grifos meus). Segundo Safra:

> O reconhecimento do outro possibilita sua própria existência enquanto ser. Esse é um dos pontos mais relevantes na condução do processo psicoterápico, algo que está relacionado à função do espelho exercida inicialmente pela mãe. Winnicott chamava atenção para esse aspecto quando dizia que praticar a psicanálise não era fazer interpretações espertas, mas sim devolver ao paciente o que ele traz de si mesmo. (Safra, 2005, p. 40)

Em síntese: o indivíduo saberá o que é um espelho, mas não compreenderá seu amplo significado. Conforme a famosa expressão de René Descartes, "penso, logo existo", seguindo com o pensamento de Winnicott, afirmaríamos: "sou visto, logo existo". Essa é a base para a *apercepção*, ou seja, é um processo que depende de *ser visto*, e que precisa de tempo para acontecer. Um indivíduo *que não foi visto* em sua mais pura essência, não *existe* como um *self* verdadeiro. Qual seria o sentido de olhar o seu próprio reflexo no espelho?

No próximo item pretendo mostrar como essa temática se desenvolve no campo clínico.

2.2 O olhar do psicanalista como esperança do vir a ser

Gostaria de relatar o caso de uma paciente que atendi há algum tempo. Trata-se de uma senhora de aproximadamente sessenta anos, que darei o nome fictício de Lena. A paciente em questão me procurou dizendo 'não aguentar mais o peso da existência': sofria de forte depressão há mais de 20 anos. Segundo ela, sua patologia apareceu quando perdeu o seu marido, vítima de um ataque cardíaco. Lena era a mais nova de quatro irmãs. Cresceu em um contexto bastante humilde com as irmãs, sua mãe e seu pai. Ao longo do tratamento, à medida que conseguia relaxar e associar livremente, mencionou que sua mãe sofreu a queda de uma escada enquanto ela ainda estava grávida da filha, provocada propositalmente por seu pai, um homem bastante amargurado, em decorrência da perda da sua primeira esposa. "Esse foi o primeiro tropeço de minha vida" – repetia volta e meia. Com sorte, a mãe foi socorrida e, por pouco, não precisou fazer o parto antes do tempo. Lena nasceu e se desenvolveu bem, apesar da hostilidade de seu ambiente primário. Desde pequena, sofria com fortes crises asmáticas, mas aprendeu a 'controlar' a escassez de oxigênio. Quando chegou a mim, Lena já tinha perdido a mãe e o pai. Parecia oportuno, finalmente, deixar de olhar para os outros e 'aprender' a olhar para si mesma. A paciente, que tinha uma forte questão com espelhos, constantemente dizia que se sentia velha e que estava com a mesma feição da sua falecida mãe. Talvez, Lena nunca pudera se reconhecer frente a um espelho, pois ele refletia angústia e pânico; o mesmo conteúdo que ela via refletido nos olhos amedrontados da sua mãe.

O fragmento clínico evidencia um ambiente *imprevisível*, apesar de a mãe da paciente fazer o possível para proteger as filhas desse cenário caótico. Lena se desenvolveu como uma espécie de *rocha*, de casca tão dura que, muitas vezes, não conseguia respirar. Foi firme e destemida até a perda do seu marido – o que deve ter *desvelado* a ferida jamais elaborada da morte de sua mãe, após ela ter sofrido tantos anos nas mãos de seu pai.

Foi preciso um bom período de análise até que Lena pudesse se permitir regredir a um estágio de dependência e se reencontrar com seus fantasmas. Ao narrar essa vivência – com a sustentação concedida por mim – ela conseguiu nomear, aos poucos, as suas 'lesões' psíquicas mais profundas. Neste momento, propus a ela que aumentássemos a frequência das sessões; o que ela aceitou de imediato. Lena precisava *ser vista* por um olhar que lhe transmitisse confiabilidade *em um ambiente seguro*, para, finalmente, revelar o seu verdadeiro e traumatizado *self* – conforme a citação anterior de Safra (2005).

De acordo com a teoria de Winnicott, o recém-nascido, nesta fase inicial da vida, precisa de toda a segurança do ambiente para que ele possa *criar o mundo* que estava lá para ser fruído e, somente após alguma integração no *tempo e o no espaço*, o infante poderá lidar com frustrações, sem que isso lhe gere interrupções em sua continuidade de ser. Acompanhemos as ideias winnicottianas:

> *Dizemos que o bebê criou o seio,* mas só pôde fazê-lo porque a mãe surgiu com o seio no exato momento. *A comunicação com o bebê é a seguinte: "Venha ao mundo criativamente, crie o mundo; só aquilo que cria faz sentido para você". E depois: "O mundo está sob o seu controle".* Com base nessa experiência inicial de onipotência, o bebê pode começar a experimentar a frustração e até mesmo chegar, um dia, ao extremo oposto da onipotência, ou seja, ao sentimento de ser apenas um grão de areia em um universo, um universo que já estava lá antes que ele fosse concebido e antes de sua concepção por pais que se gostam. Não é só depois de ser Deus que os seres humanos encontram a humanidade própria da individualidade humana? (Winnicott, 1968/2020, pp. 117-118, grifos meus)

Nos casos em que há saúde, a capacidade de olhar criativamente o mundo não desaparece, mesmo frente às adversidades da *realidade objetiva*. Nesses quadros, o olhar nunca será inteiramente submetido à 'dureza' do mundo objetivo; conservamos *partes nossas* que são plenamente capazes de alterar a percepção de um determinado problema real. Ou seja: agimos de maneira espontânea e criativa diante de certas dificuldades que a vida nos impõe. Não obstante, de acordo com Dias (2003), se a figura materna não *reflete* o bebê e ele vê o rosto da mãe, então um dado da realidade externa desfaz o seu sentimento de onipotência – tão crucial para o surgimento do espaço potencial e da área transicional. Com isso, o lactente não poderá formar um universo subjetivo, o que leva à submissão e à criação de um falso *self* cindido patológico.

Portanto, quando alguma *experiência* de cuidado falhou no princípio da vida – como no caso de Lena, que precisou *enrijecer* para 'se salvar' – o indivíduo poderá, através da segurança de um *setting* analítico, regredir a esses estágios que ficaram congelados (*freezing*) e retomar a *continuidade* da linha do seu desenvolvimento maturacional, bem como nos afirma o autor britânico na seguinte citação:

> *A base de todas as teorias do desenvolvimento da personalidade humana é a continuidade, a linha da vida, que supostamente começa antes do nascimento do bebê; essa continuidade traz consigo a ideia de que aquilo que fez parte da experiência de um indivíduo não se perde nem nunca se perderá para ele, ainda que por caminhos diversos e complexos deva tornar – como de fato se torna – inacessível à consciência.* (Winnicott, 1968/2020, p. 105)

Através do meu olhar como espelho, Lena pôde *recriar*, durante o tratamento terapêutico, a sua realidade subjetivamente percebida, há tanto tempo perdida – pôde *aperceber-se*. Era natural constatar que Lena, ao deitar-se no divã, sempre dava uma olhada de canto de olho para ver se eu estava prestando atenção, acordado, vivo – ou se eu estava simplesmente *sobrevivendo* ao seu sofrimento. Como na história grega, em que os deuses inseriram dentro da 'caixa de Pandora'[7] todas as desgraças do mundo, ainda assim havia dentro dela algo bom: *a esperança*. A esperança surgiu quando Lena trouxe para o consultório uma boneca que comprou, dizendo: "nunca pude me dar um presente, mas sempre quis uma boneca, então 'EU' me permiti ser dona de uma".

Jan Abram (2000) nos diz que "não há nada novo naquilo que Winnicott escreve a respeito do bebê ver a si mesmo no olhar da mãe" (p. 158), mas complementa: "o que é verdadeiramente inovador nesse texto é que o bebê *depende das respostas faciais da mãe* quando olha seu rosto que possa formar seu próprio sentimento de *self*" (p. 158, grifos meus).

Embora o pediatra inglês esteja se referindo, especialmente, aos momentos iniciais da vida do ser humano, o processo da função de espelho das nossas figuras cuidadoras se estende ao longo de toda a existência. "Obviamente, à medida que a criança se desenvolve, o processo de amadurecimento se sofistica e as identificações se multiplicam; e a criança se torna, então, cada vez menos dependente de receber o reflexo do *self* do rosto da mãe" (Winnicott, 1971/2019, p. 187). No seu livro mais maduro, intitulado "Natureza humana", o autor escreve:

> *A dissecação das etapas do desenvolvimento é um procedimento extremamente artificial. Na verdade, a criança está o tempo todo em todos os estágios, apesar de que um determinado estágio possa ser considerado dominante.*

---

7 Uma caixa onde os deuses colocaram todas as desgraças do mundo: a guerra, a discórdia, o ódio, a inveja, as doenças do corpo e da alma, mas, também, a esperança.

> *As tarefas primitivas jamais são completadas, e pela infância afora sua não conclusão confronta os pais e educadores com desafios, embora originalmente elas pertençam ao campo da puericultura. (Winnicott, 1988/1990, p. 52, grifos meus)*

Essas afirmações de Winnicott – tanto em 1971, quanto em 1988 – abrem espaço para pensarmos a *função de espelho* a ser desempenhada por outras pessoas, em momentos diferentes da vida como, por exemplo, *os professores.*

2.3 O papel dos professores como espelho

> *Hoje eu vim pra te falar de alguém*
> *Que minha vida vai mudar*
> *Hoje eu só quero agradecer*
> *Por tudo que um dia eu pude aprender*
> *Hoje eu queria te contar de alguém*
> *Que em minha vida ficar*
> *Pra sempre, quando eu me lembrar das coisas*
> *Que pequeno eu pude guardar*
> *Hoje eu quero te dizer*
> *Que você vai sempre estar comigo*
> *Mesmo que eu não te veja mais*
> *Porque hoje você me disse*
> *Que era importante estar aqui*
> *Pra que um dia eu pudesse sorrir e ser alguém*
>
> *Hoje eu posso entender*
> *Que todos nós aqui amamos você*
> *Você pode estar um pouco cansada sim*

> *Mas nunca esteja desanimada*
> *Porque você é a inspiração de alguém*
> *Na vida muitos podem não te valorizar*
> *Mas eu para sempre quero te amar*
> *Você é mais que uma amiga*
> *Você é minha professora*
>
> Canção "Pensamento de Aluno",
> de Nicky Martinelli, 2016

Essa música, que demonstra uma homenagem *ao professor*, nos faz lembrar da importância do seu papel e o quão marcante ele pode ser na vida dos seus alunos. A questão é que essa marca pode ser tanto positiva, quanto negativa. Recordemos que, para Winnicott, a base da saúde mental será estabelecida na primeira infância, através dos cuidados *suficientemente bons* prestados à criança pelo meio. Aos poucos, esse círculo vai se ampliando e, quando o indivíduo inicia a sua vida escolar, seu ambiente também é representado pela escola, pelos colegas e, principalmente, pelos educadores.

Em seu texto "A mãe, a professora e as necessidades da criança"[8], de 1964, ao falar sobre a importância do espaço escolar e o papel do professor, Winnicott salienta:

> *A escola, que é um apoio, mas não uma alternativa para o lar da criança, pode fornecer oportunidade para uma profunda relação pessoal com outras pessoas que não os pais. Essas oportunidades apresentam-se na pessoa das professoras e das outras crianças e no estabelecimento de uma tolerante, mas sólida, estrutura em*

---

8 Winnicott fez parte de um grupo de especialista para a elaboração de um relatório da UNESCO. Esse texto, então, não se trata de uma publicação somente de sua autoria.

que as experiências podem ser realizadas. (Winnicott, 1964/2021, p. 217, grifos meus)

Na instituição escolar, é o *olhar* do professor que exerce a 'função de espelho'. Ao lado dos seus alunos, *ambos* estão mergulhados em diferentes possibilidades interativas. Nesse interjogo, integram-se histórias de vida com inúmeras experiências e vivências, atualizando sentidos subjetivos. Isso não significa que esses indivíduos percebam, a cada instante, o impacto que *sofrem* e *causam* um no outro.

Além disso, o exercício da docência tem exigido dos professores habilidades didáticas que mudam constantemente. Com a incidência da pandemia de covid-19, eles precisaram se apropriar, *de uma hora para outra*, das novas ferramentas da tecnologia, como dispositivos 'facilitadores' para a transmissão dos conteúdos. O perfil dos alunos também se alterou, em razão da vertiginosa evolução científica e digital.

A utopia de uma educação *perfeita* recai sobre o ofício dos educadores. *Idealizações* são depositadas nas escolas, amparadas por discursos marcados por crenças que se distanciam da real *condição humana*. Como sabemos, as instituições de ensino estão inseridas em um contexto social maior e, dessa forma, *espelham as propriedades do (cruel) neoliberalismo contemporâneo*. Nas imposições relativas à modernização curricular, os professores precisam alcançar a reconstrução de culturas e identidades, sempre em um cenário de recessão econômica. Experimentam, portanto, uma dolorosa sensação de culpabilidade, ampliada pelo ritmo de trabalho intensificado.

Nesse seguimento, a produção do fracasso escolar parece ser facilmente rastreável. Basta que procuremos uma escola periférica, num bairro pobre, com clientela de baixa renda e *voilà*: teremos a fórmula da ruína. Essa visão reducionista, embora não distante da realidade mais observável, desconsidera que outras questões possam colaborar para o fracasso escolar, e reitera que o processo de aprendizagem significa necessariamente disciplinarização, controle e punição. Tais caraterísticas reforçam a tese de que a educação virou um *produto* a ser comercializado, em que o professor ocupa um lugar de destaque no 'catálogo de ofertas'.

Atualmente, identificamos expectativas de carreiras frustradas e uma forte instabilidade profissional. Diferentemente da filosofia oriental, no ocidente vivemos uma realidade na qual indivíduos mais experientes e os 'grandes mestres' são desrespeitados, violentados e tratados com indiferença pelo Estado e pela própria sociedade. Trata-se, a meu ver, de um fenômeno *estrutural*, impulsionado por uma 'amnésia generalizada'. Ou seja: todos esquecem que, se não fosse pelas habilidades de um bom professor, mal saberíamos escrever o nosso próprio nome.

Esses comentários ganham consistência nos belos versos de Bráulio Bessa:

> *Ah... se um dia governantes*
> *prestassem mais atenção*
> *nos verdadeiros heróis*
> *que constroem a nação*
> *ah... se fizessem justiça*
> *sem corpo mole ou preguiça*
> *lhe dando o real valor*
> *eu daria um grande grito*
> *Tenho fé e acredito*
> *na força do professor.*
>
> (Trechos do poema
> "A força do professor", de Bráulio Bessa, 2018)[9]

---

9 Bráulio Bessa é um escritor independente que produz conteúdos literários em suas redes sociais. Esse poema foi tirado do seu Instagram, mas também está disponível no YouTube.

Reitero a constatação winnicottiana de que os cuidados ofertados à criança, pelo ambiente primário – a família –, devem ter *continuidade* na escola. Sei, por experiência própria[10] que, em diversos casos, as falhas afetivas vividas em casa, são *amenizadas* pelos professores e pela instituição escolar. É por isso que, na procura por segurança, os pequenos geralmente se vinculam à figura do educador. Entretanto, o que pode acontecer quando não existe essa disponibilidade?

Lembro-me de uma paciente, a quem chamarei de 'Marta', com cerca de 40 anos – embora aparentasse mais idade. Professora em uma escola pública de ensino fundamental, buscou análise porque, recentemente, estava passando por um sofrido processo de divórcio litigioso, fruto de uma traição do seu marido. Nesse mesmo tempo, Marta tinha se candidatado à uma vaga para a coordenação da escola – o que lhe renderia alguns benefícios salariais e uma melhor qualidade de vida. Infelizmente, ela não foi selecionada para o cargo almejado e teve que continuar lecionando, mesmo contra a sua vontade. O colégio, por sua vez, não explicou o motivo dela não ter sido escolhida. Coincidentemente, nessa mesma época, Luiz, de 6 anos, foi matriculado em sua turma. Era uma criança considerada "difícil": demasiadamente agitada e desatenta. Chegou com o rótulo de "aluno problema", desestabilizando a rotina da classe. Não demorou para que Marta começasse a ser repreendida pelos diretores por perder o controle, principalmente com Luiz. Em uma das nossas sessões, ela disse: "preciso confessar que esse menino me enlouquece, testa a minha paciência. Necessita de atenção o tempo todo, além de não fazer nenhuma atividade sem me chamar! Não aguento mais!". O que será que Marta não aguentava mais? Como ela poderia cuidar de Luiz, exercendo a 'função de espelho', quando, na verdade, ela própria não era vista pela instituição escolar? Sentia-se desesperançosa. Por outro lado, vivia afirmando que sempre gostou de "ser professora".

---

10 Uma boa parte delas serão compartilhadas neste livro.

E complementava: "escolhi essa profissão por amor". Mas com o passar dos anos, o seu desinteresse só aumentava. Somado a isso, havia o recente divórcio e a consequente queda das finanças pessoais. Ela estava no seu limite.

Será que um indivíduo, que se encontra sobrecarregado e desiludido, teria recursos psíquicos suficientes para doar-se como *espelho*, refletindo espontaneidade e motivação? Penso que não. A situação vivida por minha paciente e pelo garoto Luiz, do ponto de vista winnicottiano, aborda a fundamental importância do *olhar do outro*. Marta sentia-se abandonada pelo marido, pela escola e, indiretamente, pelo descaso do Estado. Luiz parecia ter o mesmo sentimento: não podia contar com o apoio da família e da professora que, naquele momento, não tinha *vivacidade* para acolher o seu desamparo.

O resultado de tamanho descaso tende a ser desastroso, pois se o objeto não conseguir responder ao gesto do bebê de necessidade pessoal, "o '*self* central sofre um ataque'. Se a mãe é incapaz de se adaptar a seu lactente no início, *ele será incapaz de se reconhecer na distraída resposta dela*" (Phillips, 2006, p. 183, grifos meus). A mãe – aqui, representada pelo Estado – ao não se atentar à saúde psíquica dos professores, por vezes *forja* um indivíduo mecanizado, anestesiado, desnutrido de vida e, consequentemente, desprovido de criatividade. ". . .'*ser visto está na base do olhar criativo*'. A percepção – olhar para as coisas – é um complemento, *mas nunca deve ser separada da apercepção, o ver a si mesmo*" (Phillips, 2006, p. 184, grifos meus). Marta precisava de um espaço especializado de escuta para que pudesse, em primeiro lugar, *reconhecer* a sua condição existencial (aperceber-se). A partir daí, ela conseguiria retomar – por intermédio do olhar do analista, operando como *espelho* – o rumo do seu *potencial criativo*.

O olhar como um espelho é uma capacidade que só pode ser alcançada se, nos primórdios da vida, o indivíduo recebeu a confiança e o amor de um bom objeto – que conseguia se identificar legitimamente com as suas *reais e espontâneas necessidades*. Ao ser internalizado, este olhar primário será o alicerce de nossa confiança, esperança e fé. Em outras palavras: se tivermos uma figura materna que se *identifica* com as nossas necessidades primárias, respeitando o nosso gesto espontâneo e *facilitando* o nosso desenvolvimento, esse objeto se tornará parte do nosso mundo interno e, posteriormente, poderá ser *resgatado* quando as turbulências do mundo externo estiverem a ponto de gerar um colapso.

O espelho – como uma figura concreta – precisa estar *integrado* para refletir aquilo que ele encontra diante de si. Se estamos opacos – ou em pedaços, como no caso de Marta – não temos aptidão de refletir. Um *espelho quebrado* refletirá uma imagem fragmentada do outro. Nesse caso, "o espelho é uma coisa visível, mas onde não se enxerga nada" (Winnicott, 1971/2019, p. 180).

Para Luiz, a impossibilidade de encontrar, na família e na escola, uma resposta ao próprio gesto espontâneo, reafirma a tragédia de ter a sua existência *negada*. A 'criança difícil' – por não se enquadrar no padrão *idealizado* de aluno – exteriorizava, por meio de comportamentos 'não padronizados', uma necessidade interna: ele precisava ser *visto* por detrás dessas camadas protetoras, que precisou erigir, para proteger o seu *self* verdadeiro de um desastre ambiental.

A 'criança problema', então, pode se tratar de alguém que precisa de *previsibilidade* (*ambiente suficientemente bom*), *calor humano* (*holding*) e um olhar atento (*olhar como espelho*) identificado com as suas necessidades mais arcaicas – que *ainda* não puderam ser elaboradas. "*Essa percepção que se apropria antecipadamente da apercepção é uma forma precoce de submissão*; incapaz de conseguir 'o espelho para percebê-la e aproveitá-la', a criança, fazendo a simples reversão que descrevi, é compelida a ver apenas aquilo que a mãe sente" (Phillips, 2006, p. 185, grifos meus). Acompanhemos Winnicott:

> *Quando olho, sou visto, então existo.*
> *Agora me permito olhar e ver.*
> *Agora olho criativamente e também percebo o que apercebo.*
> *Na verdade*, tomo cuidado para não ver o que não está lá para ser visto *(a menos que eu esteja cansado).*
> *(Winnicott, 1971/2019, p. 182, grifos meus)*

Isso posto, quando colocamos na balança todas as questões que subjazem a *função de espelho*, como a atuação das políticas públicas e o abandono da cultura em relação à educação, vamos ao encontro do 'alerta' winnicottiano:

> *Mas não gostaria de dar a impressão de que acredito que refletir o que o paciente traz seja uma* tarefa fácil. *Não é fácil e é* emocionalmente exaustivo. *Entretanto, também temos nossas recompensas. Mesmo que nossos pacientes não fiquem curados, eles nos são gratos por vê-los* como realmente são, *e isso nos traz uma satisfação profunda.*
> *(Winnicott, 1971/2019, p. 187, grifos meus)*

Ora, se o próprio Winnicott nos informa que essa competência é *emocionalmente exaustiva* para o trabalho de um psicanalista que, em tese, estuda e se dedica ao assunto, imaginem como deve ser para um professor que, via de regra, não passa pela mesma 'preparação' profissional?

Sendo assim, destaco a importância da presença da *ética do cuidado* no campo educacional. E não estou mencionando, aqui, a ética desempenhada pelos próprios educadores. Não é sobre isso que versa a minha crítica. Refiro-me ao comprometimento do Estado e das instituições, que precisam oferecer um *espaço de existência* para esses sujeitos que, em sua maioria, perderam a esperança na sua relação com a educação.

Nesse sentido, resgato uma frase de Paulo Freire que diz mais ou menos assim (vou tentar reproduzi-la de cabeça, já que estou sem a fonte em mãos): "é preciso termos esperança, mas a esperança do verbo 'esperançar', porque tem gente que tem esperança do verbo esperar. E esperança do verbo esperar não é esperança, é *espera*. Esperançar é levantar-se, é ir adiante, é construir e não desistir! Esperançar é juntar-se com os outros para fazer de um jeito diferente".

Quando lecionava na graduação de psicologia, em uma universidade de São Paulo, ouvi dos alunos um caso que me deixou incomodado. Uma das docentes do curso, nas primeiras semanas de aula, perguntou aos estudantes se era 'isso mesmo' que eles queriam para o futuro, porque, segundo ela, a profissão de psicólogo estava totalmente desvalorizada. Portanto, eles deveriam 'ter certeza' dessa escolha, já que existiam carreiras bem melhores e mais fáceis. Vinculada a essa faculdade há mais de trinta anos, ela assistia ao 'desmonte' de sua profissão, que passava por diversos cortes em relação aos benefícios salariais, enquanto as cobranças burocráticas só aumentavam. Cabe destacar que, essa mesma professora, ensinava de 'qualquer jeito', sem programação prévia e comprometimento. O mesmo clima emocional era instaurado nas suas aulas: a turma ficava desinteressada, 'rezando' para as horas passarem rapidamente.

Maria Helena Souza Patto (2008) alega que educação como formação para o pensamento crítico não consiste em um proselitismo político, mas um convite à reflexão sobre a vida social e sobre a maneira como cada um participa dela. "A base da educação como formação é uma atitude filosófica, em seus momentos de negatividade – de estranhamento do estabelecido – e de positividade – de questionamento ativo do que foi naturalizado" (Patto, 2008, p. 173). O fragmento narrado acima serve para pensarmos a função de espelho como uma espécie de 'efeito dominó'. Em outras palavras: as ressonâncias do descaso de uma esfera superior impactam diretamente sobre as *microesferas*. Logo, a conduta apresentada pela professora universitária seria uma sequela da constante desvalorização do nosso sistema.

Em contrapartida, penso que o inverso também pode ocorrer: os estudantes *reproduzem* o seu estado de ânimo nos professores que, simultaneamente, são *afetados* por esse reflexo. Recentemente, durante a pandemia, muitos educadores se sentiam caindo numa espécie de *abismo*, pois não recebiam o *olhar* dos alunos que preferiam manter as câmeras do *Zoom* fechadas durante as aulas – era como se o *espelho* das telas virtuais refletisse os contornos de um semblante *vazio*. Esse episódio ilustra apenas o topo de um enorme *iceberg*.

Uma matéria publicada pela revista "Isto é"[11], em junho de 2021, aponta que os jovens do Brasil estão cansados de esperar por uma melhora que nunca chega. Sem perspectivas, mais da metade deles está desempregada e 47% pretendem mudar para outro país. O sentimento de que nenhum esforço basta para obter sucesso, incide sobre esse nicho da população. É lamentável que o lugar que costumava exportar uma *imagem* de alegria para o mundo, amarga a segunda posição no *ranking* da infelicidade, perdendo apenas para a Turquia. Evidentemente, o cenário da pandemia potencializou essa condição, mas a escassez de políticas públicas é um aspecto que não deve ser ignorado. *Grosso modo*, uma juventude que não tem a menor expectativa de futuro, assegurada minimamente pelo governo, tende a reproduzir esse sentimento de abandono e desalento na subjetividade dos seus mestres e dos seus pares. Leopoldo Fulgencio é certeiro ao assinalar que:

---

[11] Disponível em: https://istoe.com.br/o-desencanto-da-juventude/ (Acesso em dezembro de 2022).

> *A concepção de Winnicott sobre as dificuldades da vida de um ser humano com outros seres humanos não é ingênua; ele sabe que a vida é difícil nela mesma, que a existência, infantil e adulta, é repleta de ambiguidades e problemas; mas sabe também que é próprio da saúde* experimentar a vida *como algo que vale a pena ser vivido. Se focarmos o aspecto do processo de desenvolvimento dos modos de ser--no-mundo que vai da dependência para a independência, e nos perguntarmos o que o ambiente faz para ajudá-lo ou atrapalhá-lo, poderemos obter, então, alguma orientação para aquilo a que chamamos tratamento psíquico, assim como para o* problema da educação infantil e da profilaxia na saúde mental. *(Fulgencio, 2020, p. 111, grifos meus)*

Escrever sobre a 'função de espelho' me fez recordar de um recorte histórico da psicanálise. Em uma carta de 1952, dirigida à Melanie Klein, Winnicott descreve a falta de reação da autora diante de um trabalho por ele apresentado: "trata-se de um gesto criativo, e não posso estabelecer relacionamento algum através desse gesto se *ninguém vier ao seu encontro*" (Winnicott, 2017, p. 30, grifos meus). Portanto, não há criatividade, muito menos esperança, na ausência de alguém que as recebam legitimamente.

Como demonstrei, toda relação inicial é muito *sensível*, podendo não se estabelecer satisfatoriamente. E não seria diferente no tocante à relação do indivíduo com o poder público e suas intervenções. Da mesma forma que o bebê precisa da presença e da continuidade dos cuidados ambientais, os alunos e os educadores necessitam de ações contínuas de órgãos estatais para que possam construir um sentimento de confiança no poder da coletividade.

Essa práxis se expressa no trabalho pedagógico como ação, reflexão e transformação do sujeito que dele participa, considerando a *natureza humana* da educação escolar, isto é, a produção de ideias, símbolos, hábitos, atitudes, habilidades. Nesse tecido social, as aulas concebem um momento privilegiado de *transmissão/assimilação*, em que algo permanecerá *para além do ato de aprender*. A ação do educador deve ser encarada como um ato político e cultural.

> *Cabe ressaltar também que o ensino, como ofício, é um conjunto de tarefas 'técnico-didáticas', decorrentes do conhecimento científico e de relações humanas estruturadas de determinada maneira na escola. O planejamento individual e coletivo, o contato com pais, participação de comissões, reuniões, elaboração de relatórios e informes escritos etc. engendra um mosaico de atividades que, na vivência de cada profissional, se organiza e ganha significado. (Hagemeyer, 2004, p. 73)*

Apesar das dificuldades apresentadas, a escola, de modo geral, é um espaço propício para o desenvolvimento humano. Todavia, para que esse projeto se torne viável, é necessário que o educador seja reconhecido em sua *singularidade*. Essa é uma competência do Estado, consolidada por meio da prática de políticas públicas *adequadas* e *funcionais*. Nesse sentido, é essencial que todos, *em conjunto*, possam atuar como um grande espelho único e previsível. Capaz de refletir o júbilo de um destino próspero para uma educação que ainda permanece ofuscada pelo esquecimento.

Referências

Abram, J. (2000). *A linguagem de Winnicott: dicionário das palavras e expressões utilizadas por Donald W. Winnicott*. Reiventer.

Bee, H. & Boyd, D. (2011). *A criança em desenvolvimento*. Artmed.

Dias, E. O. (2003). *A teoria do amadurecimento de D. W. Winnicott*. Imago.

Fulgencio, L. (2020). *Psicanálise do ser: a teoria winnicottiana do desenvolvimento emocional como uma psicologia de base fenomenológica*. Edusp.

Hagemeyer, R. C. C. (2004). Dilemas e desafios da função docente na sociedade atual: os sentidos da mudança. *Educar em Revista [online]*, n. 24, 67-85.

Lacan, J. (1998). O estádio do espelho como formador da função do eu. In J. Lacan, *Escritos*. Zahar. (Trabalho publicado originalmente em 1949)

Lambotte, M.-C. (1996). Narcisismo. In P. Kaufmann, *Dicionário enciclopédico de psicanálise, o legado de Freud a Lacan*. Zahar.

Ovídio, P. N. (2003). *Metamorfoses*. Madras.

Patto, M. H. S. (2008). Teoria crítica e Ciências da Educação: algumas reflexões. *Intermeio: revista do programa de pós-graduação em educação*, 14(28), 183-194.

Phillips, A. (2006). *Winnicott*. Ideias & letras.

Safra. J. (2005). *A face estética do self: teoria e clínica*. Ideias & Letras.

Timberlake, J; Mosley, T; Harmon, J; Fauntleroy, J. (2013). Mirrors. *The 20/20 Experience*. RCA Records.

Winnicott, D. W. (2017). *O gesto espontâneo*. Martins Fontes.

Winnicott, D. W. (2019). O papel de espelho da mãe e da família no desenvolvimento infantil. In D. W. Winnicott, *O brincar e a realidade*. Ubu. (Trabalho original publicado em 1971)

Winnicott, D. W. (2020). A comunicação do bebê com a mãe e da mãe com o bebê. In D. W. Winnicott, *Bebês e suas mães*. Ubu. (Trabalho original de 1968)

Winnicott, D. W. (2021). A mãe, a professora e as necessidades da criança. In D. W. Winnicott, *A criança e o seu mundo*. LTC. (Trabalho original de 1964)

Winnicott, D. W. (2022a). A integração do ego no desenvolvimento da criança. In D. W. Winnicott, *Processos de amadurecimento e ambiente facilitador*. Ubu. (Trabalho original publicado em 1962)

Winnicott, D. W. (2022b). Moral e educação. In D. W. Winnicott, *Processos de amadurecimento e ambiente facilitador*. Ubu. (Trabalho original publicado em 1963)

3. A questão do falso *self* no ambiente escolar e a impossibilidade do 'ser' verdadeiro

3.1 O conceito de falso self: *breves considerações*

> *Tenho tanto sentimento*
> *Que é frequente persuadir-me*
> *De que sou sentimental,*
> *Mas reconheço, ao medir-me,*
> *Que tudo isso é pensamento,*
> *Que não senti afinal.*
>
> *Temos, todos que vivemos,*
> *Uma vida que é vivida*
> *E outra vida que é pensada,*
> *E a única vida que temos*
> *É essa que é dividida*
> *Entre a verdadeira e a errada.*
>
> *Qual, porém, é a verdadeira*
> *E qual errada, ninguém*
> *Nos saberá explicar;*

> *E vivemos de maneira*
> *Que a vida que a gente tem*
> *É a que tem que pensar.*
>
> Fernando Pessoa, "Tenho tanto sentimento", 18 set. 1933[1]

Curiosamente (ou não), será Winnicott quem nos dirá que "A vida de um indivíduo saudável é caracterizada tanto por medos, sentimentos conflituosos, dúvidas e frustrações como por características positivas" (1967/2021a, p. 21), evidenciando que "O principal é que o homem ou a mulher sintam que *estão vivendo a própria vida*" (1967/2021a, p. 29, grifos do autor). Nessa perspectiva, o pediatra britânico *expande* a noção de sofrimento psíquico, atrelando-a à dimensão do *ser* e *continuar sendo*. Temos, assim, uma compreensão do *desenvolvimento humano construído em primeira pessoa* (sempre de dentro para fora, a partir do *gesto espontâneo do indivíduo*).

Seguindo nessa direção, podemos ler nas palavras do próprio autor inglês:

> Trauma significa quebra de continuidade na existência de um indivíduo. *É somente sobre uma continuidade no existir que o sentido do self, de se sentir real, de ser, pode finalmente se estabelecer como uma característica da personalidade do indivíduo.* (Winnicott, 1967/2021a, p. 23, grifos meus)

Para Winnicott, o sujeito, *apoiado pelo suporte ambiental*, é o dono da sua própria história, mas, lentamente, "vai conhecendo as limitações impostas pela sociedade e pela cultura" (Naffah Neto,

---

[1] Pessoa, 2014, n.p.

2019, p. 215) – ação demarcada desde o ingresso da criança no complexo de Édipo,[2] principalmente. A essa altura do processo de amadurecimento, por volta dos 4 e 5 anos, o indivíduo que foi *devidamente cuidado* já formou um "falso *self* saudável", isto é, conseguiu pagar o preço necessário à vida social sem perder o contato com a riqueza do seu próprio mundo subjetivo – fonte preciosa de espontaneidade e criatividade.

Entretanto, o que pode acontecer com a "personalidade saudável" quando falhas[3] ambientais precoces produzem um *congelamento (uma quebra) da continuidade de ser?*

> *Ocorre o que poderíamos designar como uma* alienação *da primeira pessoa na alteridade, ou seja, na segunda pessoa. Assim, o bebê deixa de agir em primeira pessoa – a partir de suas necessidades próprias – para* reagir *às intrusões de um ambiente traumatogênico, mimetizando seus traços na formação desse falso* self *patológico (Winnicott, 1960/1990, pp. 146-7). Com o encobrimento do* self *verdadeiro, a primeira pessoa se*

---

[2] Se a criança alcança verdadeiramente a capacidade de vivenciar as ansiedades da situação edípica, isso significa que ela atingiu uma *identidade unitária*, sendo capaz de lidar com a ambivalência, por meio da apropriação dos seus impulsos agressivos destrutivos (que ocorrem no *estágio da concernência*). Diferentemente de Melanie Klein, Winnicott não pensa numa situação edipiana precoce. Para ele, assim como para Freud, esse período só faz sentido quando experienciado ao lado de "pessoas inteiras". Cito o autor: "Não posso ver nenhum valor na utilização do termo 'complexo de Édipo' quando um ou mais de um dos três que formam o triângulo é um objeto parcial. No Complexo Édipo, ao menos do meu ponto de vista, cada um dos componentes do triângulo é uma pessoa total, não apenas para o observador, mas especialmente para a própria criança" (Winnicott, 1988/1990, p. 67).

[3] Por "falhas" refiro-me ao *excesso* ou à *ausência* de cuidados desempenhados pela figura materna.

> *eclipsa e quem assume o seu lugar é um mimetismo de outrem. (Naffah Neto, 2019, p. 214)*

Sem dúvida nenhuma, um dos termos mais conhecidos e complexos da teoria de Winnicott é a noção de "falso *self*", embora, frequentemente, utilizada de modo equivocado e superficial pela comunidade psicanalítica (e por outros pesquisadores), devido à banalidade e à dimensão "popular" que o conceito adquiriu ao longo dos anos. A mesma situação também pode ser percebida em relação a outros conteúdos winnicottianos; basta analisarmos o uso desmedido e incoerente que escancara a total ausência de compreensão acerca dos termos *holding* e *mãe suficientemente boa*, por exemplo.

Pois bem, a noção de falso-*self* surgiu, pela primeira vez, no artigo "A mente e sua relação com o psicossoma" (1949/2021b), apresentado à Seção Médica da Sociedade Britânica de Psicologia em 14 de dezembro de 1949, revisado em 1953 e publicado, posteriormente, no *British Journal of Medical Psychology* em 1954 (vol. 27). Todavia, o termo só seria trabalhado de modo mais amplo e aprofundado em 1960, em "Distorção do ego em termos de falso e verdadeiro *self*" (Winnicott, 1960/1983b).

O próprio Winnicott reconhece sua ideia como algo não necessariamente novo, tendo sido mencionada, anteriormente, na psiquiatria descritiva e em certos campos religiosos e filosóficos. "Na sua forma patológica, relacionada à esquizofrenia, já fora descrito em sua sintomatologia, inclusive no âmbito da própria psicanálise, num artigo de Helene Deutsch, de 1942, sob a forma de 'personalidade *como se*'" (Naffah Neto, 2017, p. 143). E, antes mesmo de Helene, em uma nota de 30 de junho de 1932, no seu clássico *Diário clínico*, Sándor Ferenczi menciona: "*A esquizofrenia é uma reação de mimikry* (mimetismo) . . . no lugar de autoafirmação (revanche, defesa). (Dm.: os esquizofrênicos são afetados pelo trauma, de fato, *antes* de possuírem uma personalidade)" (Ferenczi, 1932/1990, p. 192, grifos do autor).

Partindo de uma linhagem histórico-conceitual, o pediatra inglês nos dirá que a ideia de falso *self* já estava presente no pensamento de Freud, principalmente no que tangencia a dualidade existente entre o *princípio de prazer* e o *princípio de realidade*. Na linguagem do autor:

> *Particularmente, relaciono o que divido em* self *verdadeiro e falso com a divisão de Freud do* self *em uma parte que é central e controlada pelos instintos (ou pelo que Freud chamou sexualidade, pré-genital e genital), e a parte orientada para o exterior e relacionada com o mundo. (Winnicott, 1960/1983b, p. 128)*

Com o tempo, Winnicott organiza esse conceito com mais precisão, tecendo acréscimos obtidos por meio de sua prática clínica. Para o autor, a função defensiva do falso *self* é a de *ocultar* e *proteger* o verdadeiro *self* e, nesse sentido, podemos ter *diferentes variações* dessa estrutura que se estendem às dimensões do normal, alcançando, até mesmo, um certo nível patológico. No que diz respeito à segunda categoria, temos a presença de um falso *self* que se *implanta* como real, e levando os observadores a pensarem que o indivíduo é, de fato, "aquilo" que ele mostra ser.

Numa condição mais voltada à normalidade, o falso *self* defende o *self* verdadeiro que, por sua vez, é *percebido como potencial*, permitindo a ele ter uma vida secreta. "Aqui se tem o mais claro exemplo de doença clínica como uma organização com *um fim mais positivo*, a preservação do indivíduo a despeito de condições ambientais anormais" (Winnicott, 1960/1983b, p. 131, grifos meus). De acordo com o autor:

> *Na normalidade: o falso self é representado pela organização integral da atitude social polida e amável; não deixar as emoções à flor da pele, como se poderia dizer. Muitas coisas se passaram até o indivíduo alcançar a capacidade de renunciar à onipotência e ao processo primário em geral; o ganho sendo o lugar na sociedade que nunca poderia ser atingido ou mantido por um self verdadeiro que agisse sozinho. (Winnicott, 1960/1983b, p. 131, tradução alterada por mim)*[4]

Sob esse vértice, Winnicott chega mesmo a formular a ideia de uma parte nuclear do *self*, destinada a permanecer para sempre solitária e incomunicável nos indivíduos saudáveis, aquilo que poderíamos chamar de uma espécie de 'território secreto', do qual emana toda a nossa criatividade e espontaneidade. "No centro de cada pessoa há um elemento não-comunicável, e isto é sagrado e merece muito ser preservado" (Winnicott, 1963/1983a, p. 170).

No que tange ao campo da psicopatologia, a formação do falso *self* cindido patológico, como uma defesa esquizofrênica, ocorre sempre que o bebê tem que interromper o seu processo de desenvolvimento maturacional para reagir às intrusões ambientais. É correto pensar que esse tipo de falso *self* se estrutura em decorrência de dois fatores:

1. Um ambiente em excesso que exerce, basicamente, um papel intrusivo, impondo-se à subjetividade, ao gesto espontâneo do bebê, fazendo-o descobrir a alteridade num período em que *ele não tem condições para lidar com ela*. "Nesse caso, o falso *self* forma-se entre o *self* verdadeiro e as intrusões ambientais" (Naffah Neto, 2017, p. 147).

---

4 Para tanto, usei a versão original em inglês: "*Ego distortions in terms of true and false self*" (Winnicott, [1960] 1965/1990a).

2. Um ambiente em falta, ou seja, aquele que deixa o bebê abandonado aos seus próprios impulsos vitais (como a fome, a dor, o desconforto, o sono etc.), que nessa fase inicial da vida não são *experimentados* como próprios e quando atingem um nível de intensidade insuportável, por um período contínuo, *são vividos como uma ameaça eminente de colapso*.[5] "Nesse caso, a criação do objeto subjetivo é impedida pela falta de presença do adulto e o falso *self* forma-se entre o *self* verdadeiro e os impulsos vitais do bebê, ameaçadores" (Naffah Neto, 2017, p. 147).

Entretanto, essas duas disposições distintas são apresentadas, aqui, somente com a finalidade de explicitar ao leitor o funcionamento dos processos psíquicos de modo mais elucidado. Elas nunca se realizam de forma idêntica e absoluta, tampouco totalmente separadas uma da outra. Acompanhemos Naffah Neto (2017):

> *Na verdade, o ambiente intrusivo também deixa, em algum nível, a criança à mercê dos impulsos vitais,* já que impõe formas e padrões que pouco têm a ver com as necessidades reais do bebê: seu ritmo de mamadas etc. *De forma análoga, o ambiente que não atende às necessidades mínimas do bebê também acaba levando à criação de barreiras protetoras contra o ambiente,* já que gera uma total desconfiança do bebê sobre o que

---

[5] No seu texto "Medo do colapso" ("*Fear of breakdown*"), de 1963, Winnicott escreve que só tem medo do colapso quem vivenciou essa experiência um dia, como algo que já aconteceu, mas não foi experienciado, porque não havia um ego capaz de absorver a experiência. Cito o autor: "Sustento que o medo clínico do colapso *é o medo de um colapso já experienciado*. Ele é um medo da agonia original que provocou a organização de defesa que o paciente apresenta como síndrome mórbida" (Winnicott, 1963/2013a, p. 115, grifos do autor e tradução minha).

pode esperar dele. Isso significa dizer que o falso self sempre se forma como uma barreira, em parte frente ao ambiente, em parte, frente aos impulsos vitais ameaçadores, em maior ou menor grau. *(pp. 147-148, grifos meus)*

Um contexto repleto de falhas impossibilita ao indivíduo "desenvolver a sua capacidade de brincar e 'experienciar'"[6] (Naffah Neto, 2017, p. 18). Isso porque, toda vez que esse excesso ou essa falta ultrapassam um certo nível de *suportabilidade*, o lactente tenderá a formar um falso *self* patológico, como uma *muralha defensiva* frente ao ambiente ou aos impulsos vitais sentidos como ameaçadores. Essa "proteção" psíquica está destinada a defender o *self* verdadeiro daquilo que Winnicott denominou "agonias impensáveis".[7]

Gostaria, agora, de retomar alguns aspectos acerca do mecanismo de "cisão", que caracteriza o falso *self* patológico. Winnicott aponta que "A descrição do grau extremo de cisão leva à descrição de graus de cisão menos intensos, e também do modo como, em algum nível, isto que estamos descrevendo se *acha presente em todas as crianças, por ser intrínseco a própria vida*" (Winnicott, 1988/1990, p. 128). Logo, a cisão está presente no funcionamento psíquico de todos os

---

6 Com a intenção de ampliar a nossa compreensão teórica, é fundamental destacar que Winnicott entende que, inicialmente, o Id é *exterior* ao núcleo de onde se desenvolverá o *self*; portanto, a sexualidade, a agressividade e outros impulsos instintivos só poderão se formar, efetivamente, se o ambiente oferecer sustentação para que o bebê possa *experienciar* e se apropriar, gradualmente, dos impulsos que o atravessam.

7 O autor define as "agonias impensáveis" da seguinte forma: retornar a um estado de não integração; cair para sempre num vazio sem fundo; o estranhamento em relação ao próprio corpo, sentido como não próprio; a perda do sentido de realidade; a perda da capacidade de relacionar-se com objetos; o completo isolamento, sem qualquer tipo de comunicação (Winnicott, 1963/2013a, p. 114).

indivíduos, e o que a diferencia como patológica são os seus níveis de intensidade.

Nesse âmbito, é o próprio autor quem nos fornece algumas pistas para pensarmos os diferentes "estados" de falso *self*. Portanto, o conceito, conforme assinalei anteriormente, é muito mais *abrangente* do que se costuma anunciar por aí. Continuemos com Winnicott:

> No grau extremo de cisão, a criança não tem qualquer razão para viver. *Nos níveis menos elevados existe* um certo sentimento de futilidade *relativo à vida falsa, e uma busca incessante daquela outra vida sentida como real, mesmo que levasse à morte, por exemplo através da inanição.* Nos graus mais brandos de cisão existem objetos mantidos no relacionamento secreto interior do verdadeiro self, *objetos esses derivados de algum grau de sucesso no estágio da primeira mamada teórica. Em outras palavras, nos graus menos extremos dessa doença não é tanto o estado primário de cisão que iremos encontrar, e sim uma organização secundária cindida que indica uma regressão diante de dificuldades encontradas num estágio posterior do desenvolvimento emocional.* (Winnicott, 1988/1990, pp. 128-129, grifos meus)

Naffah Neto (2017), na tentativa bem-sucedida de sistematizar a noção winnicottiana de falso *self*, no seu sentido *estritamente patológico*, nos aponta duas formas de subjetivação, nas quais constatamos a presença desse recurso defensivo em seu pleno funcionamento: o estado *borderline* e a personalidade esquizoide.

Comecemos pela personalidade esquizoide, que é definida em um trabalho de Winnicott, de 1952, como uma forma de *retraimento*, usada como única defesa possível diante de um ambiente traumatizante. Quando o ambiente falha, temos, nesses casos, uma "introversão patológica defensiva". Com efeito, a criança passa a viver permanentemente no seu mundo íntimo, que, por sinal, *não está firmemente organizado*. Nessas condições, "a criança flutua para dentro e para fora desse mundo íntimo, que está sujeito, mais ou menos, ao seu controle onipotente" (Naffah Neto, 2017, p. 174), embora *não se trate de uma organização consistente*. Para Winnicott, os bebês menos afortunados, aos quais o mundo externo foi apresentado de maneira conturbada, "crescem sem qualquer capacidade de ilusão de contato com a realidade externa; ou então esta sua capacidade é *tão frágil*, que facilmente quebra num momento de frustração, dando margem ao desenvolvimento de uma doença esquizoide" (Winnicott, 1988/1990, p. 135, grifos meus). Para o seu relacionamento *precário* com a realidade exterior, o indivíduo esquizoide se utiliza do falso *self* cindido.

Sem entrar em pormenores, podemos entender a dinâmica da patologia *borderline*[8] como alguém que possui um falso *self* cindido extremamente *consistente*, que ocupa uma posição *central* de sua estrutura psíquica. Portanto, esses indivíduos não conseguem estabelecer contato com o seu mundo subjetivo, tampouco *experienciar* suas próprias conquistas como verdadeiras, ou seja, *em primeira pessoa*.

É igualmente comum esses sujeitos se queixarem de um *vazio interno*, seguido por uma intensa sensação de *futilidade*. Muitos deles

---

[8] O termo *borderline*, ou estado limítrofe (como propõe a linhagem francesa da psicanálise), é definido em um artigo de Winnicott bastante tardio, de 1968. Essa definição é bem ampla e não diferencia os dois estados que irei tratar nesse texto. Cito-a apenas à guisa de demonstração: "Com o termo 'caso *borderline*' pretendo significar um tipo de caso no qual o centro do distúrbio é psicótico, mas o paciente possui uma suficiente organização psiconeurótica para sempre apresentar alterações psiconeuróticas ou psicossomáticas, quando a ansiedade psicótica central ameaça interromper de forma grosseira" (Winnicott, 1968/2013b, p. 264).

passam anos a fio exercendo um trabalho de *maneira automática*, sem a obtenção de qualquer tipo de prazer. Ainda há aqueles que se mostram inteligentes e altamente produtivos – realizações que, na verdade, podem indicar o uso do mecanismo de "mimetização"[9] do ambiente externo.

Em alguns casos mais "graves", acabam recorrendo ao uso de drogas, ao excesso de álcool, ao sexo imprudente, a outros tipos de compulsão e a condutas autodestrutivas, com a finalidade de se sentirem minimamente *reais*.[10] É possível dizer, de forma genérica, que todas essas condutas representam uma tentativa *inconsciente* de realizar "integrações momentâneas no tempo e no espaço", buscando alocar a psique no soma – fenômeno que Winnicott nomeou como *personalização*.[11]

---

9 Ferenczi em seu "Diário Clínico" nos diz que a clivagem produz no sujeito uma espécie de mimetismo que, "tal como um reflexo condicionado, incita apenas a repetições" (Ferenczi, 1932/1990, p. 259). Para a zoologia, se trata do fenômeno de imitação que se observa em certas espécies animais que tomam a aparência do meio em que se encontram, transformando-se como forma de adaptação e *sobrevivência*.

10 Podemos incluir, nesse mesmo grupo, a realização de atividades que tendem a colocar a vida desses sujeitos em risco – por exemplo, dirigir em alta velocidade em rodovias sinuosas, praticar esportes demasiadamente "radicais", automutilar-se etc.

11 Winnicott apresenta a concepção psicanalítica do "ser" como uma *pessoa total*, produto da integração entre o *soma* e a *psique*. A natureza humana, para o autor, "não é uma questão de corpo e mente, mas de psique e soma, inter-relacionados, que em seu ponto culminante apresentam um ornamento: a mente" (Winnicott, 1988/1990). A mente, para ele, é a parte racional (cognitiva) da psique, sendo, assim, *uma formação secundária*. O soma é o corpo vivo, que vai sendo *personalizado* à medida que é elaborado imaginativamente pela psique. A "elaboração imaginativa das funções corporais" é um conceito central da psicanálise winnicottiana e descreve um processo – que existe desde o início da vida – de constituição da psique humana, que nasce integralmente apoiada nas funções corporais, como uma espécie de tradução psíquica delas, pelo manuseio (*handling*) do corpo do bebê.

O indivíduo de personalidade esquizoide também teve de construir um falso *self* cindido em seu psiquismo, contudo, bem menos *resistente*. Esses sujeitos exibem um relacionamento social precário, erguido às custas dessa *barreira* defensiva, que pode desmoronar a qualquer instante. Diferentemente do que ocorre no estado *borderline*, os esquizoides conservam um *mundo subjetivo*, embora desorganizado e incipiente, servindo como uma espécie de *refúgio seguro* para o seu recolhimento, frente a situações de ameaças externas.

Nos dois casos, porém, é comum esses sujeitos demonstrarem uma avançada *defesa intelectual* – o que evidencia a presença de um intelecto cindido hipertrofiado ("*split-off intellect*", nas palavras de Winnicott).

A essa altura do texto, o leitor deve estar se perguntando o porquê de tantas explicações psicanalíticas acerca de um único conceito winnicottiano. Esclareço que assinalei todas essas características, tão peculiares e complexas, pois fico muito preocupado com o uso *negligente* que se costuma fazer da teoria – na maior parte das vezes, por insuficiência de seu conhecimento. Nesse sentido, temos que tomar muito cuidado antes de ficar lançando por aí a expressão, em frases como "aquele fulano é um falso *self*", considerando que existem *variações patológicas* dessa estrutura, que acabam provocando um profundo sofrimento e que precisam ser compreendidas por aqueles que cultivam algum interesse pelo assunto, a fim de evitar qualquer percepção leviana. E, ainda, dizer que alguém "é um falso *self*", como abordado acima, não esclarecerá, por si, nada! É necessário compreender o sujeito em sua subjetividade e, no contexto em que se encontra inserido.

Conforme vimos, todos nós desenvolvemos um falso *self* em algum momento da vida, em maior ou menor grau. Isso posto, é importante ressaltar que nem todas as crianças permanecem com o seu desenvolvimento *congelado* no tempo em razão de experiências traumáticas – somente aquelas que passaram por falhas ambientais *severas*, infligidas, *principalmente*, no *início da vida*. Nessa perspectiva, como distinguir uma estrutura *normal* de outras, mais afetadas pelos efeitos do trauma?

Essa é uma *competência* demasiadamente difícil, já que um falso *self* bem adaptado pode esconder, perfeitamente, as raízes de distúrbios patológicos mais graves, aparentando uma excelente capacidade de *adaptação ambiental*.

Parece meio óbvio ressaltar, novamente, que o objetivo da minha pesquisa *não* é instruir os profissionais da educação – carentes de uma formação especializada – para a realização de possíveis *diagnósticos psicanalíticos* de seus alunos, identificando, assim, *traços* que correspondam ao estado *borderline* ou à personalidade esquizoide. Minha intenção, em vez disso, consiste em discutir as razões que colocam a escola em um patamar *favorável* ao *aniquilamento* da criatividade (*do gesto espontâneo*), a partir da imposição de atividades e conteúdos que simplesmente ignoram a realidade social, cultural, histórica e *singular* dos estudantes. Com efeito, estendo a envergadura das nossas investigações, pois o que quero dizer é que um falso *self* patológico pode ser gerado no cerne da escola, e não somente por *intrusões* ambientais sucedidas nos períodos iniciais da vida.

Em contrapartida, acredito que a instituição escolar – concebida como um espaço propício às *transformações* e às reedições da subjetividade humana –, tomando como norte a descrição desses fenômenos psíquicos, pode vir a se implicar *diretamente* na mudança do fluxo das águas da história de seus alunos que, em consequência de um ambiente caótico, tiveram de renunciar às forças criativas que movem e edificam o seu (*verdadeiro*) ser. Desse modo, proponho, sem a pretensão de me enquadrar unicamente no *estilo ideal romântico* – embora me pergunte, com certa frequência, o que seria da vida sem o romantismo dos sonhos –, recursos que venham gerar indagações, por meio de uma observação empática e sensível de quem atua com o que há de mais magnífico no registro da civilização: *o processo de aprendizagem*.

O leitor, por sua vez, também deve estar se perguntando: "como 'amarrar' tais ideias *estrangeiras* aos educadores, mas *familiares* aos psicanalistas, a fim de elucidá-las de forma nítida e coerente?".

Ora, as histórias, a meu ver, possuem o *potencial estético* de desenhar ou contornar aquilo que não conseguimos dizer *racionalmente*. Isto é, recorremos aos enredos de filmes, séries ou livros para expressar aquilo que a palavra *pensada* não é capaz de alcançar.

Assim, irei me guiar pela análise do personagem Felipe, protagonista do livro *Pinóquio às avessas*, de Rubem Alves (2010), com o intuito de auxiliar os professores na conquista gradual desse processo de *reconhecimento* e *implicação*, diante de circunstâncias tão nocivas à integridade psíquica (e cognitiva) de nossos estudantes. Espero, com isso, oferecer a possibilidade de compreensão acerca dos efeitos que um falso *self* patológico pode provocar ao longo da vida do indivíduo ao assumir as rédeas da subjetividade, dissolvendo toda e qualquer chance de criar e *ser criativo*.

3.2 "Pinóquio às avessas": quando o falso self impede o viver

> *Quando a criança aprende a andar, a mãe não discorre nem demonstra: ela ensina o andar, ela não o representa (não anda diante da criança): ela sustenta, encoraja, chama (recua e chama): ela incita e cerca: a criança pede a mãe e a mãe deseja o andar da criança.*
> Barthes *apud* Perrone-Moisés, 1983, p. 84

O livro de Alves se inicia por uma cena bastante simbólica: Felipe, uma criança de 6 anos, prestes a ingressar na escola, ouve de seu pai uma história antes de dormir. Trata-se do conto "Pinóquio" e, a passagem escolhida, descreve o momento em que a "Fada Azul" desce do céu e transforma o boneco de madeira em um menino *de carne e osso*. Ao final, o pai de Felipe explica ao filho os detalhes embutidos na grande *moral* da história: "Pinóquio só se tornou humano, pois frequentou a escola e virou um ótimo aluno, sem mentiras ou desculpas para deixar de estudar". Felipe, tomado pelo sono e prestes a dormir, cochila repetindo as palavras do pai: "É preciso ir à escola para não ficar burro!".

É interessante que, em seguida, o autor nos convida a refletir sobre as projeções de futuro que os adultos normalmente lançam sobre as suas crianças, antes mesmo de elas nascerem. Lembremos que Freud, no seu clássico texto "Introdução ao narcisismo" (1914/2010), dirá que essas projeções são frutos das *fantasias narcísicas* dos pais que, de algum modo, não puderam ser satisfeitas ao longo de suas vidas.

> *Quando Felipe nasceu, foi uma alegria. Seu pai e sua mãe* logo começaram a fazer planos para o seu futuro. *Os pais sempre fazem planos para o futuro dos filhos.* Sonhavam que Felipe seria muito inteligente, muito bom aluno, tiraria notas boas na escola, passaria no vestibular, entraria na universidade e seria, quem sabe, um cirurgião famoso, ou um grande cientista, ou um bem-sucedido administrador de empresas. *(Alves, 2010, p. 12, grifos meus)*

Logo, para concretizar o desejo e a *idealização* dos pais, Felipe foi matriculado em uma escola "forte e cara", que tinha como única prioridade "ensinar" os conteúdos essenciais à vida acadêmica e profissional dos estudantes. Alves claramente faz alusão às características da *abordagem tradicional de ensino*, em que predomina o modelo *mecanicista* de transmissão do saber em detrimento de uma educação *integrativa* e, por conseguinte, mais *humana*.

Lembremos que essa abordagem ainda pode ser encontrada, sem muita dificuldade, em inúmeras instituições de ensino da atualidade, nas quais as métricas, os resultados e a exigência de produtividade se transformam nas principais causas de adoecimento psíquico e mal-estar. Não obstante, muitos jovens que chegam às clínicas psicanalíticas e psiquiátricas trazem um semblante abatido pelos efeitos do estresse relacionado às cobranças, queixando-se de uma perigosa *falta de vontade* de viver, decorrente da *sensação de fracasso* produzida por um sistema de ensino que, lamentavelmente, mais exclui do que agrupa.

Voltando à história: nas primeiras semanas de aula, Felipe manifestava a sua curiosidade (e o seu *gesto espontâneo*) por meio da preferência por um determinado assunto: "os pássaros". O garoto possuía um interesse genuíno por esses animais e sabia muito sobre eles – as espécies, os hábitos de vida, as regiões onde habitam etc. Com o passar dos dias, os professores perceberam que as questões de Felipe, centradas nas aves, estavam "desconectadas" dos conteúdos programáticos e, por isso, aliados à escola, resolveram encaminhar o menino para uma "avaliação psicopedagógica", devido à sua acentuada ausência de atenção e ao seu baixo rendimento nas avaliações.

Com efeito, os pais de Felipe, avisados sobre o seu desempenho escolar, ficam extremamente *desapontados*. Afinal, essa não é a notícia mais esperada por aqueles que desejam que seu filho possa se tornar um futuro "doutor bem-sucedido". Paralelamente, o psicopedagogo consultado pela família diagnostica Felipe com TDA ("transtorno do déficit de atenção"), dizendo que o menino "*precisava ser tratado*, para aprender a prestar atenção no que os professores diziam" (Alves, 2010, p. 38, grifos meus).

Ao pressentir que estava *frustrando* as expectativas dos seus pais tão amados, Felipe entendeu que o seu interesse espontâneo por pássaros não era um assunto que poderia ser discutido na escola, pois não estava "previsto no programa curricular" e, por essa razão, não havia tempo hábil para tratar desses "assuntos irrelevantes".

Pressionado pelas demandas do ambiente social (escolar e familiar), o nosso pequeno herói acabou abandonando o seu ímpeto de curiosidade em prol de um saber *formalizado* e *delimitado* rigidamente pelas *grades curriculares* – curiosamente, o termo "grade" nos remete ao contexto de uma *prisão*. A criança passou, assim, a seguir todas as orientações que lhe haviam sido recomendadas por *especialistas*. Acompanhemos mais um trecho da história, na íntegra:

> *De noite, na cama, Felipe pensou: "Não posso ser motivo de vergonha para os meus pais. Eles me matricularam num colégio forte, colégio caro, que prepara para o vestibular. E fazem um grande sacrifício por minha causa. Eles querem o meu bem. Não vou mais pensar em passarinhos". Naquela noite, Felipe sonhou com a história do Pinóquio. Só que, em vez do Pinóquio, era ele. Estava numa floresta cheia de pássaros. E estava se transformando num burrinho!... Felipe acordou e disse: "Esse sonho me ensinou como é o mundo dos adultos. Tenho de olhar sempre na direção certa*: olhar para o professor, olhar para os livros". *Desse dia em diante, Felipe passou* a olhar na direção certa. *Olhava para os olhos do professor. Olhava para as lições dos livros. Passou a tirar as melhores notas da classe.* Nunca mais foi mandado ao psicólogo. *(Alves, 2010, pp. 38-39, grifos meus)*

Felipe escolheu trilhar o caminho da boa e velha *normalidade*: estudou e se formou; tornando-se, por fim, um "profissional renomado". Em contrapartida, em sua vida cotidiana e no âmbito dos seus relacionamentos interpessoais, ele se sentia profundamente *triste* e *deprimido*, sem saber a verdadeira origem daquele sentimento "estranhamente familiar"[12] (Freud, 1919/2019). No entanto, é no mínimo simbólico que, na véspera de sua colação de grau, o rapaz teve mais um sonho bastante expressivo:

> *Ele [Felipe] sonhou com um enorme frigorífico. . . . E lá dentro do frigorífico, ao lado dos frangos pendurados nas correias, havia longas esteiras onde se encontravam crianças, centenas delas, todas diferentes. A esteira estava num túnel escuro e do outro lado saíam as crianças,* todas iguaizinhas, saídas da forma, formadas... E o Corvo Falante cantava: "Formatura. Entram diferentes e saem iguais: profissionais. *É assim que um pirralho entra no mercado de trabalho". (Alves, 2010, p. 42, grifos meus)*

Pois bem, na noite da sua tão aguardada formatura, uma "Fada Amarela" com asas de corvo, sem que ninguém visse, foi ao seu encontro e lhe entregou um "diploma", enunciando as seguintes palavras: "Hoje você ganha um novo nome. Esse novo nome é o seu novo *ser*" (Alves, 2010, p. 43). Daquele dia em diante, quando perguntavam como ele se chamava, Felipe dizia orgulhoso: "Sou um profissional especialista em carnes de frango". Essa era a sua nova identidade. O *nome próprio* se dissolveu, cedendo lugar à *ocupação*. Felipe deixou de *ser* para encarnar o seu *fazer*. Um fazer automático, embora produtivo, mas sem quaisquer sinais de espontaneidade.

---

12 Faço referência ao termo freudiano *Das Unheimliche*, traduzido pela Editora Autêntica (Freud, 1919/2019) como *O Infamiliar*, ou seja, aquele sentimento de estranheza que, no fundo, está conectado às origens daquilo que desconhecemos, mas que, paradoxalmente, é algo intrínseco à nossa existência.

Depois de formado, o jovem adulto passou a exercer uma profissão de sucesso: ganhava muito dinheiro trabalhando no mercado agropecuário, vendendo *frangos mortos*, que vinham "dependurados numa longa correia que se movimentava, mergulhados na água fervente, depenados, estripados, cortados, moídos" (Alves, 2010, p. 41) – prováveis metáforas para os seus sonhos infantis, que ruíam em pedaços.

Apesar de todas as suas conquistas financeiras e do prestígio social, Felipe não se sentia realizado. Após algum tempo, assombrado pelas mazelas da vida, decide, finalmente, procurar um psicanalista para contar-lhe um dos seus sonhos mais interessantes. O conteúdo onírico consistia, basicamente, na seguinte situação: "um pássaro azul comia um mamão no alto de um mamoeiro. E o pássaro em meio aos trinados de seu canto, lhe dizia: 'lembre-se do meu nome e você será feliz'" (Alves, 2010, p. 45). Contudo, contrariando os seus vastos conhecimentos sobre as aves, o rapaz não conseguia lembrar o nome daquele *determinado* pássaro.

Passaram-se muitos anos. Felipe já era um senhor de idade, com cabelos grisalhos. Sempre angustiado pela dúvida que o invadia a respeito do nome *daquela ave azul*. Até que um dia, de forma inesperada, teve um sonho diferente dos que costumava ter:

> *Sonhou que a Fada Azul, da estrela onde morava, com sua varinha mágica tocou-lhe a cabeça. Um arco-íris apareceu no céu e num passe de mágica ele descobriu o nome do pássaro azul. E então voltou a ser o menino que um dia fora. Nesse momento, uma onda de felicidade encheu sua alma. (Alves, 2010, p. 46, grifos meus)*

Ao ser tocado pela "Fada Azul", nosso protagonista descobre a essência do seu verdadeiro eu. Volta a ser a criança *feliz*, *livre* e *curiosa* que um dia habitara o cerne de sua alma, mas que acabou sendo *esmagada* pela pressão das exigências impostas por seus pais, pela sociedade e, especialmente, pelos efeitos da escola. Felipe deixa de ser o "homem de madeira" e se transforma no menino de *carne e osso* – alegre, criativo e investigador (de si e do mundo).

Onde caberia, portanto, a expressão "às avessas" (utilizada no título do livro de Alves)? Ora, não nos esqueçamos de que Felipe nasce *humano* e se torna *mecanizado, enrijecido* e *formatado* devido às cobranças sociais que recaem sobre ele. Isto é, nasce um menino e torna-se um boneco. Uma espécie de Pinóquio invertido que, infelizmente, as nossas escolas insistem em reproduzir até os dias de hoje. Trata-se, pois, de um projeto de educação endossado pelo sistema neoliberal, claramente elucidado na poesia de Rupi Kaur:

> *eu me perco numa paranoia*
> *de otimizar todas as horas do dia*
> *para ser uma pessoa mais preparada*
> *para dar um jeito de ganhar dinheiro*
> *para de alguma forma subir na carreira*
> *porque esse é o preço*
> *do sucesso*
> *não é mesmo*
>
> *eu desenterro minha vida*
> *ponho numa embalagem*
> *vendo para o mundo*
> *e quando pedem mais*
> *eu me vejo revirando ossos*
> *para tentar escrever poesia*
>
> (Kaur, 2020, p. 91)

3.3 Repensando a escola como um espaço propício ao ser

> *Há um caso especial nessa categoria complicada em que o colapso potencial domina a cena, que talvez não nos dê muito problema. . . . Refiro-me às pessoas que tiveram que organizar inconscientemente uma fachada, um falso self para lidar com o mundo, uma defesa projetada para proteger o verdadeiro self. (O verdadeiro self foi traumatizado e não pode mais ser encontrado e corre o risco de ser ferido de novo). A sociedade aceita com facilidade a organização de um falso self – e paga um preço alto por isso. Do nosso ponto de vista, embora o falso self seja uma defesa eficaz, não é um componente da saúde.*
>
> Winnicott, 1967/2021a, p. 36

Quando paramos para analisar o panorama do sistema educacional brasileiro, principalmente no que corresponde ao nicho específico da rede privada de ensino, notamos duas realidades que destoam completamente: *de um lado*, encontramos algumas instituições com currículos mais *flexíveis*, que sustentam os fundamentos de um projeto pedagógico humanizado e significativo; *de outro*, nos deparamos com programas extremamente rígidos e dogmáticos, que enfatizam a pura aplicação de conteúdos previstos no planejamento anual. Nesse último caso, o número de aprovados para o vestibular das melhores universidades do país serve como *garantia quantitativa* da eficácia do serviço prestado, aspecto que torna esse modelo o mais escolhido por aqueles pais que *podem* e *estão dispostos* a arcar com os custos – considerando que os valores das mensalidades, dessas instituições, costumam ser bastante expressivos, destoando completamente da realidade econômica da grande maioria da população.

Assim, cabe-nos questionar: o modelo predominante de uma *educação ideal*, ou seja, "forte e cara", se coloca à disposição *de quem* e *para quem*? Gilberto Safra (2001) tece alguns comentários certeiros acerca dessa pergunta:

> *Dostoiévski afirmava que a educação dependia de que um professor fosse formado ao longo dos séculos pela experiência de um povo. Sua concepção assinalava que o homem se faz na história com outros. Seus textos sobre a educação procuravam delatar o esfacelamento que ocorria na educação na Rússia no final do século XIX, em decorrência da opressão sob a qual o povo se encontrava. Em nosso tempo, observamos que o problema da educação no mundo ocidental agravou-se. A opressão sofisticou-se, associou-se ao saber "científico", levando o ser humano a não só perder a ressonância da história, mas também a um processo de "coisificação" em um mundo regido por signos econômicos.* O saber do povo é estilhaçado a fim de que as instituições perpetuem o interesse de poucos. *(n.p., grifos meus)*

Nesse sentido, é urgente promover a reflexão sobre os problemas educacionais presentes em nosso meio, reafirmando a importância de um *olhar ético* capaz de criticar as práticas pedagógicas e o sistema de políticas públicas vigente, quando promovem a *alienação* do aluno como *sujeito de sua própria existência*, esquecendo da singularidade, e perpetuando, assim, a *opressão* ao instituído. A criança precisa ser vista e escutada – muito além das escalas métricas – para que reencontre o seu próprio percurso de *ser* e *continuar sendo*. Estendendo as dimensões do meu argumento, proponho uma citação de Winnicott:

> *Não há dúvida de que a grande maioria das pessoas dá como certo que se sente real, porém a que preço? Em que medida elas estão negando um fato, especificamente o fato de que poderia haver o perigo de se sentirem irreais, de se sentirem possuídas, de sentirem que não são elas mesmas, de "caírem para sempre", de perderem a orientação, de serem descoladas do próprio corpo, de serem aniquiladas, de não serem nada e não estarem em lugar nenhum? A saúde não está associada à negação de coisa alguma. (Winnicott, 1967/2021a, p. 38, grifos do autor)*

"*O perigo mora ao lado*", como afirma o ditado popular.

É peculiar que, eu mesmo, ao lançar tais críticas sobre um modelo de educação que vem, cada vez mais, extinguindo a capacidade espontânea dos alunos, assim como o ensejo da apropriação do saber em *primeira pessoa*, tenha sido levado, de imediato, para as mediações do contexto acadêmico; especificamente, para as eventualidades que envolvem o processo de realização de uma pesquisa dentro de um programa de pós-graduação *stricto sensu*.

Dialogando com diversos colegas da área, companheiros nessa jornada um tanto quanto *custosa*, eu diria, muitos confessaram suas queixas em relação à ausência de *espaços* disponíveis para a inspiração de seus *próprios* pensamentos. Esclareço: é comum um texto final, fruto de uma análise e de estudos empreendidos por longos meses, ficar restrito à influência de opiniões que, de modo geral, se mostram bastante controversas. Melhor dizendo, a construção do nosso trabalho não é, de forma alguma, genuinamente efetuada *em primeira pessoa* – com exceção de alguns casos. Um exemplo disso, é a *colcha de retalhos* que muitos fazem na elaboração de um texto, citando, ao longo de todo o escrito, vários autores sem, em momento algum, referirem *suas próprias* reflexões. Dessa forma, ficamos *engessados* às ideias de terceiros, sem podermos *existir* enquanto pensadores originais.

Não estou me referindo ao ofício de supervisão realizado pelo orientador – embora alguns sejam incisivos e autoritários demais, intimidando a autonomia dos orientandos e, até mesmo, praticando uma "psicanálise selvagem"[13]; melhor dizendo, interpretando o orientando como se ele estivesse em uma análise. Faço menção à crítica afiada de alguns professores, às sugestões de uma banca examinadora, aos palpites de amigos mais experientes etc. Todos esses elementos apontados atingem em cheio o *coração* da criatividade e, em certas ocasiões, o indivíduo simplesmente *trava* ou, quando muito, acaba entregando um trabalho sofrido, repleto de recortes e enxertos, que em nada se aproxima da *riqueza* imaginativa que condiz com a originalidade do pensamento científico (dependendo, é claro, do que cada um entende por ciência).

Em uma carta, já mencionada, dirigida à Melanie Klein, de 17 de novembro de 1952, Winnicott traduz, com precisão, a angústia de não poder contar, em seu meio, com a abertura de um lugar favorável à discussão. Vejamos:

> *percebo como é irritante quando quero colocar* em minhas próprias palavras *algo que se desenvolve a partir da minha própria evolução e da minha experiência analítica. Isso é irritante porque suponho que todo mundo quer fazer a mesma coisa, e numa sociedade científica um de nossos objetivos é encontrar uma linguagem comum. Essa linguagem, porém, deve ser mantida viva, já que não há*

---

13 Freud (1910/2017) introduz o conceito de "psicanálise selvagem", para se referir a analistas que se sentem como *indivíduos do saber* e deixam de ouvir seus pacientes de maneira empática, tranquila e investigativa, e se lançam de forma "selvagem" a fazer interpretações de cunho teórico e dogmático.

> *nada pior que uma linguagem morta.* . . . Trata-se de um gesto criativo, e não posso estabelecer relacionamento algum através desse gesto se ninguém vier ao seu encontro. *(Winnicott, 2017, pp. 42-43, grifos meus)*

É claro que o *debate* de opiniões, quando legítimo e conduzido com maturidade, torna-se um importante agente, indispensável às reflexões *transformadoras*, e, nessa perspectiva, não se enquadraria nos desígnios da minha crítica. Pelo contrário, o saber construído, derivado desse recurso, torna-se algo extremamente *enriquecedor* ao nosso próprio desenvolvimento – como pesquisadores e como seres humanos.

Além disso, o papel do professor orientador é crucial no sentido de *nortear* as nossas investigações, garantindo um contorno às ideias que estão espraiadas e, comumente, perdidas. Afinal, como nos disse Winnicott, "em qualquer campo cultural, é *impossível ser original, a não ser com base na tradição*" (Winnicott, 1971/2019, p. 160, grifos do autor). Em contrapartida, o autor também afirma que "nenhum produtor de cultura repete o outro – *a não ser como citação deliberada*" (Winnicott, 1971/2019, p. 160, grifos meus). Logo, "o interjogo entre a originalidade e a aceitação da tradição como base para a criatividade me parece ser apenas mais um exemplo . . . do interjogo entre separação e união" (Winnicott, 1971/2019, p. 161), conclui o psicanalista.

Com efeito, é imprescindível que a dicotomia entre a tradição e a inovação possa ser superada. A única maneira *razoável* de alcançar essa conquista, a meu ver, é trilhando o caminho sinuoso da *apropriação* do conhecimento, consolidado por um *estudo profundo* da teoria e pelo *debate emancipador* de ideias. Em contrapartida, esse mesmo processo não pode descender de uma ação intrusiva e opressora, que mais *determina* do que *questiona*.

Recordemos que, no interior do terreno da imposição, não há espaço para qualquer resquício do *gesto criativo*. Mesmo porque, de acordo com a expressão do autor britânico, "a saúde não está associada à *negação* de coisa alguma" (Winnicott, 1967/2021, p. 38, grifos do autor).

Frente a isso, qual o preço que pagamos ao abdicar da liberdade que acompanha o gesto espontâneo e a *área transicional*, em nome da tentativa de se sentir (e se reconhecer) como *real*?

Pois bem, retornemos, então, às configurações da educação básica. Como já mencionamos, a escola deve ser um espaço para a *formação humana*, onde a criança possa exercer sua criatividade e sua real essência, formando valores e construindo conhecimentos, com base em seu contexto social, histórico e cultural – aspectos que acentuam suas marcas de *singularidade*. Cintia Freller (2001) engrossa o caldo dessa discussão ao salientar que:

> *Voltando o olhar para a escola..., tudo se passa como se houvesse uma só cultura e nenhum conflito. A violência implícita na transmissão da cultura dos dominantes sobre os alunos pobres, assim como a violência sobre a cultura dos dominados, através da sua desvalorização, exclusão e não reconhecimento, tudo passa despercebido. A cultura dominante é naturalizada como única e ideal. ... À medida que conseguir cumprir sua função educativa, a escola pode ser também pensada como um elemento que alavanca e contribui para a produção social, e não só como reprodutora da dominação de uma classe social.*
> (Freller, 2001, pp. 216-7, grifos meus)

É de pleno consenso que não há uma escola perfeita, isenta de conflitos e problemas. O fundamental, contudo, é que a instituição promova, por meio de ações destinadas às crianças e aos jovens, *experiências* de segurança, de acolhimento, que ofereçam condições intelectuais e emocionais para que eles possam lidar com toda a sorte de dificuldades, sejam elas de ordem meramente cognitivas, sejam atreladas às questões de formação de vínculos, de relacionamento com os professores, com os colegas e até mesmo com a família.

Aqui, seguimos os passos da teoria do amadurecimento de Winnicott: um ambiente *suficientemente bom* é capaz de garantir a passagem da dependência absoluta à dependência relativa, aproximando o indivíduo de uma vida própria e realmente *digna de ser vivida*. Ao exercer uma conduta repressora e autoritária, colocando a introdução de conteúdos como a única prioridade, a instituição escolar rompe seu compromisso com uma formação fecunda e autêntica. Restará ao indivíduo, dentro desse cenário, desenvolver mecanismos de defesa para suportar as intrusões ambientais, sendo um dos principais o falso *self* patológico.

Quando eu era pequeno, não gostava de participar das aulas de Educação Física. Sempre inventava uma desculpa. O problema era que eu "odiava" futebol, e o professor – nada criativo, diga-se de passagem – só sabia propor essa mesma atividade. Não tinha outra opção, a não ser fingir que eu estava passando mal ou inventar qualquer outro pretexto para não participar, considerando que eu não fazia ideia nem de como chutar uma bola, afinal, eu NÃO gostava de futebol. Passei, então, os anos iniciais do Ensino Fundamental, achando que eu detestava me exercitar. Porém, no sexto ano, apareceu um professor bastante diferente, que possuía uma dedicação legítima ao seu trabalho e um compromisso significativo com os seus alunos. Percebendo que não era apenas eu que ficava excluído das aulas, decidiu propor que aprendêssemos outros tipos de esportes. Ao final do sétimo ano, já me considerava um grande apaixonado pela prática de vôlei, chegando a ostentar o posto de capitão do time oficial do colégio – posição que expandiu expressivamente a minha capacidade de relacionamento interpessoal e, por conseguinte, a minha autoestima. O mais interessante desse processo é que, esse mesmo professor, simplesmente nos apresentou as regras e as técnicas de outras modalidades esportivas, sem jamais impor o que deveríamos ou não escolher praticar. Foi a partir dessa liberdade que cada um de nós foi capaz de se identificar com aquilo que mais gostava. Desse modo, os grupos passaram a se formar "espontaneamente", com base em nossas múltiplas afinidades.

Confesso ao leitor que escrever esse trecho foi um processo um tanto *doloroso*, pois, ao escolher palavras que pudessem resgatar as minhas vivências do passado, retornei a momentos de *vulnerabilidade* e *exclusão social*, promovidos pela escola e pela figura de um professor que, frequentemente, me obrigavam a *ser* quem eu não gostaria de *ter sido*. Quando passamos por essas situações, é comum que se forme uma espécie de "fissura" em nossa existência que, para aqueles que *nunca vivenciaram* tais experiências, parece pertencer a uma realidade distante, quase *intocável* – inimaginável, por vezes.

Posto isso, ressalto que ainda falta esse senso de *empatia* no campo escolar – espaço onde as cicatrizes *dos outros*, provenientes de *desastres* que nunca cogitamos passar, são banalizadas. Ou seja: para muitas pessoas, parece inconcebível que alguém *no país do futebol* possa detestar esse esporte. Em compensação, para a criança que sofre, tentando se adaptar às demandas de uma atividade para a qual ela nunca levará jeito, essa pode ser uma experiência abusivamente humilhante e traumática, pois o sentimento de solidão que resulta da *não aceitação da diferença* é um gatilho que nos faz pensar que o *problema* reside, exclusivamente, em uma *incapacidade nossa* – quando, na verdade, ele se dá pela falta de opções, pela ausência de alguém que está disposto a despertar o que há de mais precioso em nós, e que, no fundo, é da ordem da *singularidade*.

Acredito que é importante, aqui, retomarmos alguns pontos da Constituição Federal (CF), inserida em nossa sociedade, como um marco histórico, em 5 de outubro de 1988 – constituída para celebrar *o fim da Ditadura Militar* e *o início* de um *período democrático* no país. Vejamos o que diz o Art. 227°:

> É dever *da família, da sociedade e do* Estado assegurar *à criança, ao adolescente e ao jovem, com* absoluta prioridade, *o direito à vida, à saúde, à alimentação, à educação, ao lazer, à profissionalização, à cultura,* à dignidade, ao respeito, à liberdade *e à convivência familiar e comunitária, além de* colocá-los a salvo *de toda forma de* negligência, discriminação, exploração, violência, crueldade e opressão.

Como vimos, Winnicott pensa a relação indivíduo-ambiente como permeada de *continuidade* e não de ruptura, assim, o desenvolvimento humano tem um sentido que se dá a partir da inserção do indivíduo no ambiente (família, escola, sociedade, cultura etc.), mas sem implicar a sua *determinação* pelo meio externo (de fora para dentro). Logo, a emergência da singularidade está relacionada ao *equilíbrio* com a externalidade: o ambiente deve contribuir para constituir a alteridade, sem que haja a submissão do sujeito a qualquer tipo de determinismo. Eis o que a escola, a meu ver, precisa considerar nas suas práticas pedagógicas!

Assim, as instituições de ensino estariam alinhadas à noção de continuidade de ser proposta por Winnicott, que tem como correlato, a possibilidade da existência de uma *tendência inata à integração*; o impulso em direção ao *ser* e a *continuar sendo*. Para tanto, é necessário que o ambiente humano, para além da família (e aqui se inclui o ambiente acadêmico), ofereça as condições adequadas para que isso ocorra.

Quando o ambiente falha, no período inicial, o que ocorre não é exatamente uma frustração, mas uma aniquilação. Nessas situações, o ambiente é vivido como invasor ou ausente: "em vez de sustentar o bebê para que ele possa agir a partir de si, *ele age sobre o bebê*, provocando uma reação; ao reagir, porém, o bebê não está sendo a partir de si mesmo, e sim em reação às ações ambientais" (Fulgencio, 2020, p. 65, grifos meus).

Por mais que as ideias acima se apliquem ao período inicial do desenvolvimento, penso que elas podem ser perfeitamente lançadas ao longo de toda a nossa existência. Principalmente quando somos obrigados a permanecer em contextos inóspitos que, direta ou indiretamente, interrompem a nossa continuidade de ser. Esses eventos produzem marcas profundas em nosso psiquismo, que persistem ressoando por muito anos – em alguns casos até o fim da vida.

Para finalizar, gostaria de dizer que a sociedade contemporânea, de modo geral, ancorada nos valores de um capitalismo voraz, cobra níveis de produtividade cada vez mais impossíveis de atingir. O bom se tornou mediano, e o ótimo se tornou bom. Trata-se de uma régua que beira o infinito e desnuda o fracasso dos indivíduos. Nesse contexto, temos apenas duas saídas: ou desistimos dessas cobranças e arcamos com os devidos efeitos de uma vida mais *leve*; ou anulamos a nossa espontaneidade em virtude de um imperativo soberano que nos lança cada vez mais ao abismo da produção – gerando *coisas* e aniquilando o *ser*. Nesse último caso, é imprescindível a estruturação de um falso *self* patológico para *dar conta* de determinações inegociáveis – estrutura essa que levará alguns anos de análise para se *desfazer*, ou que apenas poderia ter sido *evitada*, caso compreendêssemos o legado winnicottiano:

> Para ser criativa, uma pessoa tem que existir, e ter um sentimento de existência, não na forma de uma percepção consciente, e sim como uma posição básica a partir da qual operar. Em consequência, a criatividade é o fazer

> *que, gerado com base no ser, indica que aquele que é, está vivo. Pode ser que o impulso esteja em repouso; contudo, quando a palavra "fazer" pode ser usada com propriedade, já existe criatividade. É possível demonstrar que, em certas pessoas e em determinadas épocas, as atividades que indicam que uma pessoa está viva não passam de estímulos. Retire os estímulos e o indivíduo não tem vida. (Winnicott, 1966/2021c, p. 43, grifos do autor)*

Devo admitir aos leitores que iria encerrar este capítulo com essa citação. No entanto, após receber a devolutiva de uma querida amiga psicanalista e educadora, que se dispôs a ler cuidadosamente o que escrevi nessas páginas, seria bastante insensato da minha parte não compartilhar com o público suas palavras tão sinceras – que, por sinal, me tocaram intensamente.

Cito-a: "Este seu capítulo me fez viajar e lembrar de episódios absurdos que vivi com meus colegas da primeira à quarta série do Ensino Fundamental. Colegas que foram *murchando* diante de tanto autoritarismo, que perderam o brilho, e que até hoje me perguntam como me mantive sendo *a mesma pessoa desde 'lá de trás'*. Não tenho resposta para isso. Mas o meu encontro com a psicanálise como analisanda ou como estudante em constante formação tem me ajudado muito a começar esse entendimento".

Em seguida, ela me mostrou algumas fotos dos momentos mais felizes da sua infância, relembrando o quanto foi capaz de se manter *viva* e *real* graças ao apoio que recebia em casa e de outros professores que cruzaram o seu caminho. Apesar das intrusões ambientais que insistiam em moldar o seu ser, minha amiga pôde conduzir a vida como agente de sua própria existência.

Talvez esteja aí a *centelha de esperança* que poderá se acender em nosso campo, a partir desse diálogo complexo, porém promissor, entre a psicanálise e a educação. Talvez tudo isso represente apenas uma ilusão, como gostam de dizer alguns acadêmicos que vivem imersos nas águas rasas da objetividade. Talvez possa ser um pouco de cada coisa.

Mesmo assim, não custa tentar.

Referências

Alves, R. (2010). *Pinóquio às avessas*. Ilustrações de Maurício de Sousa. Versus.

Constituição da República Federativa do Brasil de 1988. (1988). Brasília.

Ferenczi, S. (1990). *Diário clínico*. Martins Fontes. (Trabalho originalmente publicado em 1932)

Freller, C. C. (2001). *Histórias de indisciplina escolar: o trabalho de um psicólogo numa perspectiva winnicottiana*. Casa do Psicólogo.

Freud, S. (2010). Introdução ao narcisismo. In S. Freud, *Obras completas* (vol. 12). Companhia das Letras. (Trabalho originalmente publicado em 1914)

Freud, S. (2017). Sobre psicanálise "selvagem". In S. Freud, *Obras incompletas de Sigmund Freud* (vol. 6). Autêntica. (Trabalho originalmente publicado em 1910)

Freud, S. (2019). O Infamiliar [Das Unheimliche]. In S. Freud, *Obras incompletas de Sigmund Freud* (vol. 8). Autêntica. (Trabalho originalmente publicado em 1919)

Fulgencio, L. (2020). *A psicanálise do ser: a teoria winnicottiana do desenvolvimento emocional como uma psicologia de base fenomenológica*. Edusp.

Kaur, R. (2020). *Meu corpo minha casa*. Planeta.

Naffah Neto, A. (2017). *Veredas psicanalíticas – à sombra de Winnicott*. Novas Edições Acadêmicas.

Naffah Neto, A. (2019). Em primeira pessoa. *Natureza Humana, 21*(2), 211-219. https://doi.org/10.17648/2175-2834-v21n2-396.

Perrone-Moisés, L. (1983). *Roland Barthes*. Brasiliense.

Pessoa, F. (2014). *Cancioneiro*. Textos para Reflexão. (E-book)

Safra, G. (2001). [Quarta capa]. In C. C. Freller, *Histórias de indisciplina escolar: o trabalho de um psicólogo numa perspectiva winnicottiana*. Casa do Psicólogo.

Winnicott, D. W. (1983a). Comunicação e falta de comunicação levando ao estudo de certos opostos. In D. W. Winnicott, *O ambiente e os processos de maturação: estudos sobre a teoria do desenvolvimento emocional*. Artmed. (Trabalho originalmente publicado em 1963)

Winnicott, D. W. (1983b). Distorção do ego em termos de falso e verdadeiro *self*. In D. W. Winnicott, *O ambiente e os processos de maturação: estudos sobre a teoria do desenvolvimento emocional*. Artmed. (Trabalho originalmente publicado em 1960)

Winnicott, D. W. (1990). *Natureza humana*. Imago. (Trabalho publicado postumamente em 1988)

Winnicott, D. W. (2013a). El miedo al derrumbe. In D. W. Winnicott, *Exploraciones psicoanalíticas* (vol. 1). Paidós. (Trabalho originalmente publicado em 1963)

Winnicott, D. W. (2013b). El uso de un objeto y el relacionarse mediante identificaciones. In D. W. Winnicott, *Exploraciones psicoanalíticas* (vol. 1). Paidós. (Trabalho originalmente publicado em 1968)

Winnicott, D. W. (2017). *O gesto espontâneo*. Martins Fontes.

Winnicott, D. W. (2019). A localização da experiência cultural. In D. W. Winnicott, *O brincar e a realidade*. Ubu. (Trabalho originalmente publicado em 1971)

Winnicott, D. W. (2021a). O conceito de indivíduo saudável. In D. W. Winnicott, *Tudo começa em casa*. Ubu. (Trabalho originalmente publicado em 1967)

Winnicott, D. W. (2021b). A mente e sua relação com o psicossoma. In D. W. Winnicott, *Da pediatria à psicanálise*. Ubu. (Trabalho original de 1949, publicado em 1954)

Winnicott, D. W. (2021c). Vivendo criativamente. In D. W. Winnicott, *Tudo começa em casa*. Ubu. (Trabalho originalmente publicado em 1966)

4. O estágio da concernência e o complexo de Édipo: reflexões para a educação[1]

4.1 O estágio da concernência: a etimologia do conceito

sim
é possível
odiar e amar alguém
ao mesmo tempo
é o que faço comigo mesma
todo dia

Kaur, 2018, n.p.

---

[1] Este capítulo é derivado de um artigo científico, escrito em coautoria com meu orientador: "O estágio da concernência e a elaboração do complexo de Édipo: revisitando Winnicott e o caso Piggle", publicado em 2022, na "Psicologia Revista da PUC-SP". Contudo, essa versão passou por uma ampla revisão e modificação, tendo em vista o desenvolvimento das minhas ideias como pesquisador, diferenciando-se quase por completo do trabalho anterior.

O estágio da concernência é uma das etapas cruciais para o desenvolvimento maturacional humano na perspectiva de Winnicott. Antes de iniciarmos a nossa apresentação, é importante destacar que não concordamos com a tradução do termo *concern* por "preocupação", realizada por alguns tradutores e editores, pois o verbo "preocupar" implica em sua etimologia o prefixo "pré", que está relacionado ao significado de "anterior", ou seja: ocupar-se com algo, num tempo *anterior* à sua ocorrência.

Nesse sentido etimológico, alguém pode *pré-ocupar-se*[2] com a sua aprovação, ou não, num exame escolar; ou uma vaga de emprego que ocorrerá no futuro; etc. – algo presente que *antecede* o que ainda está por vir. E esse *ocupar-se fora do tempo próprio*, conforme veremos, não tem *nada a ver* com o que ocorre nesse estágio, descrito por Winnicott. Alguns brasileiros estudiosos de Winnicott, como Elsa Oliveira Dias (2003), optaram pelo neologismo "concernimento" para garantir uma maior fidelidade à ideia do autor. No entanto, a palavra em português que corresponderia mais adequadamente ao vocábulo em inglês seria "concernência". Sendo assim, durante o nosso texto, manteremos o termo "estágio da concernência"[3] – em conformidade com a língua portuguesa.

Ao nos debruçarmos sobre os trabalhos de Winnicott, acredito que o estágio da concernência seja um período fundamental ao desenvolvimento da capacidade do indivíduo para sustentar os seus sentimentos de ambivalência. Trata-se de uma conquista preciosa e indispensável à entrada no complexo de Édipo, período no qual esses conflitos ambivalentes serão vividos através da relação triangular. Ademais, Winnicott destaca que é também no estágio

---

2 A palavra foi dividida para salientar o seu sentido semântico.
3 A editora Ubu, no seu excelente e rigoroso trabalho de tradução, tem optado pelo termo "consideração" – que evidentemente é mais adequado do que "preocupação".

da concernência que surgirá a aptidão para perceber a mãe como um semelhante e um sentimento de culpa; quando infante tem a "fantasia" de destruir o corpo dela, já numa fase de sadismo oral, durante as mamadas[4]. Nas palavras do autor:

> *Não devemos procurar o sentimento de culpa nos estágios iniciais do desenvolvimento emocional do indivíduo. O ego não é suficientemente forte e organizado para aceitar as responsabilidades pelos impulsos do id, e a dependência é quase absoluta. Se há um desenvolvimento satisfatório nos estágios iniciais, surge uma integração do ego que torna possível o início da capacidade de sentir--se concernido. Quando se estabelece a capacidade de concernência, o indivíduo começa a se situar na posição de experimentar o complexo de Édipo, e de tolerar a ambivalência que é inerente ao estágio posterior em que a criança, se madura, está envolvida em relacionamento triangulares entre pessoas humanas plenamente desenvolvidas. (Winnicott, 1958/1983a, p. 28)[5]*

Portanto, de acordo com Winnicott, caso o estágio da concernência não seja devidamente atravessado pela criança, ela enfrentará

---

[4] Nessa etapa, a discriminação entre fantasia e realidade ainda é insipiente, muito embora ela já exista em algum nível, já que num estágio anterior – denominado por Winnicott como *fase do uso do objeto* (Winnicott, 1968/1994b) – a criança já conseguiu distinguir um dentro e um fora; criando um mundo interno e um mundo externo e distinguindo – ainda que, de maneira incipiente – fantasia e realidade.

[5] Os autores realizaram, aqui, uma correção da tradução brasileira, substituindo "se preocupar" por "sentir-se concernido" e "capacidade de preocupação" por "capacidade de concernência". Essas correções serão realizadas ao longo do texto do presente artigo, sempre que necessárias.

algumas complicações da ausência dessa experiência durante o período edípico. Lembramos, porém, que o autor britânico não concorda com o pensamento de Melanie Klein[6] a respeito de um Édipo precoce/arcaico, que se dá com *objetos parciais*, quando o ego ainda não está devidamente integrado. Para Winnicott, o Édipo só pode ser vivenciado quando o infante já reconhece a si próprio e os objetos externos como *pessoas totais*. Só haverá uma relação triangular se a criança foi capaz, anteriormente, de conquistar um estado de integração – e, aqui, o nosso autor se aproxima mais do pensamento de Freud do que da teoria kleiniana.

Além disso, a ambivalência presente no estágio da concernência está na base para o relacionamento com a *alteridade*, inaugurando uma espécie de ética do cuidado e da própria empatia. Nessa perspectiva, a ética humana será fruto do surgimento do cuidado para com o outro[7]. Para Winnicott, ela não é o resultado de uma experiência impessoal, mas é uma construção advinda da relação mãe-bebê, independente de imposições e regras externas. Explico melhor: ela se constitui em um terreno não-edípico, não estando referida à lei ou à interdição do incesto[8]. Essas fundações éticas não serão definidas

---

6 Ver o texto "Estágios iniciais do conflito edipiano" publicado por Melanie Klein, originalmente, em 1928.
7 Winnicott, na verdade, não usa o termo "ética", mas fala numa "moral pessoal inata", alegando que o bebê possui uma disposição moral inata, potencialmente realizável, se tiver sustentação ambiental. Entretanto, pensamos que, como forma de precisarmos e nuançarmos o seu pensamento, seria interessante distinguir, aqui, *ética* e *moral*. Nesse sentido, entenderíamos a ética no sentido etimológico do grego *ethos* – que significa "morada", "abrigo protetor" (https://pt.wikipedia.org/wiki/Ethos), – como a constituição do "outro", do *socius* latino, como *morada humana*, em que o homem é um ser social e o *ser-com* define o *ser-no-mundo* (de acordo com Heiddeger). Isso aconteceria no estágio da concernência. Já a *moral* designaria o conjunto de valores e regras socioculturais, cuja aquisição pela criança seria posterior a esse estágio.
8 É verdade que essa ética, inicialmente construída – que é, justamente, a capacidade de considerar o outro como um semelhante e de se sentir responsável por

por exigências de *adequação*, mas por circunstâncias de um cuidado oriundo das relações iniciais em permitir, à criança, *ser ela mesma*, de tal modo que também ela adquira a capacidade de deixar o outro *ser ele próprio*, em sua potência original e criativa.

Trata-se, pois, de um desenvolvimento psíquico livre de quaisquer intrusões, baseado no respeito ao tempo e ao espaço da criança e, por conseguinte, à sua real essência e singularidade. Nesse aspecto, cito Winnicott na íntegra:

> *O estudo do sentimento de culpa implica para o analista o estudo do crescimento emocional do indivíduo. Geralmente considera-se o sentimento de culpa como algo que resulta do ensinamento religioso ou moral. Aqui tentarei estudar o sentimento de culpa,* não como algo a ser inculcado, mas como um aspecto do desenvolvimento do indivíduo. *Influências culturais por certo são importantes, vitalmente importantes; mas essas influências podem por si só ser estudadas como a superposição de inúmeros padrões pessoais. Dito de outro modo, a chave*

---

ele – será posteriormente, acrescida por *regras morais,* advindas da constituição de um *superego,* a partir da elaboração do complexo de Édipo e da introjeção das figuras parentais. Aí, sim, certas leis da cultura – como a interdição do incesto – e outras tantas mais, características da sociedade e da família em questão, serão introjetadas. Mas, Winnicott pensa que a constituição saudável do superego é aquela tardia, que advém da introjeção das figuras parentais, na elaboração do complexo de Édipo, quando a criança já tem *relações de objeto totais.* Esse tipo de superego é, pois, um *superego pessoal,* ou seja, formado por *pessoas* introjetadas, com as quais, segundo ele, é possível discutir, argumentar, brigar, desafiar etc. (em sonhos, fantasias etc.) Quando, entretanto, há a formação de um superego *precoce,* formado por inculcações morais externas, numa época em que a criança ainda mantém *relações de objeto parciais,* ele será um *superego impessoal,* formado por forças anônimas, um superego muito mais severo e de difícil enfrentamento (ver Winnicott,1960/1994a).

para a psicologia social e de grupo é a psicologia do indivíduo. (Winnicott, 1958/1983a, p. 19, grifos meus)

O pensamento de Winnicott é bem claro. Para ele, o bebê não tem condições de suportar o peso da culpa e do medo resultante do reconhecimento pleno de que as ideias e os impulsos agressivos, contido no impulso amoroso primitivo, estão dirigidos, na verdade, à mesma pessoa que cuida dele e de quem continua a depender agora, mesmo que de modo relativo. Isso posto, a culpa não pode ser forçada no bebê de fora para dentro, mas sim constitui um processo que se dá de dentro para fora, através da apropriação desses impulsos, sustentada pela "sobrevivência da mãe".

Logo, a capacidade de elaboração do estágio da concernência tem uma longa duração. Além de preparar o indivíduo para os conflitos ambivalentes do período edípico, essa fase garante uma atitude necessária para o próprio atravessamento do Édipo, produzindo uma clareza da existência independente de um outro semelhante ao bebê – a figura materna –, capaz de desdobrar-se num terceiro elemento, o pai[9]. Vale lembrar que permitir que a criança seja ela própria durante o estágio da concernência não significa, de modo algum, deixá-la livre sem qualquer referencial educativo. Não é isso que Winnicott quis dizer. O elemento essencial, aqui, é a presença contínua da mãe, a sua sobrevivência, durante o período em que o bebê está *integrando* a agressividade que faz parte da sua natureza. Esse movimento deve ocorrer de forma natural, respeitando o gesto espontâneo do infante, sem qualquer ação intrusiva.

Para começar, apresento uma breve descrição do estágio da concernência, salientando as questões relativas à ambivalência

---

9 Segundo Winnicott, até a entrada no complexo de Édipo, a criança experimenta o pai como "um aspecto da mãe que é duro, severo, implacável, intransigente, indestrutível..." (Winnicott, 1966/1989, p. 104).

característica do Édipo propriamente dito. Em seguida, proponho a análise crítica de um célebre caso clínico winnicottiano: a menina Piggle (Gabrielle) – um atendimento que ocorreu sob demanda através de 16 encontros esporádicos, envolvendo o período dos dois aos cinco anos de idade da criança. Por fim, indico algumas contribuições dessa teoria ao campo da educação.

4.2 O estágio da concernência como uma conquista do amadurecimento

> *É o pano de fundo da destruição – na fantasia – que mantém o objeto real e, portanto, disponível para o uso. Mais no objeto deve estar presente para receber a comunicação. Se o objeto não se destruir e não retaliar, se sobreviver à plena expressão da destrutividade do sujeito, então, e apenas então, o sujeito pode conceber o objeto como além de seu poder e consequentemente como totalmente real. Há de haver uma colaboração entre o self e o outro; a realidade de um para com o outro é mutuamente constituída.*
>
> Phillips, 2006, p. 187, grifos meus

Para Winnicott, o meio facilitador é, a princípio, a *"mãe suficientemente boa"*. A expressão "suficientemente boa" refere-se à mãe capaz de reconhecer e atender à dependência do lactente, devido à sua identificação com ele – fator que lhe permitirá saber qual é a necessidade do bebê e, num dado momento, saber responder a ela. Porém, a mãe deve acreditar na pessoalidade e na *espontaneidade* da criança, ao mesmo tempo que sustenta sua própria originalidade, no sentido de deixar o processo ocorrer de forma natural. *Grosso modo*, a mãe não invade o tempo e o espaço do lactente, pois, ao ser ela mesma, permitirá que o bebê desenvolva o seu potencial criativo, sem substituir o seu *gesto espontâneo*.

A figura materna, então, apenas *facilita* um processo que *pertence ao bebê*, pois para Winnicott, todos nós nascemos com uma tendência à integração e serão os cuidados ambientais que irão promover esse processo. "Penso que, quando o bebê está pronto para o nascimento, a mãe – se amparada de forma adequada por seu companheiro, pelo Estado de bem-estar social ou por ambos – está preparada para essa experiência em que ela sabe extremamente bem quais as necessidades do bebê" (Winnicott, 1966/2020, p. 21).

Nesse período inicial, a mãe suficientemente boa realiza uma adaptação quase *absoluta* e, posteriormente, uma adaptação *relativa* às necessidades do bebê. Nesse âmbito, ele caracteriza claramente a especificidade dos estágios iniciais: o bebê não é ainda um indivíduo que tenha desejos, mas um ser imaturo em estado de dependência absoluta. "*Esses momentos dão ao bebê a oportunidade de ser*, e deles surge o próximo passo, que tem a ver com a ação, tanto aquela que é feita como a que é recebida" (Winnicott, 1966/2020, p. 21, grifos meus).

A adaptação do ambiente às necessidades do infante é *temporária*, mas enquanto permanece, implica um *envolvimento total* – o que Winnicott denominou de "preocupação materna primária". O bebê necessita de uma pessoa inteira, em outras palavras, um ser integrado que seja plenamente devotado a ele, nem que isso ocorra por um pequeno período, porém, com a constância de todos os dias. Esse ambiente deve ser *previsível* e ter uma condição emocional minimamente estável. Para isso, não é necessário que o cuidador tenha qualquer saber acadêmico, profissional ou especializado. Seu conhecimento deve ser natural e instintivo, aliado às próprias condições do cuidar. O que o orienta, nessa perspectiva, é a sua capacidade de *identificar-se* com o bebê. "Tudo isso é muito sutil, mas, ao se repetir de novo e de novo, contribui para o estabelecimento da capacidade do bebê de sentir-se real" (Winnicott, 1966/2020, p. 22).

Alguns críticos[10] da obra winnicottiana o responsabilizam por exigir muito das mães, ao propor a compreensão de uma maternidade romantizada. Esse pensamento não passa de uma postura leviana e simplista diante da genialidade do analista britânico. Quando ele menciona a necessidade de haver uma dedicação total da mãe ao bebê, no estágio de dependência absoluta do desenvolvimento maturacional, o autor quer nos dizer que, para uma criança ser um indivíduo saudável e integrado, ela precisa de um ambiente que a sustente (*holding*) e lhe apresente o mundo externo em *pequenas doses*. Em nenhum momento, Winnicott anuncia a ideia de uma mãe perfeita. Ele simplesmente destaca a naturalidade do papel materno como um aspecto primordial à integração do ego infantil. Vejamos:

> . . . *Pode-se dizer que o apoio do ego por parte da mãe facilita a organização do ego do bebê. Com o passar do tempo, o bebê começa a afirmar a própria individualidade e chega até mesmo a ter um senso de identidade. O processo todo parece muito simples quando caminha bem, e a base para tudo isso está nesse relacionamento inicial quando a mãe e o bebê são um.* Não há nada de místico nisso. *A mãe tem um tipo de identificação com o bebê, um tipo muito sofisticado, que faz com que ela se sinta intensamente identificada com o bebê, embora, claro, não deixe de ser adulta. . . . Em outras palavras,*

---

10 Podemos citar aqui, principalmente, os que se aferrenham à linhagem kleiniana, baseada na concepção de destrutividade (instinto de morte) inata e acabam desprezando a importância do ambiente para o desenvolvimento psíquico – o que a própria Melanie Klein, diga-se de passagem, não o fez. Basta um pouco de leitura da sua obra, com certa profundidade, para tal constatação.

> *eis o que muita gente chama de identificação primária.* É
> o início de tudo e dá sentido a palavras muito simples,
> como ser. *(Winnicott, 1966/2020, p. 26, grifos meus)*

Possibilitar ao indivíduo a capacidade de integração não exige nada além do que uma boa mãe pode oferecer. Não podemos confundir essa devoção inicial com uma postura idealizada, mesmo porque, Winnicott se revela como um autor da natureza humana. Em vista disso, o que ele menos defende é a existência de uma perfeição que será jamais alcançada. Ser devotada é permitir que o bebê possa expressar os seus anseios, a sua agressividade, as suas angústias e o seu potencial criativo – características que residem na originalidade do ser. Após esse processo inicial, o lactente irá, aos poucos, se formando como uma pessoa inteira, capaz de assumir seus instintos e se responsabilizar por eles.

O amadurecimento resultante desse período inicial será imprescindível para que o bebê atinja o estágio da concernência. No texto "A posição depressiva no desenvolvimento emocional normal", apresentado numa conferência em 1954 e, publicado no ano seguinte, Winnicott irá descrever suas formulações pessoais do conceito de *posição depressiva* de Melanie Klein (1935/1996), enfatizando o seu aparecimento como uma conquista. Porém, logo nas primeiras páginas o autor registra as marcas originais do seu pensamento: "O termo 'posição depressiva' é pouco adequado para designar um processo normal, mas ninguém foi capaz de achar um melhor. A minha sugestão era de que o chamássemos de 'o estádio da concernência [*concern*]'" (Winnicott, 1955/1988, p. 40, colchetes meus). A preocupação do autor era que a palavra "depressiva" indicasse um adoecimento psicopatológico, o que seria totalmente contraditório às suas ideias e às da própria Melanie Klein. À guisa de maior compreensão, citamos a autora, em dos seus textos mais tardios:

> *O progresso de integração, que, como sugeri em uma seção anterior, depende do predomínio temporário dos impulsos de amor sobre os impulsos destrutivos, conduz a estados transitórios nos quais o ego sintetiza sentimentos de amor e impulsos destrutivos em relação a um objeto (em primeiro lugar o seio da mãe). Esse processo de síntese dá início a outros importantes passos no desenvolvimento (que podem ocorrer simultaneamente): surgem as emoções dolorosas da ansiedade depressiva e da culpa; a agressão é mitigada pela libido; em consequência a ansiedade persecutória é diminuída;... o ego, portanto, se esforça por fazer reparação e, também, inibe os impulsos agressivos sentidos como perigosos para o objeto amado.* Com a crescente integração do ego, as vivências de ansiedade depressiva aumentam em frequência de duração. *(Klein, 1952/1996, p. 94, grifos meus)*

A primeira coisa que nos chama a atenção na passagem de Melanie Klein é que, por mais que para ela a posição depressiva também seja um progresso no desenvolvimento psíquico, as circunstâncias para o indivíduo alcançar essa conquista, estão relacionadas muito mais a fatores internos do que externos. Isso fica bem evidente quando ela menciona que a posição depressiva "depende do predomínio temporário dos impulsos de amor sobre os impulsos destrutivos" (Klein, 1952/1996, p. 94). Dessa forma, Winnicott se afasta significativamente do pensamento da autora, pois, para ele a questão ambiental é primordial ao amadurecimento. Cito o autor:

> *Para que a posição depressiva seja alcançada, é necessário que os estádios anteriores tenham sido ultrapassados com sucesso na vida real ou na análise, ou em ambas.*

> *Para que um bebê alcance a posição depressiva é necessário que ele tenha se estabelecido como uma pessoa total e se relacione como uma pessoa total com pessoas totais. (Winnicott, 1955/1988, p. 439, grifos meus)*

Trata-se, pois, de uma etapa em que o bebê se dá conta de que o objeto sobre o qual ele projeta os seus impulsos destrutivos é o mesmo objeto que cuida e zela por ele[11]. Essa descoberta resulta em níveis de *arrependimento* e um senso de *responsabilidade* (por si e, principalmente pelo outro). Nesse âmbito, "para que uma criança possa assumir a responsabilidade para com a sua impulsividade instintual, é preciso, antes, que ela seja um eu, capaz de sentir-se concernido e preocupado com as consequências da instintualidade" (Dias, 2003, p. 102). Caso isso não aconteça, o bebê não alcança a capacidade para sentir culpa, de forma legítima e natural. Consecutivamente, o desenvolvimento da alteridade também fica comprometido. Esse processo, contudo, se dá, para Winnicott, através da *resistência do ambiente* ao suportar os impulsos destrutivos da criança:

> *Partamos do princípio de que o bebê experimentou uma descarga instintual. A mãe está sustentando a situação, o dia prossegue e o bebê compreende que a mãe "tranquila" tomou parte de toda experiência instintual e sobreviveu.*

---

11 Antes disso, devido à sua imaturidade, que não lhe permite a capacidade de temporalizar os acontecimentos, o bebê experimenta o mundo como momentos estanques e não associa os dois 'tipos' de mãe: 1) a mãe ambiente, aquela que o limpa, acalenta, faz dormir etc., dos períodos relaxados, ou seja, aquela que cuida e zela por ele; 2) a mãe objeto, que equivale ao seio das mamadas, dos períodos excitados, que ele "devora" e "destrói" com a sua instintualidade. De forma análoga, também não associa esses dois períodos tão diferentes: os excitados e os relaxados, pela mesma razão. Por esse motivo, Winnicott chama esse bebê de não-integrado e de incompadecido.

> *Isto se repete dia após dia e, eventualmente, resulta no despontar, dentro do bebê, do reconhecimento da diferença entre o que é chamado fato e fantasia, ou realidade externa e interna. (Winnicott, 1955/1988, p. 445)*[12]

De indiferente aos seus próprios impulsos instintuais, o bebê passa a sentir-se concernido pelos instintos que o dominam nos momentos de excitação. Aqui, vale outra observação a respeito dessa impulsividade: Winnicott *não utiliza* nem considera o conceito de instinto de morte criado por Freud (1920) e amplamente trabalhado por Melanie Klein – desde os seus artigos mais primários.

Para o pediatra inglês, esses impulsos instintivos fazem parte da manifestação motora da própria vida e, por conseguinte, não significam, necessariamente, que eles tenham a essência puramente destrutiva, mas é fato, sim, que englobam a agressividade e a destrutividade, já que elas são essenciais à vida e, consequentemente, à produção de qualquer objeto cultural[13]. Em outras palavras: suportar esses impulsos, significa suportar as manifestações vitais do bebê que se manifestam através do choro, da agitação ou da inquietude – conforme o ditado popular: "o bebê testa a paciência da mãe". Caminhemos com Winnicott:

---

[12] Nesta citação, corrigi a tradução do termo "*instinctual*", que aparece duas vezes no original inglês e que havia sido traduzido por "pulsional" na tradução brasileira, pelo termo "instintual". Isso porque o termo *pulsão* é totalmente inexistente no vocabulário winnicottiano, fazendo parte da tradição francesa, a partir da proposta de Lacan de distinguir os dois conceitos usados por Freud: *Trieb* e *Instinkt,* traduzindo o primeiro por "pulsão" e o segundo por "instinto". Mas, Winnicott nunca se guiou pelas duas teorias pulsionais de Freud, nem a primeira, nem a segunda; falava sempre em *instintos,* no plural, e sem *qualquer* qualificação.

[13] *Como todos sabemos, é impossível pintar um quadro sem destruir os tubos de tinta e uma tela em branco* – conforme a expressão do meu querido orientador o prof. dr. Alfredo Naffah Neto (parafraseando Winnicott).

> *É proveitoso pressupor a existência, para o bebê imaturo, de duas mães – deveria eu chamá-las de mãe-objeto e mãe-ambiente? Não desejo de forma alguma inventar nomes que persistam e acabem desenvolvendo uma rigidez e uma qualidade obstrutiva, mas convém empregar as expressões "mãe-objeto" e "mãe-ambiente" nesse contexto para descrever a tremenda diferença que existe para o bebê entre dois aspectos do cuidado materno: a mãe como objeto, ou possuidora do objeto parcial que pode satisfazer as necessidades urgentes do bebê, e a mãe como a pessoa que evita o imprevisto e que ativamente provê o cuidado, por meio do manuseio e do manejo em geral. O que o bebê faz no ápice da tensão do id e o uso que assim faz do objeto me parece muito diferente do uso que faz da mãe como parte do ambiente total. (Winnicott, 1963/2022, p. 94)[14]*

Desse modo, o bebê que alcança o *status* unitário torna-se consciente de que as duas mães pertencentes à essa dualidade – estados tranquilos e excitados – de experiência dissociadas são, na verdade, uma só. Diferenciando-se de Melanie Klein (1946), que postula uma dissociação necessária, operada pelo bebê entre uma mãe boa e outra má, o autor britânico irá referir-se a essas duas mães como a "mãe dos períodos de excitação" e a "mãe dos períodos de tranquilidade". Em 1963, essas duas mães passam a ser denominadas de "mãe-objeto" e de "mãe-ambiente", respectivamente. Como falado anteriormente, uma das conquistas mais importantes que ocorrem no estágio da concernência consiste em que a criança passa a perceber que a mãe é

---

[14] Utilizei, nesta citação, a versão do texto "O desenvolvimento da capacidade para a consideração" (Winnicott, 1963), publicada pela editora Ubu, no livro "Processos de amadurecimento e ambiente facilitador" (2022), por se tratar de uma linguagem mais fluida e coerente.

única e uma pessoa inteira. Isto é: que essa mãe que presta cuidados à criança, acolhendo-a nos seus estados tranquilos, é a mesma que vinha sendo vivamente atacada durante seus estados excitados.

Durante esse período em que o indivíduo está integrando, numa só pessoa, a mãe-ambiente e a mãe-objeto, "a mãe real precisa continuar a desdobrar-se em duas, executando cada qual a sua parte da tarefa de cuidar do bebê" (Dias, 2003, p. 259). Logo,

> *A mãe-objeto tem de demonstrar que sobrevive aos episódios dirigidos pelo instinto, que agora adquiriram a potência máxima de sadismo de fantasias de sadismo oral e outros resultados da fusão.* Além disso, *a mãe-ambiente tem uma função especial, que é a de* continuar a ser ela mesma, *a ser empática com o lactente, a de estar lá para receber o gesto espontâneo e se alegrar com isso.* (Winnicott, 1963/1983b, p. 73)

A tarefa de unificar a instintualidade, com toda a agressividade que lhe é inerente, requer tempo e um ambiente pessoal contínuo. Na ausência desses cuidados essenciais, o bebê humano não terá condições de suportar o peso da culpa ou esse sentimento sequer irá aparecer, pois, sem a integração dessa mãe, o bebê também não poderá se responsabilizar pelos impulsos dirigidos a ela. A tendência da criança que começa a perceber que a agressividade faz parte de sua natureza é projetar essa agressividade para fora, para o meio externo que, por sua vez, ficará povoado de *ameaças*. Nesse sentido, o ambiente será percebido como persecutório e altamente perigoso. Será a disponibilidade receptiva e protetora da mãe que irá neutralizar o caráter retaliatório desse medo.

A resolução dessa essencial dificuldade que consiste em aceitar que a destrutividade é pessoal e convive ao lado do amor e dos impulsos vitais, depende do desenvolvimento, na criança, da capacidade de fazer reparações a esses ataques, realizados em fantasia inconsciente. Isso só acontecerá, todavia, se a mãe resistir (sobreviver). Segundo Winnicott:

> *Quando a confiança neste ciclo benigno e na expectativa da oportunidade se estabelece, o sentimento de culpa relacionado com os impulsos do id sofre nova modificação; precisamos de um termo mais positivo, tal como "concernência". O lactente está agora se tornando capaz de ficar preocupado, de assumir responsabilidade por seus próprios impulsos e as funções que dele fazem parte. Isto provê um dos elementos construtivos fundamentais da brincadeira e do trabalho. (Winnicott, 1963/1983b, pp. 73-74)*

A questão central é que a criança precisa exercer a sua impulsividade, mas, simultâneo a isso, ela se depara com o medo de que os *estragos* realizados em sua mãe sejam irreversíveis. Quando a mãe fornece a oportunidade para que o *ciclo benigno se* repita inúmeras vezes, o bebê passa, gradualmente, a acreditar na possibilidade efetiva da reparação, como uma manifestação *construtiva*. Dadas as condições de suportar essa culpa que emerge naturalmente, o indivíduo se tornará livre para expressar o amor instintual. Essa, para Winnicott, é a única culpa verdadeira.

4.3 O sentimento de ambivalência e o conflito edipiano

Ao integrar a mãe-objeto com a mãe-ambiente, o bebê passa a conceber apenas a presença de *uma* mãe (única e *total*). O estágio da concernência aparece na vida do sujeito como uma experiência altamente sofisticada ao realizar a junção dessas "duas mães". A provisão ambiental continua a ser fundamentalmente importante, embora o lactente esteja começando a apresentar uma estabilidade interna que pode significar o início da sua capacidade para lidar com a *ambivalência*.

Antes de vivenciar o estágio da concernência, a existência de *duas mães* possibilitava ao bebê a *divisão* de seus impulsos destrutivos e amorosos que, eram dirigidos às duas figuras diferentes e apartadas (mãe-objeto e mãe-ambiente). A partir do momento em que a mãe é sentida como uma *pessoa inteira*, a criança perceberá que os mesmos impulsos de matrizes diferentes (hostis e complacentes) são dirigidos a um único objeto. Por esta ótica, as relações amadurecem concomitantemente à evolução do próprio psiquismo. Ou seja: *o bebê precisa se responsabilizar por seus impulsos destrutivos integrando-os aos seus impulsos amorosos*. Essa responsabilidade é o alicerce da alteridade e sustenta os pilares do autoconhecimento, pois, à medida que reconheço o outro em sua totalidade, passo a reconhecer, também, os meus sentimentos e a dosar a sua intensidade.

Portanto, o estágio da concernência é uma etapa indispensável para o surgimento da empatia e da preocupação com os semelhantes. Do ponto de vista de Winnicott, a formulação dessas hipóteses definidas, inicialmente, por Melanie Klein, possibilitou "à teoria psicanalítica começar a incluir a ideia de um valor no indivíduo" (Winnicott, 1958/1983a, p. 27). Por esse vértice, Winnicott nos dirá que o estágio da concernência é:

> ... *essencial no desenvolvimento da criança e que* não tem nada que ver com a educação moral, *exceto pelo fato de que se esse estágio for bem elaborado, a solução pessoal da própria criança para o problema da destruição do que*

> *é amado resulta na necessidade da criança de trabalhar ou adquirir habilidades. É aqui que o propiciar de oportunidades, incluindo o ensino de habilidades, satisfaz as necessidades da criança. Mas a necessidade é que é o fator essencial, e esta se origina do estabelecimento, dentro do self da criança, da capacidade de tolerar o sentimento de culpa suscitado por seus impulsos e ideias destrutivas, de tolerar se sentir responsável, de modo geral, por ideias destrutivas, por se ter tornado confiante em seus impulsos de reparação e oportunidades de contribuição.*
> (Winnicott, 1963/1983c, pp. 96-97, grifos meus)

Em uma passagem do filme "O Senhor dos Anéis", Gandalf, o mago da sabedoria, descreve a posição psíquica da criatura Gollum que possui uma personalidade arcaica e bastante primitiva: "Ele odeia e ama o anel, assim como odeia e ama a si mesmo". Podemos notar a dualidade existente nos pensamentos de Gollum: o odiar e amar simultâneos. Esse fenômeno revela a luta constante por sentimentos ambíguos, indefinidos, sem um real sentido. Sempre em um constante monólogo interior, conversando com uma voz que *não é a dele*, Gollum se conserva em contato com a energia maléfica do anel, pagando um alto preço por ser dominado por uma tirana força interna que o subjuga em relação a si próprio. Entretanto, ao integrar os seus sentimentos hostis aos bons, recordando-se de episódios do passado, o personagem encontra uma paz interior que lhe proporciona alívio e atitudes de reparação (mesmo que a curto prazo).

A analogia ao filme nos mostra o *estado perturbado* que vive um indivíduo que não atingiu o estágio da concernência. Não sentir culpa de maneira legítima e natural pode gerar uma dor profunda acompanhada pela incapacidade de enxergar os dois lados da mesma moeda – o que impossibilita a aparição da alteridade e da empatia.

Por essa via, é importante lembrar que durante o complexo de Édipo seremos atingidos novamente por uma *enxurrada* de sentimentos ambivalentes. Sendo assim, o indivíduo que traz consigo problemas oriundos de um estágio da concernência não vivenciado terá, de acordo com a tese winnicottiana, ainda mais dificuldades para lidar com esses conflitos edípicos. Aqui, retomo Freud:

> *No início, a criança não percebe conflito algum, obtém satisfação de todas essas tendências e não é perturbada pelas contradições entre elas. Mas, gradualmente, torna-se difícil demais para a criança conciliar suas tendências ativas em direção a essas mesmas pessoas, seja porque a intensidade dessas tendências aumentou, seja porque se instalou uma necessidade de unificação (síntese) de todas essas utilizações da libido. Torna-se particularmente difícil para a criança do sexo masculino unificar sua atividade em direção à mãe com sua passividade em direção ao pai. Se o menino quiser dar uma justa expressão de sua atividade direcionada à mãe, encontra o pai em seu caminho, pois na realidade é o pai quem possui a mãe, e não ele. Ele quer direcionar sua atividade agressiva ao pai para afastá-lo enquanto obstáculo para chegar à mãe, mas por outro lado também quer se submeter ao pai em todos os aspectos. Não pode possuir a mãe e, ao mesmo tempo, permanecer passivo em relação ao pai. A intenção de eliminar o pai é incompatível com a passividade em direção a ela. . . . a criança se encontra em um conflito, e isso é o complexo de Édipo. (Freud, 1931/2017, pp. 52-53)*

Partindo de uma questão libidinal e do posicionamento sexual psíquico – fatores que são os bastiões de sua obra –, Freud irá apresentar a ambivalência edípica como um dos principais conflitos a serem resolvidos pelo psiquismo humano, em comorbidade com as forças instituais (pulsionais). Explico: o menino que deseja eliminar o pai para ficar com a mãe, também lida com a culpa desse pensamento ao considerar o amor paterno. A mesma angústia ocorre com a menina frente ao amor da mãe, ou seja, o desejo libidinal direcionado ao pai será mitigado pelo amor maternal. Vivenciar a ambivalência, dentro do arcabouço freudiano, significa desenvolver a aptidão para assimilar os conflitos derivados do período edipiano, elaborando os sentimentos hostis, ao mesmo tempo que se sublima as pulsões incestuosas. Ser capaz de amar e odiar a mesma pessoa, significa, *grosso modo*, uma conquista no processo de amadurecimento – tanto para Freud, quanto para Winnicott.

Voltemos ao mestre vienense:

> *Os anseios libidinais pertencentes ao complexo de Édipo serão em parte dessexualizados e sublimados, o que provavelmente ocorre em cada transformação em identificação, e em parte inibidos quanto às metas e transformados em moções de ternura.* . . . Com ele se inicia o período de latência, que agora interrompe o desenvolvimento sexual da criança. (Freud, 1924/2019, p. 251, grifos meus)

"A criança, na vicissitude edípica, tem que renunciar às suas pulsões incestuosas e parricidas. Tem que renunciar, portanto, à onipotência do seu desejo e ao princípio do prazer, adequando-se ao princípio de realidade" (Pellegrino, 1983/2017, p. 32). A renúncia, para Freud, é entendida como uma conquista do Eu, que procede da compreensão do desejo, dos próprios instintos e, principalmente, do equilíbrio da ambivalência. A partir do reconhecimento de tais sentimentos, o indivíduo assume o seu lugar na *triangulação edípica*, reatualizando a responsabilidade por si e pelo outro, renunciando à onipotência infantil predominante no narcisismo primário – condição necessária para se tornar humano e saber conviver em sociedade.

4.4 O caso Piggle e as angústias de um Édipo antecipado

Gabrielle, uma garotinha de 2 anos e 5 meses de idade, apelidada de *Piggle*, foi analisada por Winnicott de maneira diferente dos moldes de um trabalho de análise clássica – com direito a 4 ou 5 sessões por semana – mas por uma espécie de atendimento psicanalítico de acordo com a demanda: os encontros aconteciam quando a própria menina solicitava, dentro, é claro, das possibilidades de Winnicott, uma vez que o tratamento ocorreu quando ele já estava com a sua saúde debilitada e a paciente residia em uma cidade distante de Londres – o que dificultava sua frequência ao consultório. Clare Winnicott (1977), no prefácio da edição inglesa do livro, destaca a participação efetiva dos pais de Gabrielle para a evolução de seu caso, tendo em vista que "seus pais eram profissionais que tinham conhecimento do campo da psicoterapêutica. A colaboração deles foi decisiva para o resultado do tratamento" (Winnicott, 1977, p. 10).

O atendimento de Piggle durou quase três anos, caminhando de janeiro de 1964 a outubro de 1966. Foram 16 consultas realizadas ao todo. Como mencionado, Gabrielle inicia o tratamento com dois anos de idade e finaliza com cinco. O primeiro contato de Winnicott com o histórico e o quadro sintomático da criança se deu por meio de duas cartas escritas pela mãe da menina. Naqueles escritos, ela solicitava que Winnicott atendesse à sua filha, pois a menina possuía uma série de preocupações (*worries*) que a mantinham despertada durante à noite. Antes de pontuar outros sintomas, a mãe de Gabrielle salienta que a filha sempre lhe pareceu uma pessoa bem formada (*very much a person*) e com grandes recursos interiores. Numa leitura winnicottiana, tratava-se de uma criança razoavelmente integrada que, supostamente, havia recebido seus devidos cuidados no estágio de dependência absoluta.

Nessas cartas iniciais, a mãe expõe que a situação começou a ficar difícil após o nascimento da irmãzinha de Gabrielle, quando ela ainda estava com vinte e um meses de idade. Os pais cogitaram esse fato ser "precoce demais para ela", o que acabou impulsionando uma profunda ansiedade neles, atingindo as emoções da própria menina. Segundo as palavras da mãe, a partir desse episódio, Piggle apresentou os seguintes sintomas: irritava-se e deprimia-se com muita facilidade; tornou-se inesperadamente consciente de si mesma (como pessoa inteira) e de seus relacionamentos, especialmente de sua identidade; desenvolveu uma série de angústias; tinha muito ciúmes da irmã; demonstrava certa hostilidade por sua mãe e mantinha-se mais reservada com o seu pai.

Além disso, Gabrielle desenvolveu uma fantasia que frequentemente manifestava-se mais à noite, em que uma "mamãe preta" puxava os seus seios, morava no interior de sua barriga e com quem podia se comunicar pelo telefone. O segundo elemento da fantasia que havia começado mais cedo, referia-se ao *bebê-car*. Todas as noites, a menina pedia, repetidas vezes: "Me fala do bebê-car, *tudo* sobre o bebê-car" (Winnicott, 1977, p. 22, grifos do autor). Piggle também passara a arranhar violentamente o seu rosto todas as noites. Em outra carta, a mãe escreve o seguinte relato para Winnicott:

> *As coisas não melhoraram nada, desde que escrevi para o senhor. Piggle, agora, quase nunca demonstra qualquer concentração em seus brinquedos e dificilmente admite ser ela mesma: ou é o bebê-car ou é, com mais frequência,*

a mamãe. "A Piga foi embora, foi para o bebê-car. A Piga é preta. As duas Pigas são ruins. Chora, mamãe, por causa do bebê-car!".

Contei-lhe que tinha escrito para o dr. Winnicott, "que entende de bebês-cars e mamães-pretas"; desde então ela parou com as suas súplicas noturnas: "Me fala do bebê-car". Duas vezes me pediu inesperadamente: "- Mamãe, me leva ao dr. Winnicott". (Winnicott, 1977, p. 23)[15]

Winnicott descreveu de forma minuciosa as dezesseis consultas feitas com Gabrielle em seu livro sobre o caso – muito embora a tradução brasileira seja deplorável. Não irei transcrever detalhadamente cada sessão, mas sim abordar, de modo geral, algumas passagens relevantes para a nossa discussão.

O pediatra e psicanalista britânico aponta que os problemas de Piggle tiveram início com a chegada de sua irmãzinha mais nova, fator que também havia despertado uma intensa ansiedade nos pais, já que eles se sentiam *incapazes* de garantir um contorno afetivo que pudesse sustentar as angústias manifestadas por Gabrielle. Para Winnicott, o nascimento da bebê *forçou* um desenvolvimento prematuro do ego de Piggle, considerando que o seu processo de integração ainda estava em desenvolvimento e, desse modo, parcialmente conquistado. A gravidez da mãe foi sentida como uma *falha ambiental*. O autor caminha para uma hipótese de um conflito edipiano iniciado antes do amadurecimento emocional de Gabrielle. Logo na primeira consulta, o autor compartilha uma intervenção que atribui sentido à minha hipótese:

---

[15] Fiz algumas alterações na tradução devido à péssima qualidade da única edição disponível, até o presente momento, em língua portuguesa.

... *Introduzi, então, de forma bastante óbvia, alguma coisa a respeito da mamãe preta: "Você alguma vez fica zangada com a mamãe?" Eu tinha associado a ideia da mamãe preta à sua rivalidade com a mãe, uma vez que ambas amavam o mesmo homem, o papai. Sua ligação profunda com o pai era bem evidente, por isso eu me sentia bastante seguro ao fazer essa interpretação. Num certo nível, isso deve estar certo. (Winnicott, 1977, p. 27)*

Essas e outras passagens demonstram que Gabrielle estava na fase da conquista do estágio da concernência – período em que a ambivalência está em ascensão. Entretanto, havia uma dificuldade de Piggle direcionar o seu ódio para a sua mãe que, por sua vez, estava bastante fragilizada pela gravidez da segunda filha. A jovem mulher chegou a relatar que esse período de sua vida tinha despertado a lembrança do nascimento de seu irmão, quando ela possuía a mesma idade de Gabrielle – esse episódio lhe afetou negativamente. Assim, podemos presumir, que as angústias de Piggle *reativaram* as ansiedades adormecidas da própria mãe.

Essa condição de vulnerabilidade materna dificultou o processo de amadurecimento de Gabrielle, pois ela necessitava da *sobrevivência* da mãe para, então, poder expressar seus sentimentos ambivalentes e hostis. O pai, igualmente, parecia estar bastante inseguro com a condição da filha e da esposa. Em uma carta para Winnicott, ele escreve:

... O que houve foi que nos sentimos muito envolvidos e culpados pelo fato de termos arranjado outro filho tão cedo, e a sua súplica noturna na despedida – "Fala-me do bebê-car" – levou-nos a dizer alguma coisa significativa. Jamais lhe falamos sobre a primeira infância de Piggle; ela foi excepcionalmente bem-comportada e segura de

> *si mesma, dando a impressão de alguém que dominasse o seu mundo interior. Empregamos todos os esforços, e nisso parece que tivemos sucesso, para protegê-la contra influências que pudessem tornar o seu mundo por demais complicado. Quando Susan nasceu, Gabrielle pareceu-nos ter sido, de algum modo, afastada de sua natureza e isolada de sua fonte de sustento. Tivemos um pesar enorme ao vê-la tão diminuída e reduzida, e ela pode perfeitamente ter percebido isso. Houve também um período de tensão entre nós [os pais]. (Winnicott, 1977, pp. 32-33, grifos meus)*

Poder lidar com o amor e o ódio não é uma tarefa fácil para as crianças, porém, é uma condição particular para a integração da agressividade pessoal. Os problemas de Gabrielle se iniciaram nesse momento, quando ela ainda estava em processo de integração, entrando no estágio da concernência. A experiência vivida entre ela, os pais e a irmã, estava além da sua capacidade de elaboração psíquica, pois despertou as eventualidades do conflito edipiano antes mesmo que a menina pudesse passar pelos percalços da concernência – trata-se, portanto, de uma realidade objetiva colocada de *fora para dentro* que ativou os mecanismos de defesa da pequena paciente.

Para Winnicott, se uma criança pode expressar sua agressividade, ela tende a aceitar a sua responsabilidade pessoal, que resultará no fortalecimento do ego e, por conseguinte, na capacidade de reparação e restituição. Contudo, a mãe e o pai de Gabrielle pareciam ter dificuldades em enfrentar, nesses termos descritos, o ódio manifestado pela filha. Essa falha, mesmo que não intencional, levou Piggle a criar as fantasias que originaram as figuras da *mamãe preta* e do *bebê-car*, responsáveis por retaliar, na mesma proporção, a destrutividade dirigida a eles – causando um enorme sofrimento na criança.

Por fim, Winnicott deduz que a 'mamãe preta' era um "vestígio de uma noção subjetiva, preconcebida, sobre a mãe" (1977, p. 30). Em suas observações teóricas após o primeiro encontro, o autor escreveu que Gabrielle foi forçada a um desenvolvimento prematuro do ego e que ela não estava preparada para assimilar a ambivalência (Winnicott, 1977). Na sétima consulta, Winnicott e Piggle estavam brincando com um trenzinho e o analista fez um movimento com o trem que irritou a paciente. Segundo ele, a menina quase lhe atirou um trator que estava engatado no trem. Diante disso, o autor comentou: "ato agressivo, pondo seus impulsos para fora e para dentro de mim" (1977, p. 87). No trecho, é possível observar que Gabrielle lançou o brinquedo *impiedosamente*. O analista, por outro lado, não interpretou o gesto dela e deu *continuidade* ao brincar. Winnicott parece ter manejado a situação de tal forma que Gabrielle se sentiu segura para expressar os seus impulsos agressivos. Com efeito, a análise transformou-se num espaço em que as vivências precoces e intrusivas pudessem, aos poucos, serem elaboradas e, talvez, resolvidas. Tudo isso na companhia de um analista sensível que sabia identificar as necessidades de seus pacientes – um aspecto muito significativo, principalmente, quando a vida nos surpreende com ocasiões que ainda não somos capazes de assimilar psiquicamente.

4.5 A sobrevivência do professor como uma conquista da capacidade para se concernir

> *É preciso postular a existência de uma relação de objeto inicial impiedosa [ruthless]. Novamente, talvez esta seja apenas uma fase teórica, e ninguém consegue ser impiedoso depois da fase da consideração [concern stage], a não ser em estados dissociados. Mas os estados dissociados de ausência de compaixão [ruthlessness]*

> são comuns no início da infância, e emergem em certos tipos de delinquência e de loucura, e precisam estar disponíveis na saúde. A criança normal tem prazer na relação impiedosa com a mãe, prazer este evidenciado sobretudo no brincar, e ela precisa da mãe porque ela é a única de quem se pode esperar que tolere sua ausência de compaixão *mesmo por brincadeira*, pois isso na verdade a fere e a desgasta. Sem possibilidade de brincar *sem compaixão*, a criança terá que esconder seu self impiedoso e dar-lhe vida apenas em estados dissociados.
>
> Winnicott, 1945/2021, p. 296, grifos meus

Resolvi iniciar este item com essa epígrafe, pois ela elucida esse turbulento período da vida de uma criança – o estágio da concernência. À guisa de maior compreensão dessa fase do desenvolvimento maturacional, descrevo, a seguir, o relato de uma garotinha que, na época que estudou em nossa escola, tinha seis anos de idade:

> Teresa era uma menina bastante introvertida em certos momentos, porém, impulsiva e agressiva em outros. Dona de uma personalidade forte – como as professoras costumavam dizer –, Teresa testava a paciência de todos ao seu redor. "Teresa não sabe medir a própria força" – queixava-se a professora de educação física. A garota era considerada uma 'aluna problema' por alguns educadores que precisavam manejar bem a turma, a fim de não gerar desequilíbrio e briga entre os alunos. Na maior parte do tempo, Teresa preferia ficar sozinha, tanto em sala de aula quanto na hora do recreio, negando-se a participar das atividades com as outras crianças. Contudo, havia outras ocasiões em que a menina precisava ser ouvida, nem que para isso fizesse uso da sua força física, apertando o braço da professora ou mordendo os seus colegas de classe. A mãe de Teresa procurou a nossa escola informando que a menina tinha a necessidade de uma atenção especial, uma vez que no outro colégio chegou a ser suspensa em decorrência de sua

agressividade desmedida. Numa conversa com a mãe, questionei desde quando esses comportamentos começaram a ocorrer. Em resposta, ela me disse que Teresa era uma criança tranquila, até que a família sofreu uma forte ruptura em sua dinâmica, quando a menina tinha por volta dos dois anos de idade. "O pai de Teresa é usuário de drogas e sempre foi muito ausente. Até que um dia ele decidiu partir de vez, deixando nós duas sozinhas. Sofri muito nessa época, e tive como apoio apenas a companhia da minha filha" – lamentou a mãe.

De acordo com o fragmento acima, podemos supor que Teresa – mesmo com pouca idade – se identificou com a dor da mãe, tendo que amadurecer precocemente para assumir uma posição de cuidado. Talvez isso possa explicar as situações em que ela ficava mais introspectiva na escola. Explico melhor: a meu ver, a menininha se recolhia em seu mundo interno, com o objetivo de organizar o caos provocado pelos impulsos destrutivos que não haviam sido experienciados por ela, em virtude da *não sobrevivência* do ambiente.

A relação com outras crianças de sua idade era quase inexistente, devido a esse avanço *prematuro* e *desorganizado* em sua linha de desenvolvimento. Dito de outra forma: Teresa perdeu a capacidade de brincar e vivenciar a sua espontaneidade, ao ser lançada prematuramente nessa realidade concreta tingida pelas cores do desamparo. Vejamos o que Winnicott nos diz sobre isso:

> Voltemos rapidamente meio estágio atrás: é comum, creio eu, dizer-se que existe um estágio ainda mais primitivo de relação de objeto, em que o objeto age de modo retaliatório. Isso procede uma verdadeira relação com a realidade externa. Nesse caso o objeto, ou ambiente, é tão parte do self quanto os instintos que o conjuram. Na introversão de origem, e, portanto, de natureza primitiva, o indivíduo vive num ambiente que é ele mesmo, e

> *certamente se trata de uma vida muitíssimo pobre.* Não há crescimento, pois, não há enriquecimento a partir da realidade externa. *(Winnicott, 1945/2021, p. 297, grifos meus)*

Se levarmos em consideração a teoria de Winnicott, é possível cogitar que Teresa precisou *congelar* algumas etapas do seu desenvolvimento, em decorrência de uma urgência ambiental. Com efeito, a menina não pôde atravessar o estágio da concernência. Assim como Freud, Winnicott também concebe a boca como uma zona erógena especialmente organizada na primeira infância. Desse modo, ao chupar os dedos, a criança pode sentir algum prazer. Até aí, nada de novo. Contudo,

> *O ódio também pode ser expresso dessa forma, quando a criança causa dano aos dedos por chupá-los com demasiado vigor ou frequência, e, de qualquer modo, ela logo desenvolve, para lidar com essa parte de seus sentimentos, o hábito adicional de roer as unhas. É possível que ela cause dano também à boca. . . . Podemos ver no ato de chupar os dedos, e principalmente no de roer as unhas, um voltar-se para dentro tanto do amor quanto do ódio, por motivos como a necessidade de preservar o objeto externo de interesse. . . . Suponho que todos concordarão com a ideia de que chupar o polegar é uma fonte de consolo, e não apenas de prazer. O punho ou o dedo estão ali, em vez do seio ou da mãe, ou de alguém.* (Winnicott, 1945/2021, pp. 297-298)

O indivíduo nasce, pois, com uma tendência inata à integração, mas só conseguirá alcançá-la através de um ambiente que *sustente* e facilite o desenvolvimento de suas potencialidades. Isso posto, é presumível que os impulsos agressivos de Teresa, exteriorizados no ambiente escolar, sucedem de uma tentativa de elaboração de algo que não foi sustentado pelo ambiente primário – dada a não sobrevivência da figura materna e a precariedade do ambiente inicial.

Provavelmente, ao segurar com força os braços dos professores e dos colegas, Teresa estivesse reunindo aí as duas coisas: o amor e o ódio, que permaneciam sem representação, a espera de alguém que sobrevivesse a esses impulsos – quantas vezes fosse preciso – de tal forma que a menina pudesse sentir e *se apropriar* desses instintos. "Nesse estágio a que me refiro ocorre a formação gradual na criança da *capacidade para experimentar um senso de responsabilidade*, aquele que no fundo é um senso de culpa" (Winnicott, 1963/2022, p. 129, grifos meus).

O elemento de maior importância, aqui, é a provisão de uma *continuidade* ambiental – que não se rompe em consequência da destrutividade originária da instintualidade, e nem castiga o indivíduo com inculcações morais. Para o autor, a capacidade de se concernir – assim como outros aspectos da personalidade –, deve ser *experienciado* em primeira pessoa para ser elaborado. Ou seja: o cuidador concede ao infante uma provisão ambiental, que *resiste* aos seus impulsos destrutivos, facilitando que uma *lei interna seja criada e se desenvolva*.

Será essa moral interna que irá promover um senso de responsabilidade para com o outro e a ansiedade em sentir necessidade de reparar danos causados ao ambiente: "É essa ansiedade que leva a criança ao comportamento construtivo ou ativamente amoroso, dentro dos limites de seu mundo, *ressuscitando o objeto, reparando o objeto amado, reconstruindo o que foi danificado*" (Winnicott, 1963/2022, pp. 129-130, grifos meus). É a partir das constantes destruições, seguidas de inúmeras reconstruções, que a criança criará um senso de moralidade *espontâneo e real*, procedendo daí o sentimento que deriva a conquista da alteridade e da aptidão de se concernir.

Em contrapartida, se o sentimento de culpa é imposto ao indivíduo de forma artificial, como ocorre, por exemplo, em algumas doutrinas religiosas ou em cenários extremamente conservadores, poderá ocorrer uma moral "falsa", induzindo uma sensação de irrealidade e uma vida submissa[16]. Caminhemos com Winnicott:

> *A moralidade mais ferrenha é a da mais tenra infância, que persiste como um traço da natureza humana que se pode verificar por toda a vida do indivíduo. Imoralidade para o bebê é se submeter, às custas de seu modo pessoal de viver. Por exemplo, uma criança de qualquer idade pode achar que comer é errado, até o ponto de morrer por esse princípio. A obediência traz recompensas imediatas e os adultos confundem, com excessiva facilidade, obediência com crescimento.* É possível evitar os processos de amadurecimento usando como atalho uma série de identificações, *de modo que o que se revela clinicamente é* falso, *um* self *ator, a cópia de alguém,*

---

[16] Nesse sentido, Winnicott se distancia do pensamento freudiano, pois enquanto Freud entende o superego como o resultado de uma moral filogenética, ou seja, herdada da espécie humana, o autor inglês defende uma perspectiva ontogenética em relação à origem do superego. Na visão winnicottiana, a moralidade se origina de dentro para fora e não ao contrário. "A moralidade constituída como uma reação ao medo de uma sanção externa (medo de castração) seria, para Winnicott, uma moralidade falsa. . . . Em todos esses momentos em que Winnicott usou o termo *superego*, em nenhum deles o fez referindo-se a uma parte (sistema ou instância) de um constructo teórico (o aparelho psíquico) ficcional, com o objetivo de figurar o psiquismo, tendo em vista explicitar suas dinâmicas de funcionamento; trata-se sempre, para ele, de um superego pessoal, construído como um conjunto de valores, códigos morais, sentimentos de culpa etc." (Fulgencio, 2022, pp. 165-166).

> talvez; *o que poderia ser chamado de self verdadeiro ou essencial permanece oculto e é privado da experiência de viver. Isso leva muitas pessoas que parecem estar bem a eventualmente tirar a própria vida, que se tornou falsa e irreal. Sucesso irreal é moralidade do mais baixo calão – comparadas a isso, pequenas transgressões sexuais dificilmente contam.* (Winnicott, 1963/2022, pp. 128-129, grifos meus)

4.6 Algumas palavras finais

> *Quando se estabelece a capacidade de concernência, o indivíduo começa a se situar na posição de experimentar o complexo de Édipo, e de tolerar a ambivalência que é inerente ao estágio posterior em que a criança, se madura, está envolvida em relacionamentos triangulares entre pessoas humanas plenamente desenvolvidas.*
>
> Winnicott, 1958/1983a, p. 28

Laplanche e Pontalis (2001), em seu "Vocabulário da Psicanálise", definem "ambivalência" nos seguintes termos: "presença simultânea, na relação com um mesmo objeto, de tendências, de atitudes e de sentimentos opostos, fundamentalmente o amor e o ódio" (p. 17). É de nosso pleno conhecimento o quanto Winnicott se afastou de algumas ideias freudianas, mas, paradoxalmente, se aproximou e difundiu uma série delas.

O psicanalista inglês era um autor da *natureza humana* – como ele próprio gostava de se intitular[17]. Justamente por observar essa

---

[17] Winnicott diferencia-se de Freud no sentido de apresentar uma *teoria do desenvolvimento maturacional* – inédita no campo da psicanálise, até então, pois

natureza, Winnicott vivenciou o que descrevia em seus trabalhos. O contato direto com centenas de crianças e familiares permitiu ao nosso autor acompanhar a manifestação dos sentimentos ambivalentes, fundamentados pela oposição amor *versus* ódio.

No entanto, enquanto impera essa polarização, não há espaço para se criar uma visão *abrangente* de mundo, na mesma proporção em que o surgimento da alteridade também permanece comprometido. A incapacidade de suportar a ambivalência pode ser um fator agravante no que tange à entrada no período edípico.

Ao estruturar o estágio da concernência, Winnicott fundamenta a construção de uma ética pessoal, que não é imposta de fora, nem simplesmente aprendida por meio de restrições e inculcações morais. O autor define essa conquista como algo que emerge naturalmente, a partir da confiabilidade no ambiente, derivada da aparição do sentimento legítimo de culpa e, portanto, da capacidade de levar o outro em consideração e ser responsável por seus próprios impulsos.

A ética, para Winnicott, se constitui em um *contexto não-edípico*, não sendo um resultado da lei e da interdição, mas um produto do cuidado e da aptidão em permitir que a criança vivencie seus impulsos através de um ciclo benigno (destruição-reparação). Estamos falando de uma conquista que deverá ser integrada à personalidade por via da experiência pessoal.

O estágio da concernência aparece, então, como uma *preparação* ao Édipo. Durante esse período, enquanto a criança está tentando lidar com sua agressividade contida na vida instintual, esses mesmos instintos estão sendo integrados às partes de seu corpo (psique e soma), fortalecendo a *personalização*. Na visão winnicottiana, não

---

Freud e Klein atribuíram maior importância às questões intrapsíquicas e não propuseram, em nenhum momento de sua obra, uma concepção de amadurecimento que compreendesse o indivíduo a partir de uma unidade *psique-soma*. Para tanto, ver Fulgencio (2018 e 2020).

é possível alguém ingressar no Édipo, caso não tenha se formado como uma "pessoa total" (integrada no seu tempo e espaço) – como pudemos observar nas narrativas do atendimento de Piggle e da menina Teresa. É no período do concernimento que o sujeito poderá vivenciar, de modo primário, sua ambivalência, assumindo responsabilidades e desenvolvendo fundamentos éticos de modo natural. Essas conquistas serão imprescindíveis para a construção do *superego* como uma instância reguladora de limites.

O *complexo de Édipo* aparece como a pedra angular da obra freudiana, produzindo identificações, sublimações e, por fim, a elaboração dos impulsos incestuosos. De maneira análoga, o *estágio da concernência* é uma etapa essencial para a edificação da alteridade, da empatia e da socialização; aquisições indispensáveis à entrada edípica.

Diante disso, a psicanálise revela uma de suas maiores virtudes: ela nos ensina a trabalhar com as ideias de autores que, mesmo divergentes, disponibilizam um olhar enriquecedor sobre a nossa subjetividade; desconstruindo incertezas ao despertar novas possibilidades de intervenções. Não seria essa, também, a postura requerida a um educador que enfrenta as ressonâncias da singularidade humana em seu ofício cotidiano?

Referências

Almeida, A. P., & Naffah Neto, A. (2022). O estágio da concernência e a elaboração do complexo de Édipo: revisitando Winnicott e o caso Piggle. *Psicologia Revista*, *31*(1), 27–50. https://doi.org/10.23925/2594-3871.2022v31i1p27-50.

Dias, E. O. (2003). *A teoria do amadurecimento de D. W. Winnicott*. Imago.

Ethos. In https://pt.wikipedia.org/wiki/Ethos.

Freud, S. (2010). Além do princípio do prazer. In S. Freud, *Obras completas* (vol. 14). Companhia das Letras. (Trabalho originalmente publicado em 1920)

Freud, S. (2019). O declínio do complexo de Édipo. In S. Freud, *Amor, sexualidade, feminilidade. Obras incompletas de Sigmund Freud* (vol. 7). Autêntica. (Trabalho original publicado em 1924)

Freud, S. (2017). *Manuscrito inédito de 1931: edição bilíngue*. Blucher. (Trabalho original publicado em 1931)

Fulgencio, L. (2018). *A bruxa metapsicologia e seus destinos*. Blucher.

Fulgencio, L. (2020). *Psicanálise do ser: a teoria winnicottiana do desenvolvimento emocional como uma psicologia de base fenomenológica*. EDUSP/Fapesp.

Fulgencio, L. (2022). *Winnicott & companhia* (vol. 1). Blucher.

Kaur, R. (2017). *O que o sol faz com as flores*. Planeta. (E-book)

Klein, M. (1996a). Estágios iniciais do conflito edipiano. In M. Klein, *Amor, culpa e reparação e outros trabalhos*. Imago. (Trabalho originalmente publicado em 1928)

Klein, M. (1996b). Uma contribuição à psicogênese dos estados maníaco-depressivos. In M. Klein, *Amor, culpa e reparação e outros trabalhos*. Imago. (Trabalho originalmente publicado em 1935)

Klein, M. (1996c). Algumas conclusões teóricas relativas à vida emocional do bebê. In M. Klein, *Inveja e gratidão e outros trabalhos*. Imago. (Trabalho original publicado em 1952)

Laplanche, J. & Pontalis, J.-B. (2001). *Vocabulário da psicanálise*. Martins Fontes.

Pellegrino, H. (2017). Pacto edípico e pacto social: da gramática do desejo à sem-vergonhice brasileira. In: T, Rivera (org.). *Psicanálise*. FUNARTE. (Trabalho original publicado em 1983)

Winnicott, D. W. (1977). *The Piggle: relato do tratamento psicanalítico de uma menina.* Imago.

Winnicott, D. W. (1983a). Psicanálise do sentimento de culpa. In D. Winnicott, *O ambiente e os processos de maturação: estudos sobre a teoria do desenvolvimento emocional.* Artmed. (Trabalho original publicado em 1958)

Winnicott, D. W. (1983b). O desenvolvimento da capacidade de se preocupar. In D. Winnicott, *O ambiente e os processos de maturação: estudos sobre a teoria do desenvolvimento emocional.* Artmed. (Trabalho original publicado em 1963)

Winnicott, D. W. (1983c). Moral e educação. In D. Winnicott, *O ambiente e os processos de maturação: estudos sobre a teoria do desenvolvimento emocional.* Artmed. (Trabalho original publicado em 1963)

Winnicott, D. W. (1988). A posição depressiva no desenvolvimento emocional normal. In D. Winnicott, *Textos selecionados: da pediatria à psicanálise.* F. Alves. (Trabalho original publicado em 1955)

Winnicott, D. W. (1989). A criança no grupo familiar. In *Tudo começa em casa.* Martins Fontes. (Trabalho original publicado em 1966)

Winnicott, D. W. (1994a). Comentários sobre *On the concept of the Superego.* In C. Winnicott, R. Shepherd & M. Davis (Orgs.), *Explorações Psicanalíticas.* Artes Médicas. (Trabalho original publicado em 1960)

Winnicott, D. W. (1994b). O uso do objeto e o relacionamento através de identificações. In In C. Winnicott, R. Shepherd & M. Davis (Orgs.), *Explorações Psicanalíticas.* Artes Médicas. (Trabalho original publicado em 1968)

Winnicott, D. W. (2020). A mãe dedicada comum. In D. W. Winnicott. *Bebês e suas mães.* Ubu Editora. (Trabalho original publicado em 1966)

Winnicott, D. W. (2021). Desenvolvimento emocional primitivo. In *Da pediatria à psicanálise.* Ubu. (Trabalho original publicado em 1945)

Winnicott, D. W. (2022). O desenvolvimento da capacidade para a consideração. In *Processos de amadurecimento e ambiente facilitador.* Ubu. (Trabalho original publicado em 1963)

5. Adolescência: uma análise winnicottiana do filme "Red: crescer é uma fera"

5.1 A adolescência para D. W. Winnicott

*mas o que é mágico
não funciona assim
a magia não acontece
porque aprendi a
fazer o trabalho render mais
a magia é regida
pelas leis da natureza
e a natureza tem outro tempo
a magia acontece
quando nós brincamos
quando nós fugimos
e sonhamos acordados
é aí que todas as coisas
que têm o poder de nos preencher
estão de joelhos à nossa espera
– ansiedade de produtividade*
Kaur, 2020, p. 92, grifos da autora

D. W. Winnicott foi um dos primeiros autores da psicanálise[1] da sua geração a se preocupar e a escrever artigos dedicados especificamente à questão da adolescência. Além disso, o autor menciona o termo diversas vezes ao longo da sua obra. Neste capítulo, pretendo trabalhar com a compreensão desse fase tão complexa da vida humana, a partir de uma perspectiva winnicottiana, tomando como referência os ensaios: "A imaturidade do adolescente" (1968/2021a) e "Adolescência. Transpondo a zona das calmarias" (1961/2011).[2] Além disso, irei discutir algumas passagens do livro "Natureza humana" (1988/1990), que é essencial para pensarmos essa temática – aviso o leitor, de antemão, que esses textos de Winnicott são apenas as referências *centrais* que irão nortear o nosso trabalho. Por fim, proponho uma *análise selvagem* do filme "Red: crescer é uma fera" (Disney & Pixar, 2022), para elucidar, de maneira didática, as mudanças que ocorrem na adolescência.

Pois bem, sabemos o quanto esse período do amadurecimento humano é complicado tanto para o sujeito, quanto para as pessoas que o cercam. Muitas vezes, não sabemos como lidar com os adolescentes, pois diversos aspectos da *nossa própria adolescência* ficaram *abertos* e *mal resolvidos*. No terreno da prática clínica, não é raro encontrar psicanalistas que se recusam a atender esse público. Na esfera educacional, inúmeros educadores se esquivam das séries que abrangem essa faixa etária.

---

[1] Sigmund Freud utiliza o termo 'puberdade' ao invés de 'adolescência', principalmente no seu tradicional "Três ensaios sobre a teoria da sexualidade infantil" (1905/2016), embora não tenha um artigo dedicado ao tema. Melanie Klein, por outro lado, faz uso da palavra *adolescência* em diversos ensaios e possui um texto voltado inteiramente à questão da puberdade, chamado "Inibições e dificuldades na puberdade" (1922/1996).
[2] Indico, também, a leitura do artigo de Winnicott "A adolescência das crianças adotadas" (1955), disponível no livro "Pensando sobre crianças" (Artmed, 1997). Não irei focar nesse conteúdo, pois ele desvia o escopo principal desse capítulo, expandido demasiadamente a nossa discussão.

A propósito, lembro-me de uma excelente professora de Ciências que, após acompanhar a nossa turma na quinta e na sexta série, consecutivamente, afirmou que não seguiríamos juntos na sétima, pois, segundo ela, "era difícil lecionar para essa idade" – atitude que nos frustrou bastante, diga-se de passagem. A pergunta que fica é: por que alguns indivíduos fogem dos adolescentes, assim como o *"Diabo foge da Cruz?"*

Eu mesmo posso dizer, em primeira pessoa, que não tive uma adolescência tão conturbada. Talvez por ser filho único, sempre me mantive próximo da minha família e, sobretudo, dos meus pais. Compartilhava, com eles, as minhas dúvidas, inseguranças, ansiedades e (algumas) intimidades, sem quaisquer resistências. Penso que esse comportamento se deve, em parte, por conta do vínculo de confiabilidade que se estabeleceu, desde os primórdios, entre nós e, também, por fatores inatos à minha personalidade e temperamento. Contudo, sabemos que a situação da maioria dos jovens não segue por essa mesma trajetória.

Hoje em dia, com todas as transformações ocasionadas pelas tecnologias e, principalmente, pelo uso deliberado das redes sociais, a adolescência certamente não se passa nos mesmos moldes de alguns anos atrás, mas uma coisa é incontestável: ela continua despertando desconforto e impasses na cultura e na sociedade. Esse fenômeno não escapou do olhar crítico e inovador de Winnicott, que escreveu:

> *Todos que exploram esse campo da psicologia são obrigados a reconhecer um fato logo de saída: o menino ou a menina adolescentes não querem ser entendidos. Os adultos devem manter entre si aquilo que vêm a compreender a respeito da adolescência; esta é uma fase que precisa ser efetivamente vivida, e é essencialmente uma fase de descoberta pessoal. Cada indivíduo vê-se*

> engajado numa experiência viva, num problema do existir. (Winnicott, 1961/2011a, p. 115, grifos meus)

A adolescência é um momento da vida que precisa ser *vivido* e *experienciado* com todas as suas turbulências. Logo,

> A adolescência tem cura, uma cura apenas, que porém não pode interessar ao garoto ou à garota que estão em pleno sofrimento. A cura da adolescência vem do passar do tempo e do gradual desenrolar dos processos de amadurecimento; estes de fato conduzem, ao final, ao aparecimento da pessoa adulta. Os processos não podem ser acelerados ou atrasados, mas podem ser invadidos e destruídos; e podem definhar internamente, no caso do distúrbio psiquiátrico. (Winnicott, 1961/2011, pp. 115-116, grifos do autor)

Isso posto, percebemos que, para o psicanalista inglês, a adolescência não pode ser acelerada ou atrasada, isto é: qualquer interferência externa nessa época pode ser sentida pelo indivíduo como uma interrupção da sua *continuidade de ser*. Dependendo da *quebra* da linha do amadurecimento, podemos, inclusive, nos deparar com estados patológicos. A seguir, compartilho com os leitores, um relato pessoal a fim de elucidar a nossa discussão teórica.

Aos 16 anos de idade, o meu pai perdeu o meu avô em um brutal acidente de trabalho. Na época, ele que também estava presente na catástrofe, além de ter sofrido graves ferimentos físicos, permanecendo quase três meses internado no hospital, teve que se recuperar rapidamente para se tornar o grande responsável pelo sustento de sua família. Acontece que a minha avó ainda não tinha uma profissão, sendo totalmente dependente do marido que havia falecido. Com efeito, as cicatrizes que permaneceram no meu pai não foram somente aquelas registradas em seu corpo, mas, essencialmente, aquelas deixadas em sua alma – no seu psiquismo. Não podendo vivenciar a sua adolescência no período correspondente, tampouco o luto da presença paterna, ele desenvolveu uma série de sintomas que surgiram algum tempo depois da fatalidade: um intenso sentimento de culpa, angústias depressivas e estados frequentes de irritabilidade. Infelizmente, a violência imprevisível da vida impediu que o meu pai experienciasse a liberdade e os dissabores de uma fase indispensável ao crescimento emocional, tendo que amadurecer antes do tempo para dar conta de uma demanda de responsabilidades que o destino lhe imputou.

Como vimos no capítulo 1 deste livro, para Winnicott, os impulsos fundamentais da existência humana referem-se à necessidade de *ser* e *continuar sendo*, bem como a uma tendência inata à integração que, por sua vez, não são redutíveis à administração dos instintos nas relações interpessoais – embora os instintos devam ser integrados ao *self* pessoal, através do processo de *elaboração imaginativa*. Esse esquema teórico estabelece uma nova noção descritiva de saúde, na qual *ser* tem um sentido muito particular: significa *ser a partir de si mesmo*, e não como algo que é projetado ou introjetado, puxado ou empurrado pelo ambiente. É um existir na relação com o mundo sem a perda demasiada da espontaneidade. Complementando essas considerações, Fulgencio (2020) afirma que:

> *Não basta que o tempo passe para que ocorram a tendência à integração e a continuidade de ser. Winnicott explicita: "Neste lugar que é caracterizado pela existência essencial de um ambiente sustentador, o 'potencial herdado' está se tornando uma continuidade de ser". A necessidade básica do existir humano (tanto do bebê e da criança quanto do adulto) é ser e continuar a ser, o*

> que implica um processo de integração. Tudo aquilo que quebra a continuidade de ser, em um momento em que essa quebra ainda não pode ser suportada, é vivido como trauma, e atrapalha ou paralisa o processo de desenvolvimento dos modos de ser-no-mundo: "Trauma significa quebra de continuidade na existência de um indivíduo". Caberá ao ambiente reconhecer as necessidades específicas da criança, dando-lhe as condições para que ela seja e continue sendo: "O processo de maturação depende, para se tornar real na criança, e real nos momentos apropriados de favorecimento ambiental suficientemente bom". (Fulgencio, 2020, p. 110, grifos do autor)

Nos baseando na afirmação de Fulgencio (2020, p. 110) "tudo aquilo que quebra a continuidade de ser, em um momento em que essa quebra ainda não pode ser suportada, é vivido como *trauma*, e atrapalha ou paralisa o processo de desenvolvimento", podemos supor que, no caso do meu pai, houve um *corte* da linha de desenvolvimento emocional. *Grosso modo*, é preciso reconhecer que a adolescência é um período de extrema *vulnerabilidade*, pois uma gama de fragilidades retorna com força total nessa fase, em virtude de todas as transformações psíquicas e fisiológicas que ela demanda. Assim, a *quebra*, quando acontece, não pode ser suportada devido ao elevado grau de *imaturidade* do adolescente, resultando em uma espécie de congelamento (*freezing*) desse estágio, que ficará à mercê de uma ocasião propícia para ser retomado. Winnicott nos alerta que:

> O principal é que a adolescência é mais do que a puberdade física, ainda que esteja fortemente ancorada nela. Adolescência implica crescimento, e o crescimento leva tempo. E enquanto esse crescimento está em curso,

> *a responsabilidade deve ser assumida pelas figuras parentais. Se estas abdicam dessa responsabilidade, os adolescentes são obrigados a assumir uma falsa maturidade, perdendo o seu maior bem: a liberdade de ter ideias e de agir por impulso.* (Winnicott, 1968/2021a, p. 197, grifos do autor)

Portanto, se por alguma razão ou incidente de percurso, o adolescente tiver que assumir as rédeas de uma responsabilidade que não concerne a ele, provavelmente essa situação pode desencadear um quadro de sofrimento psíquico ou até mesmo uma psicopatologia grave – mantida por um falso *self* cindido e patológico (ver o capítulo 3). Por outro lado, é comum o entendimento de que a adolescência é *apenas* uma etapa de transição da infância para a vida adulta. Ainda que essa tese tenha o seu fundamento, tal *passagem* não pode ser subestimada pelos pais ou pelas figuras cuidadoras. O adolescente está em um constante movimento de *vir a ser*, buscando traçar sua história e, ao mesmo tempo, estabelecer uma identidade, com o intuito de expandir o seu lugar no mundo.

De acordo com Winnicott, a adolescência *não deve* ser assimilada como uma fase problemática que precisa de algum tipo de cura ou solução imediata. Muito pelo contrário, ela deve ser acolhida com as suas *questões particulares* que são naturais ao ser humano. Temos de lembrar que existe, no adolescente, um desejo por encontrar e delimitar o seu espaço. Nesse sentido, é normal que em busca de algo que o defina, aconteça um *distanciamento* das referências que, durante a infância, orientavam e determinavam o seu ritmo de vida.

Frente a esse cenário, os pais passam a se queixar da ausência dos filhos que se recusam a acompanhá-los em situações específicas como faziam antes, em breves passeios ou em viagens de férias, por exemplo. Essa conduta dos jovens pode ser encarada como uma forma de *isolamento*, evidenciando a necessidade para se reconhecer em uma dimensão que lhe é *própria*, aliada às suas crenças e identificações. Tais interesses são, na maioria das vezes, *incompatíveis* com os valores defendidos pelos outros membros da família – o que acaba gerando mais conflitos, rompimentos e, por conseguinte, ansiedades (em ambos os lados).

No entanto, esse fenômeno de afastamento para poder se encontrar faz parte do processo de amadurecimento saudável do indivíduo. Recordo-me que, nessa fase, era habitual eu chegar da escola e me trancar no quarto para ouvir as *minhas* músicas. Apesar dessa introspecção, os meus pais nunca foram invasivos e sempre tentaram, na medida do possível, estabelecer alguma *proximidade* com os meus gostos, respeitando o *meu* tempo.

No que tange à prática clínica, percebo uma movimentação oposta: ou a família se implica demais, invadindo o território dos seus filhos; ou, não suportando a rebeldia e o isolamento, escolhem se distanciar ainda mais dos adolescentes – o que provoca um legítimo abismo na comunicação. Acompanhemos as ideias de Winnicott:

> O adolescente é essencialmente um isolado. *Todo relacionamento entre indivíduos, e, em última instância, toda socialização, parte de uma posição de isolamento. Nesse aspecto, o adolescente* revive uma fase essencial *da infância, pois o bebê é um ser isolado ao menos até o momento em que repudia o não-eu e constitui-se como indivíduo distinto, capaz de relacionar-se com objetos externos ao self e à área de controle onipotente. Pode-se dizer que, antes de o princípio de prazer-dor dar lugar ao princípio de realidade, a criança é isolada pela natureza subjetiva de seu ambiente. (Winnicott, 1961/2011, p. 118, grifos meus)*

Gostaria de chamar a atenção do leitor para a frase de abertura da citação: "*O adolescente é essencialmente um ser isolado*". No fragmento acima, o autor inglês retoma alguns conceitos fundamentais da sua teoria do desenvolvimento maturacional como, por exemplo, a importância da condição de *isolamento* e da *solidão essencial*. Sendo assim, tentarei explicar, brevemente, o que Winnicott pretende nos transmitir ao fazer uso dessas expressões.

Conforme mencionado na parte inicial deste livro, o pediatra britânico não opera com o conceito de *instinto de morte* de Freud (1920). Ou seja: ele *não* acredita que a vida tem como origem ou destino um retorno ao *inorgânico*, ao estado zero de tensão, e, desconsidera, igualmente, a segunda dualidade instintual freudiana, a saber, instinto de vida *versus* instinto de morte (Eros *versus* Tânatos).

Winnicott, então, se interroga: de onde vem o *ser*, quando, na verdade, sua origem parte de um estado de *não-ser*? Muito embora nos pareça uma pergunta filosófica, ela é *predominantemente* clínica – até porque o nosso autor não era muito adepto aos termos da filosofia. Ele se pergunta sobre isso, pois percebe que alguns pacientes não conseguem *ser-no-mundo*, isto é, não sentem que a vida vale a pena ser vivida e, portanto, não se sentem *reais*.

Para ele, o ser humano *quer ser* e *continuar a ser*, desde os primórdios. Neste ponto, encontramos mais uma divergência com Freud, pois Winnicott também não trabalha com a noção de *aparelho psíquico*. Afinal de contas, para o autor, o termo *aparelho* nos aproxima de uma condição de *máquina*, e nos afasta da natureza humana. Portanto, nós viemos de um estado de *não-ser*, de uma *solidão essencial*. Em síntese: antes de ser, habitamos um lugar de não-ser e, neste lugar, *estamos sozinhos*; o que implica, certamente, o uso de um paradoxo, pois *estamos sozinhos sem saber* que estamos, já que no início o bebê não é capaz de se diferenciar do meio, desconhecendo a sua própria existência. "*No nada estou sozinho*", pensa o lactente – se pudesse raciocinar, obviamente.

Inclusive, Winnicott (1988/1990) afirma que essa passagem do *não-ser* para o *ser* é a mesma passagem do *não-estar-vivo* para o *estar-vivo*, com a diferença de que essa premissa não representa, como quis Freud (1920), a transição do estado *inorgânico* para o *orgânico*. Essa explicação fica mais clara, quando retomamos a ideia de que *tudo*, para Winnicott, precisa ser *experienciado*. Logo, como o bebê poderia viver um estado inorgânico se ele próprio nunca experienciou essa condição? Pois bem, a passagem entre *não-estar-vivo* e *estar-vivo* é a primeira experiência que temos em relação à morte.[3]

Uma solidão essencial também pode ser vivenciada no interior do ventre materno, pois o feto não tem como saber que existe a placenta, o útero e, sobretudo, ainda não reconhece a existência da *própria mãe*. Para o bebê, a única possibilidade de experiência, devido ao grau de imaturidade, é que há *somente* ele.

Todas essas formas de *solidão essencial* fazem parte da nossa existência e podem ser *comunicadas*, às vezes como um desejo de paz absoluta, de ausência de conflito e de estabilidade total. A figura abaixo (1), retirada do livro "Natureza humana" (Winnicott, 1988/1990, pp. 148-149), representa o *isolamento absoluto* do indivíduo, enquanto parte de uma unidade original; o conjunto *ambiente-indivíduo*.

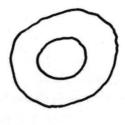

(Figura 1)

---

3 O ato suicida pode representar, para Winnicott, o impulso para começar tudo de novo, do zero; retomando a *solidão essencial*.

Diante disso, Winnicott (1988/1990) se pergunta: de que maneira será realizado o contato inicial? Será como parte do processo vital do bebê, ou como consequência da agitação do ambiente?

(Figura 2)

Supondo que a adaptação ativa aconteça *quase* que perfeitamente, o resultado será a Figura 2. O movimento do próprio indivíduo *descobre* o ambiente externo. Esse processo, à medida que vai sendo repetido, se transforma em um padrão de relacionamento.

Em contextos menos favoráveis, o padrão de relacionamento acontece por intermédio do ambiente e *não* do sujeito, como na Figura 3. Esse fenômeno pode ser entendido como uma *intrusão*. O bebê terá que reagir à intrusão ambiental, que é sempre imprevisível, por não ter relação alguma com o seu gesto espontâneo. Dependendo da proporção que esse movimento se repete, configura outro modelo de relacionamento, com um resultado muito diferente do anterior.

(Figura 3)

Enquanto na Figura 2 observamos ao acúmulo de experiências que fazem parte da vida e são sentidas como *reais*, na Figura 3, a reação à intrusão subtrai algo de um viver verdadeiro, que é recuperado apenas através do *retorno ao isolamento*, na quietude, no resgate da solidão essencial (como na Figura 4).

(Figura 4)

Por meio dessas simples representações gráficas, Winnicott (1988/1990) nos mostra que a "influência ambiental pode se iniciar em uma etapa muitíssimo precoce, determinando se a pessoa, ao buscar uma confirmação de que a vida vale a pena, irá partir à procura de experiências, ou se retrairá, fugindo do mundo" (p. 149). A rigidez ou a inacessibilidade da figura cuidadora – ocasionadas por intensas ansiedades ou por depressões patológicas – podem, assim, "tornar-se evidentes para o bebê *antes mesmo que ele tenha nascido*" (p. 149).

No momento *anterior* ao nascimento, a criança passa a se acostumar às interrupções da sua continuidade de ser e consegue admiti-las, desde que elas não sejam intensas demais, nem excessivamente prolongadas. "Em termos somáticos, isto quer dizer que o bebê não apenas teve experiências de mudança de pressão, temperatura e outros fatores ambientais simples, mas também foi capaz de reconhecê-las e começou a organizar um modo de lidar com elas" (Winnicott, 1988/1990, p. 150). Do ponto de vista do observador externo, o ambiente precisa garantir a *sustentação* (*holding*) necessária para que o desenvolvimento maturacional advenha. Para o bebê, todavia, esse ambiente não é percebido inicialmente como um elemento externo a ele.

"O princípio básico é o de que a adaptação ativa às necessidades mais simples permite ao indivíduo SER sem ter que tomar conhecimento do ambiente" (Winnicott, 1988/1990, p. 151). Além disso, as falhas na *adaptação inicial*[4] interrompem a continuidade do ser, acarretando reações que podem resultar no sentimento de futilidade e no vazio existencial.

Retomando o tema, podemos presumir que o adolescente é um *ser isolado* – como propõe Winnicott –, pois na tentativa de lidar com todas as transformações psíquicas e corporais, ele precisa se recolher e/ou regredir aos estágios iniciais do processo de amadurecimento, para poder *organizar* as mudanças repentinas que incidem no seu mundo subjetivo e, também, objetivo – visto que os padrões de suas relações se alteram. Com efeito, é fundamental que a família *suporte* esse silêncio, sem renunciar aos cuidados direcionados aos filhos. Trata-se de algo *tênue* e bastante *delicado*, pois o excesso de implicação pode ser sentido como *intrusão*, e a ausência pode ser percebida como um *abandono*. Acompanhemos Winnicott:

> *Alguns adolescentes sofrem muito, e não oferecer ajuda pode ser crueldade. É . . . deles a tarefa de tolerar a interação de muitos fenômenos disparatados – a própria imaturidade, as próprias ideias do que é vida e os próprios ideais e aspirações; acrescenta-se a isso uma*

---

4 Lembrando que as falhas no exercício do cuidado acontecem normalmente e, após o bebê alcançar um grau de maturidade, elas *devem* ocorrer numa determinada proporção, pois favorecem o amadurecimento do sujeito. No entanto, no período de *dependência absoluta*, quando o indivíduo ainda se encontra fusionado ao meio, elas precisam ser evitadas ao máximo.

> *desilusão pessoal com o mundo dos adultos, que lhes parece essencialmente um mundo de compromissos, de falsos valores. ... À medida que deixam esse estágio, os adolescentes começam a se sentir reais, e adquirem um senso de* self *e um senso de ser. Isso é saúde. Do ser, vem o fazer, mas não pode haver* fazer *antes do* ser *– eis a mensagem que eles nos enviam. (Winnicott, 1967/2021b, pp. 25-26, grifos do autor)*

Atualmente, muitas famílias atribuem aos filhos uma quantidade imensurável de afazeres, a partir de uma idade cada vez mais precoce – uma característica típica da nossa *era neoliberal*. Nessa lógica, crianças pequenas devem encarar uma rotina repleta de compromissos – aulas de idiomas, prática de esportes, oficinas de artes etc. Sem contar que os próprios pais estão mergulhados em um ritmo de trabalho exaustivo, que acaba dificultando a formação dos laços afetivos com os filhos e reduzindo a frequência dos momentos compartilhados de lazer. Seguindo na contramão da aposta winnicottiana, não há, portanto, espaço para o *ser*, apenas para o *fazer*.

O fato é que essas crianças *crescem* e se tornam adolescentes cansados, apáticos e sem quaisquer expectativas de futuro. Outros se entregam ao álcool, ao cigarro e às drogas, com a esperança de se sentirem minimamente *preenchidos* ou *inteiros*, já que as intrusões primárias – representadas, aqui, pelo excesso de obrigações na infância – originaram uma quebra da sua continuidade de ser. Podemos vincular ainda, nesse mesmo grupo, os jovens paralisados pelo tédio e pelas graves depressões patológicas que, desde cedo, são atormentados por ideações suicidas, precisando de doses cavalares de psicotrópicos que, geralmente, anestesiam os afetos inerentes à vida emocional.[5]

---

5 Não estou me referindo ao uso *adequado* da medicação quando, de fato, identificamos a ocorrência de um quadro psicopatológico crítico. Faço alusão à

Quantos adultos jovens entram em conflito quando se dão conta de que vivem uma identidade falsa? Quantos deles procuram auxílio da psicanálise ao intuir que estão sustentando escolhas e carreiras erguidas às custas de expectativas que não são suas, mas que servem para corresponder aos ideais dos outros?

As aspirações adolescentes representam a liberdade de sonhar, de contestar opiniões, romper padrões e abrir espaço para as novidades. Suas inquietações estimulam o fluxo da cultura e desfazem paradigmas que permanecem engessados. A adolescência nos desafia justamente porque escancara tudo aquilo que recusamos aceitar, devido à atuação das nossas próprias resistências. Ela representa, por fim, a desconstrução do velho que deve se abrir ao novo, ao mesmo tempo que aponta a necessidade de o novo revisitar o velho. Eis aí o seu poder de *transformação* que não pode ser desprezado.

5.2 A adolescência e o lugar da escola a partir de uma análise do filme "Red: crescer é uma fera"

> *Muitas vezes, as preocupações com os jovens dizem mais de nós do que deles, pois é duro assistir à reprise das angústias pelas quais passamos. Tomados pelos nossos próprios fantasmas, não os ajudamos, ficamos apenas escutando ecos do passado, surdos ao que eles estão, de fato, dizendo. Em resumo, a questão crucial para ajudar os adolescentes é ter pensado e elaborado a própria adolescência.*
>
> Corso & Corso, 2018, n.p.

---

quantidade abissal de adolescentes que chegam aos nossos consultórios com diagnósticos equivocados, acompanhados de uma *superdosagem* de psicotrópicos.

Como professor, costumo, regularmente, recorrer a filmes, séries, contos e outras produções para elucidar conceitos psicanalíticos que, por natureza, são bastante complexos. Considero que esses recursos artísticos conseguem demonstrar, de maneira simbólica e *concreta*, tudo aquilo que passamos horas tentando explicar. Nesse sentido, escolhi o filme "Red: crescer é uma fera" (Disney & Pixar, 2022)[6], para realizar uma *análise selvagem*[7], atrelando o seu enredo aos temas principais deste capítulo.

O longa nos mostra a história de uma menina de 13 anos, chamada Meilin Lee, que precisa lidar com os dilemas da adolescência e, ao mesmo tempo, continuar se esforçando para corresponder às expectativas externas. Aliás, o filme começa com uma fala da personagem que se mostra fundamental à compreensão dos acontecimentos posteriores: "Regra n. 1: honrar os seus pais acima de tudo; o grande problema disso é que você deixa de honrar a si mesma".

"Mei-Mei", como é carinhosamente chamada por sua mãe, a senhora Ming Lee – uma mulher muito controladora, que beira o estereótipo da neurose obsessiva –, cultiva um amor platônico por um rapaz que trabalha como caixa em uma loja de conveniência do seu bairro. Além de ser fã devotada de uma *boyband* de sucesso, os "*4*Town*". Entretanto, todas essas singularidades, que pertencem ao seu verdadeiro *self*, são vivenciadas *apenas* na escola, e compartilhadas *exclusivamente* com as suas melhores amigas. Meilin não tem coragem de expressar os seus próprios gostos e vontades dentro de casa, pois teme decepcionar a mãe e derrubar os seus respectivos ideais.

---

6 No original "*Turning Red*", dirigido por Domee Shi, com estreia mundial em março de 2022.

7 Estou propondo um trocadilho com o termo cunhado por Freud, no seu artigo "Sobre a psicanálise selvagem", de 1910. Por mais que a análise de um filme se encaixe na modalidade de pesquisa que corresponde à "psicanálise aplicada", ela não deixa de ser, de alguma forma, uma análise selvagem.

Porém, a intimidade de Meilin é abruptamente violada pelo excesso de controle de Ming Lee que, desconfiada do comportamento *misterioso* da filha, decide invadir a sua privacidade, descobrindo os seus segredos mais ingênuos: a primeira paixão e o estilo musical de Mei-Mei – considerado vulgar pela mãe. Após essa desavença, a menina desperta de sonhos agitados, encontrando-se, em sua cama, na forma de um *panda vermelho assustador*. O choque da adolescente ao se ver gigante e peluda, sem nenhuma explicação lógica aparente, levou-a a julgar o quanto aquele novo aspecto representava a personificação de uma figura "desastrada", "bizarra" e "fedorenta" – o oposto de tudo o que ela se esforçava para ser.

A principal virada da narrativa, envolve a lenda de uma herança histórica: a família de Mei-Mei, de descendência chinesa, administra, por décadas, um templo de adoração ao "Panda Vermelho" que, atualmente, se acha na gestão de Ming Lee. Trata-se de um lugar sagrado que resguarda um grande mistério: em um determinado momento da vida – que costuma ser a adolescência –, todas as mulheres dessa linhagem desenvolvem a aparência desse animal exótico, sendo necessária a realização de um feitiço para contê-lo.

Quando esse episódio acontece com Meilin, sua rotina estrategicamente programada vira de cabeça para baixo. Nessa circunstância, sua mãe que já conhece todos os *bastidores* familiares – tendo ela própria experienciado essa fase –, busca acalmar a filha, ensinando-lhe algumas técnicas para manter o panda *reprimido* até a chegada da "Lua Cheia Vermelha", ocasião em que se realiza a cerimônia para *aprisionar* o monstro eternamente.

Todavia, pouco a pouco, notamos que o Panda Vermelho se revela, na verdade, como uma peça fundamental do conturbado jogo de amadurecimento da protagonista. Afinal de contas, é impossível crescer sem aceitar a nossa parte agressiva – representada pela energia desenfreada dos instintos. Winnicott é certeiro, e complementa o meu ponto de vista dizendo:

O adolescente é prepotente. Na vida da imaginação, a potência de um homem não está só no aspecto ativo e passivo das relações. Inclui também a vitória de um homem sobre outro homem e a admiração da mulher pelo vencedor. A adolescência, mais do que em qualquer outra época, está hoje sendo obrigada a se conter; essa realidade contida é em si bastante violenta – *um pouco parecida com o inconsciente reprimido do indivíduo, que não parece tão belo quando é exposto ao mundo.* (Winnicott, 1961/2011, p. 121, grifos meus)

Podemos propor uma analogia entre a figura do Panda Vermelho e a citação do psicanalista britânico: o Panda representa os primeiros hormônios da adolescência, as emoções afloradas, os impulsos instintivos e a irritabilidade descontrolada. Nesse âmbito, vale lembrar que Winnicott sempre sustentou uma posição mais empirista em relação à origem dos instintos: "quando se referia ao id, sempre dizia que ele é *exterior* à experiência do recém-nascido, somente vindo a se tornar interior a partir da apropriação dos instintos, realizada pela *elaboração imaginativa das funções corporais*" (Naffah Neto, 2017, pp. 43-44, grifos meus).[8]

Elsa Oliveira Dias (2017, p. 265) afirma que "as angústias típicas da adolescência repetem as dos estágios primitivos" e "a vida instintual [do adolescente] é ainda imatura". Ora, se estamos considerando a adolescência como uma demanda espontânea de *regressão* do

---

8 Winnicott afirma que: "As forças do id clamam por atenção. De início elas são externas ao bebê. Na saúde o id é reunido a serviço do ego, e o ego domina o id, de modo que as satisfações do id fortalecem o ego. Isso, contudo, é uma conquista do desenvolvimento saudável, e na infância inicial há muitas variantes dependentes da falha relativa dessa conquista. Na falta de saúde na infância inicial, conquistas desse tipo dificilmente são atingidas, ou podem ser alcançadas e perdidas" (1960/2022, p. 49).

desenvolvimento maturacional, em virtude da eclosão de uma série de emoções incompreendidas pelo indivíduo, é aceitável pensar que o processo de *elaboração imaginativa* pode ser representado, no filme, por meio do trabalho penoso de *conciliação* de Mei-Mei com o seu Panda.

No entanto, tudo começa a ganhar novos sentidos quando esse seu lado 'animal' se manifesta, acidentalmente, na escola. Ao invés de temerem a persona do Panda Vermelho, os seus colegas se encantam pelas suas particularidades excepcionais. Mei-Mei é acolhida pelo grupo, que acaba se *identificando* com ela e com o seu jeito único de ser. A garota começa a perceber que a vida pode ser mais leve e divertida, quando encarada com menos pressão, sem a necessidade de renunciar às responsabilidades do cotidiano.

Dessa forma, ela experimenta uma existência *verdadeira*, afastando-se do controle materno. "Quando o adolescente aprende a tolerar o meio-termo, pode vir a descobrir vários modos pelos quais a permanência das verdades essenciais pode ser abrandada", nos alerta Winnicott (1961/2011, p. 122). Meilin saboreia as delícias da adolescência, à medida que se apropria da sua parte renegada (o Panda) – podemos dizer que ela encontra um 'meio-termo'.

Antes de continuar com a análise do filme, gostaria de comentar a importância do papel da escola para o amadurecimento do indivíduo, durante a adolescência. A instituição escolar é um lugar de diversidades e diferenças, propiciando a *experimentação*. Contudo, é importante reconhecer que os jovens reivindicam suas próprias respostas como *afirmação* e *busca* de si mesmos – por isso é tão comum eles testarem a sobrevivência do meio. De acordo com Freller:

> *Winnicott (1990) afirma que na adolescência o grupo de pertencimento se amplia, mantendo o desafio de captar a identificação do jovem sem a perda da identidade*

> *pessoal. O ambiente precisa continuar estável suportando as revoltas e o uso singular que o adolescente pode fazer dele.* "Na maturidade, o ambiente é algo para o qual o indivíduo contribui e pelo qual o homem ou a mulher individuais se sentem responsáveis" *(p. 173). A função do ambiente nessas fases continua sendo a de apresentar o mundo externo tornando possível a criatividade e a apropriação pessoal dele, assim como promovendo, com sua estabilidade e consistência, a capacidade de construir e fazer reparação, a partir do gesto destrutivo. Entre as características do meio que pode oferecer oportunidade para o indivíduo viver criativamente, poder recombinar em novos padrões os objetos do mundo... é ser fidedigno e confiável. Caso contrário, o espaço potencial é preenchido e invadido por imposições ambientais. (Freller, 2001, p. 212, grifos meus)*

Na perspectiva winnicottiana, a ação terapêutica deve trabalhar para facilitar o desenvolvimento emocional, com a integração do verdadeiro *self* e a possibilidade de o sujeito tornar-se o *agente* de sua própria vida. Quando há uma interrupção da continuidade de ser, precisamos reconstituir a confiabilidade ambiental, o que não significa propriamente fazer psicanálise (no seu sentido clínico), mas o fornecimento de um ambiente bom o suficiente, no qual o paciente "pode experimentar novamente os impulsos do id – e que pode ser testado por ele. É a *estabilidade* da nova provisão que fornece a terapia" (Winnicott, 1956/2021c, p. 515, grifos meus). Convenhamos que essa informação é extremamente valiosa para *inspirar* a prática de novas ações educativas.

Voltando à narrativa do filme, Mei-Mei, com a ajuda das melhores amigas, começa a utilizar o seu *talento* para arrecadar verbas destinadas à compra dos ingressos do *show* da turnê da *boyband* que elas adoram. Nesse momento, o Panda Vermelho se torna uma autêntica celebridade, pois são os produtos estampados com a sua fotografia que as garotas decidem vender para obter o dinheiro necessário. Trata-se da conquista de uma *autonomia*, tão sonhada na adolescência, que geralmente se ergue com a aceitação das nossas *partes*. *Não há fazer antes do ser* – nos indica Winnicott. Novamente, a escola permanece como o centro desses eventos.

Entretanto, para a surpresa do espectador, logo depois de um surto de agressividade com um dos colegas que invejavam o sucesso do Panda, Meilin decide participar do ritual de aprisionamento da *fera*. Mas, antes disso, assistimos a um breve diálogo entre ela e o pai, em que ele pergunta para a filha se realmente era aquilo que ela *desejava* fazer. A menina, com os olhos marejados, responde que o Panda poderia se mostrar *perigoso* e *descontrolado*. Em seguida, o pai lhe aconselha sabiamente: "As pessoas têm várias facetas e algumas delas são barulhentas. A questão não é extingui-las, mas abrir espaço para elas, aprendendo a conviver com isso". E, então, ele confessa: "Essa sua parte me fez rir".

Refletindo sobre essas palavras, Mei-Mei foge e abandona o lugar do ritual, para o desgosto de sua mãe que, impelida pelo descontrole emocional, também liberta o seu Panda – o maior e mais poderoso de todos. Elas travam, assim, uma grande batalha, ambas *encarnadas* em seus pandas. Por fim, a menina consegue atrair Ming Lee para o centro da cerimônia sagrada e as duas atravessam uma espécie de campo espiritual.

Nessa outra dimensão, a filha encontra a versão *adolescente* da mãe – a meu ver, uma das cenas mais lindas do longa. Ao deparar-se com Ming Lee pequena, indefesa e regredida, Mei-Mei escuta uma dolorosa lamentação: "Falhei com a minha mãe, não me tornei o que ela gostaria que eu fosse". Os papéis estão trocados e Meilin conforta a mãe desolada. A jovem adolescente se *reconcilia* com os fantasmas da própria mãe, aliviando o peso da culpa de Ming Lee. Nesse instante, elas se abraçam e fazem as pazes; passado e presente se reencontram em uma frequência atemporal.

Talvez, esse é o gesto sincero que muitos adolescentes esperam de seus pais, muito embora eles mesmos desconheçam essa carência. Coincidentemente, ou não, Winnicott escreve que: "O maior dos desafios colocados pelos adolescentes atinge aquela parte de nós que não viveu em verdade sua adolescência" (1961/2011, p. 127). Cito-o:

> *Essa nossa parte nos faz lamentar que os jovens estejam atravessando sua zona de calmarias, e nos faz querer encontrar uma solução para o seu problema. Há centenas de soluções falsas. Tudo o que dissermos ou fizermos está errado. Damos apoio e estamos errados; retiramo-lo e continuamos errando. Não temos coragem de ser "compreensivos". Mas, com o decorrer do tempo, vimos a descobrir que esse menino e essa menina já transpuseram a zona das calmarias e começam a ser capazes de identificar-se com a sociedade, com os pais e com todos os gêneros de grupos mais amplos sem sentir a ameaça iminente da perda da própria identidade.* (Winnicott, 1961/2011, p. 127, grifos do autor)

Na sequência final, Ming Lee volta a *aprisionar* o seu próprio Panda, enquanto Mei-Mei decide *manter* o dela. O filme nos mostra que as escolhas dos filhos podem contrariar as expectativas dos pais, mas isso não os coloca em uma simples posição de rebeldia. Pelo contrário, pode indicar a tentativa de formar uma identidade incipiente, separada das *falsas soluções* impostas pelo mundo adulto. Normalmente, as soluções que indicamos para os adolescentes não são as mesmas que eles esperam. O essencial é que possamos favorecer a concretização de uma vida *verdadeira*.

Como discutido, o extenso percurso de *amadurecimento* pode ser facilitado pelas pessoas que compõem o ambiente. Aqui, a escola desempenha uma função primordial. "Os adolescentes não sabem no que se tornarão. Não sabem onde estão, e estão a esperar. Tudo está suspenso; isso acarreta o sentimento de *irrealidade*" (Winnicott, 1961/2011, p. 123, grifos meus). A criação de relações interpessoais e o convívio com o grupo são fatores que contribuem para despertar um sentimento de *esperança* na adolescência, inclusive no que tange à aceitação de partes do *self* que são constantemente desprezadas no meio familiar. De maneira oposta, para aqueles que são mais introspectivos, o conforto do lar e a presença afetiva dos pais são atitudes que representam a garantia de segurança. Na concepção de Winnicott:

> *Neste ponto, minha tendência é pensar em termos de "segurar" [holding]. . . . O "segurar" pode ser feito com sucesso por alguém que não tenha o menor conhecimento intelectual daquilo que está acontecendo com o indivíduo; o que se exige é a capacidade de se identificar, de perceber como o bebê está se sentindo. Num ambiente que propicia um "segurar" bom o suficiente, o bebê é capaz de realizar o desenvolvimento pessoal de acordo com suas tendências herdadas. O resultado é uma continuidade da existência, que se transforma num senso de existir, num senso de* self *e, finalmente, em autonomia.* (Winnicott, 1967/2021b, p. 29, grifos do autor)

Na minha opinião, o conteúdo mais precioso desse fragmento do autor é a sua *simplicidade* ao dizer que o "segurar" pode ser feito com sucesso por alguém que não possui o menor conhecimento intelectual. Isto é: qualquer indivíduo que tenha o mínimo de sensibilidade, *maturidade* e empatia pode se colocar no lugar do adolescente que está em sofrimento, proporcionando a *integração* de suas partes dissociadas, como se deu com Mei-Mei ao entrar em *sintonia* com o seu Panda. "Na vida adulta, a integração é desfrutada num sentido do termo que vai se ampliando até alcançar a integridade" (Winnicott, 1967/2021b, p. 30).

A conquista da integração, no entanto, não é permanente, mas permite que o indivíduo saudável alcance "a *desintegração* durante o repouso, o relaxamento e o sonho" (Winnicott, 1967/2021b, p. 30, grifos meus). A dor associada a essa condição psíquica pode ser aceita, "sobretudo porque o relaxamento está associado à criatividade, de forma que é a partir do estado *não integrado* que o impulso criativo aparece e reaparece" (Winnicott, 1967/2021b, pp. 30-31, grifos do autor).

Em nossa contemporaneidade, os adolescentes são obrigados a lidar com infinitas *certezas*. A imposição de um futuro perfeito, baseado no imaginário do sucesso que circula nas redes sociais, conduz à frustração e aumenta a incidência de casos de ansiedade e depressão. Indivíduos que não alcançaram a integração são mais suscetíveis a esses adoecimentos, pois precisam organizar defesas contra a desintegração que, por sua vez, não pode ser experienciada como um estado de criatividade. Esse cenário é perfeitamente descrito nos versos de Rupi Kaur:

> *deixo que a produtividade*
> *seja a medida da minha autoestima*
> *mas mesmo que*
> *eu me esforce ao máximo*
> *continuo sentindo que não sou o bastante*
> – *produtividade e culpa*
> *(Kaur, 2020, p. 88)*

Na cerimônia de contenção do Panda Vermelho, o sacerdote escolhe um objeto pessoal para prender a *alma* do animal selvagem. Curiosamente, o Panda de Ming Lee é aprisionado no *bichinho virtual*[9] de Mei-Mei – um brinquedo que era febre nos anos 90. Nos últimos instantes, assistimos àquela mulher séria, *brincando* de alimentar a sua parte agressiva que, de alguma forma, continua se fazendo presente em seu cotidiano. O brincar permite uma vida mais leve, principalmente quando precisamos encarar aquele lado que a gente insiste em esconder.

Finalizo, assim, o meu texto com essa potente reflexão de Luis Claudio Figueiredo:

> *Estamos tão acostumados a tratar a adolescência como "problema" que nos esquecemos do potencial de transformação que ela comporta e que, necessariamente, passa pelo estilhaçamento de vínculos e identificações, passa pelos estados-limite e por seus agudos sofrimentos. Mas que também inclui um potencial de sonho, esperança verdadeira, experimentação, alegria e transformação que não podem ser desperdiçados. Diríamos mesmo que todo cuidado terapêutico oferecido ao adolescente deveria ter como fundamento e perspectiva o aproveitamento deste potencial de alegria, a colocação em marcha do sonho, a colocação em processo da vida sonhada dos anjos.* (Figueiredo, 2011, p. 69, grifos do autor)

---

9 O bichinho virtual, originalmente chamado de *"Tamagotchi"*, é uma criação da empresa japonesa Bandai, lançado em 1996, bem antes de os *smartphones* serem alternativa de brinquedo para crianças. Com diversas opções de animais para cuidar, o bichinho virtual dá aos "donos" a missão de gerenciar a vida do pet: para que ele sobreviva, é preciso alimentar, colocar para dormir e fazer atividades físicas com o animalzinho.

Referências

Corso, D. & Corso, M. (2018). *Adolescência em cartaz: filmes e psicanálise para entendê-la* [recurso eletrônico]. Artmed. (E-book)

Dias, E. O. (2017). *A teoria do amadurecimento de D. W. Winnicott*. DWW Editorial.

Figueiredo, L. C. (2011). Saindo da adolescência. In M. R. Cardoso (Org.), *Adolescentes*. Escuta.

Freller, C. C. (2001). *Histórias de indisciplina escolar: o trabalho de um psicólogo numa perspectiva winnicottiana*. Casa do Psicólogo.

Freud, S. (2016). Três ensaios sobre a teoria da sexualidade. In S. Freud, *Obras completas* (vol. 6). Companhia das Letras. (Trabalho originalmente publicado em 1905)

Freud, S. (2021). Sobre a psicanálise selvagem. In S. Freud, *Obras incompletas de Sigmund Freud* (vol. 6). Autêntica. (Trabalho originalmente publicado em 1910)

Freud, S. (2010). Além do princípio do prazer. In S. Freud, *Obras completas* (vol. 14). Companhia das Letras. (Trabalho originalmente publicado em 1920)

Fulgencio, L. (2020). *A psicanálise do ser: a teoria winnicottiana do desenvolvimento emocional como uma psicologia de base fenomenológica*. Edusp.

Kaur, R. (2020). *Meu corpo minha casa*. Planeta.

Klein, M. (1996). Inibições e dificuldades na puberdade. In M. Klein, *Amor, culpa e reparação e outros trabalhos*. Imago.

Naffah Neto, A. (2017). *Veredas psicanalíticas – à sombra de Winnicott*. Novas Edições Acadêmicas.

Winnicott, D. W. (1990). *Natureza humana*. Imago. (Trabalho publicado postumamente em 1988)

Winnicott, D. W. (1997). A adolescência das crianças adotadas. In D. W. Winnicott, *Pensando sobre crianças*. Artmed. (Trabalho originalmente publicado em 1955)

Winnicott, D. W. (2011). Adolescência. Transpondo a zona das calmarias. In D. W. Winnicott, *A família e o desenvolvimento individual*. Martins fontes. (Trabalho originalmente publicado em 1961)

Winnicott, D. W. (2021a). A imaturidade do adolescente. In D. W. Winnicott, *Tudo começa em casa*. Ubu. (Trabalho originalmente publicado em 1968)

Winnicott, D. W. (2021b). O conceito de indivíduo saudável. In D. W. Winnicott, *Tudo começa em casa*. Ubu. (Trabalho originalmente publicado em 1967)

Winnicott, D. W. (2021c). A tendência antissocial. In D. W. Winnicott, *Da pediatria à psicanálise*. Ubu. (Trabalho originalmente publicado em 1956)

Winnicott, D. W. (2022). A teoria do relacionamento pais-bebê. In D. W. Winnicott, *Processos de amadurecimento e ambiente facilitador*. Ubu. (Trabalho originalmente publicado em 1960)

6. Novas compreensões para a agressividade infantil: uma visão winnicottiana

6.1 Breves considerações históricas acerca do instinto[1] de morte

> *No entanto, todo homem mata aquilo que adora,*
> *Que cada um deles seja ouvido,*
> *Alguns procedem com dureza no olhar,*
> *Outros com uma palavra lisonjeira.*
> *O covarde fá-lo com um beijo.*

---

1 Existem, ainda hoje, intensas discórdias sobre qual é a melhor tradução para o conceito freudiano de *Trieb*. Desde a proposta lacaniana de um novo termo, *pulsion*, a fim de distingui-lo de outro vocábulo em alemão usado por Freud, *Instinkt*, muito se tem discutido a respeito. No Brasil, em que pese o fato de a maioria dos autores ter optado pelo termo "pulsão", seguindo os franceses, há tradutores de Freud, como Paulo César de Souza, tradutor das *Obras completas* para a Companhia das Letras, que julga que o texto freudiano original não permite a distinção clara entre *Trieb* e *Instinkt*, optando por uma tradução única dos dois termos: *instinto*. No entanto, para os ingleses, e sobretudo para Winnicott, não há qualquer referência à palavra "pulsão" (que *nem mesmo existe* nesse idioma). Logo, usarei o termo "instinto de morte" neste trabalho em virtude da sua inclinação teórica winnicottiana.

> *Enquanto o bravo o faz com a espada!*
> *...Uns amam pouco tempo, outros demais,*
> *Uns vendem, outros compram;*
> *Alguns praticam a ação com muitas lágrimas*
> *E outros sem um suspiro sequer:*
> *Pois todo homem mata o objeto do seu amor*
> *E, no entanto, nem todo homem é condenado à morte.*[2]
>
> Oscar Wilde, "A balada do cárcere de Reading"[3]

Levando em consideração que essa pesquisa é dirigida ao grande público e não somente a psicanalistas e especialistas de nossa área, penso ser no mínimo incoerente iniciar o meu texto mencionando que Winnicott não trabalhava com a noção de instinto de morte. É necessário, a meu ver, que tracemos um breve percurso histórico de como esse conceito ganhou forma na psicanálise clássica, partindo, obviamente, das ideias freudianas.

Em 1920, no texto clássico (e polêmico) "Além do princípio do prazer", Freud nos apresenta uma nova dualidade instintual,[4] afirmando que o aparelho psíquico sofre de constantes tensões advindas do conflito entre o instinto de vida (Eros) versus o instinto de morte (Tânatos). O primeiro estaria voltado à energia libidinal, às paixões, aos elos de todos os tipos, dominando os nossos movimentos no cotidiano em busca do prazer, enquanto o segundo estaria associado

---

2 Versão retirada do site: http://nossacasa.net/blog/balada-do-carcere-de-reading/
3 "The ballad of Reading Gaol" (em português: "A balada do cárcere de Reading") é um poema de Oscar Wilde, escrito em seu exílio em Berneval-le-Grand ou em Dieppe, ambas na França, após sair da prisão em Reading Gaol (pronuncia-se *Redding Jail*, em inglês) em 19 de maio de 1897. Wilde fora encarcerado após ser condenado a dois anos de trabalho forçado em prisão por comportamento homossexual (recuperado em junho de 2022 de https://pt.wikipedia.org/wiki/A_Balada_do_Cárcere_de_Reading).
4 A primeira dualidade instintual consiste em instintos sexuais (direcionados aos objetos) *versus* instintos de autopreservação (voltados ao Eu).

a um estado de ausência de tensão, promovendo um retorno ao inorgânico, isto é, o próprio desligamento.

A meu ver, o fato novo e digno de destaque, apresentado nesse ensaio de 1920, é que "a compulsão à repetição também traz de volta experiências do passado que *não possibilitam prazer*, que também naquele tempo não podem ter sido satisfações; mesmo de impulsos desde então reprimidos" (Freud, 1920/2010a, p. 179, grifos meus). Freud conclui que a compulsão à repetição é uma característica *universal dos instintos*. Um instinto, diz ele, "*seria um impulso, presente em todo organismo vivo, tendente à restauração de um estado anterior*, que esse ser vivo teve de abandonar por influência de perturbadoras forças externas, uma espécie de elasticidade orgânica ou, se quiserem, a expressão da inércia da vida orgânica" (Freud, 1920/2010a, p. 202, grifos do autor). O estado anterior ao qual o instinto aspiraria regressar seria aquele de *ausência de estímulos*: o inanimado, o que evidencia o caráter mortífero desse instinto.

Para realizar tal afirmação, Freud se ancora em dois pilares: as neuroses traumáticas (de guerra) e o brincar das crianças. Sua observação mostrou que os sonhos dos pacientes que sobreviveram aos horrores da Primeira Guerra tinham a particularidade de reproduzir a situação traumática de forma recorrente – os sons dos bombardeios; a sensação de sufocamento pela queda das trincheiras; os gritos agonizantes dos feridos; as imagens de corpos despedaçados etc. Esse fenômeno contradizia a teoria clássica da psicanálise, segundo a qual o sonho seria a realização de um grande desejo. O segundo pilar, o brincar infantil, partiu da observação de Freud feita junto a seu neto de 18 meses, que parecia não sofrer pela ausência da mãe (a filha "preferida" de Freud, Sophie). Nesses momentos, em vez de chorar, o menininho pegava um carretel amarrado a um barbante e atirava-o para fora do berço, dizendo "*o-o-o-o*", quando o arremessava, e "*a-a-a-a-a*", quando puxava para perto de si. Sob o entendimento de Freud, o menino estava dizendo duas palavras em alemão: "*fort*" e "*da*", que significam, respectivamente, "foi embora" e "aqui está". A partir disso, Freud cogitou que esse jogo tinha o significado de fazer a mãe desaparecer e reaparecer. Assim, a experiência de "abandono" que o bebê sofria *passivamente* lhe causava pesar, e, por meio do brincar, ele transformava esse pesar *ativamente*.

O mestre de Viena afirma que é adequado considerar que o brincar infantil tem como função possibilitar, de modo repetitivo, as experiências que marcaram a criança, a fim de que ela possa controlar a situação emocional. Logo, a repetição pode levar à perlaboração – mas nem sempre é tão fácil. O brincar, para Freud, significa um prazer em repetir, porém, como a repetição também ocorre para nos trazer situações indesejadas, ela pode promover um gozo pela via da dor e do sofrimento – como nos pacientes traumatizados pela guerra, por exemplo.

Em outros termos, Freud descobriu que muitas circunstâncias indesejadas e situaçoes afetivas penosas são repetidas e revividas com grande habilidade pelo neurótico em transferência, na clínica e na vida cotidiana. A repetição dos mesmos erros, a constância em relacionamentos abusivos e humilhantes, o prazer em permanecer isolado socialmente do resto do mundo – por mais que essa solidão nos soe terrivelmente assustadora. Todas essas atitudes são exemplos de comportamentos repetitivos que nos remetem ao *desprazer*, mas, que, paradoxalmente, promovem uma *satisfação* e, por isso, agem numa espécie de círculo vicioso.

Entretanto, ainda é comum, na comunidade psicanalítica (e também fora dela), a compreensão de que o instinto de morte é sempre uma força inconsciente *destrutiva* – principalmente se levarmos em conta a leitura realizada pela linhagem kleiniana.

Explicando melhor, Melanie Klein apresenta, em 1957, uma *virada*[5] em seu pensamento teórico e clínico, propondo a noção de inveja inata como um representante constitutivo do instinto de morte. Nesse sentido, a autora minimiza a importância dos fatores ambientais, pois, a seu ver, de nada adiantaria um ambiente acolhedor, caso o indivíduo possuísse um instinto de morte altamente destrutivo que tenderia a aniquilar tudo aquilo que lhe fosse oferecido de bom. Nas palavras da própria autora:

> *Meu trabalho ensinou-me que o primeiro objeto a ser invejado é o seio nutridor, pois o bebê sente que o seio possui tudo o que ele deseja e que tem um fluxo ilimitado de leite e amor que guarda para a sua própria gratificação. Esse sentimento soma-se a seu ressentimento e ódio, e*

---

5 Daniel Kupermann (2019) nos dirá: "Mas o que determinaria uma *virada* no campo psicanalítico? Todo psicanalista que consideramos efetivamente um *autor* desenvolveu suas contribuições a Freud em, no mínimo, três vertentes: primeiro, criando categorias metapsicológicas próprias, referidas ao processo de constituição subjetiva, bem como a psicopatologia que lhe é correspondente; além disso, estabelecendo uma teoria da clínica capaz de lidar com os quadros psicopatológicos descritos de acordo com suas concepções acerca das origens do sofrimento humano; finalmente, propondo reflexões ético-político-institucionais que se referem tanto à direção do tratamento – ou a sua concepção de cura –, quanto à crítica acerca das resistências do próprio psicanalista ao poder de afetação do encontro clínico, e das competências que lhe são exigidas para exercer de maneira adequada seu ofício. É o que se pode encontrar, guardando evidentes diferenças, em Freud, Klein, Winnicott e Lacan, dentre outros. Dessa maneira, pode-se considerar que a *virada* se dá quando essas três dimensões da obra de um psicanalista indicam efetivamente uma mudança de direção nos caminhos (*Wege*) do pensamento teórico-clínico da psicanálise.... O retorno promovido pelo movimento de *virada* remeteria, portanto, menos à verdade última que arriscaria fechar o sentido do ato de instauração de uma discursividade, do que a uma abertura – por meio do reconhecimento de diferenças – à riqueza da obra inaugural, obturada por uma *pseudoplenitude* das leituras vigentes" (pp. 50-51, grifos do autor).

o resultado é uma relação perturbada com a mãe. Se a inveja é excessiva, indica, em minha concepção, que traços paranoides e esquizoides são anormalmente intensos e que tal bebê pode ser considerado como doente. *(Klein, 1957/1996a, p. 214, grifos)*

Em outra parte do seu impactante e robusto artigo "Inveja e gratidão" (1957), Klein escreve um conteúdo que revela, com uma minuciosa precisão, o que estou tentando demonstrar, isto é, as características centrais de um *pensamento original* que ganhou formato, força e, consecutivamente, a afastou das premissas freudianas – queiram alguns kleinianos ou não, até porque é *ela própria* quem escreve, e não *comentadores*. Vejamos:

> *A ameaça de aniquilamento, pela pulsão*[6] *de morte interna, é, em minha concepção – que neste ponto difere da de Freud –, a ansiedade primordial; e é o ego que, a serviço da pulsão de vida, e até possivelmente posto em funcionamento pela pulsão de vida, deflete em certa medida essa ameaça para fora. Essa defesa fundamental contra a pulsão de morte foi atribuída por Freud ao organismo, ao passo que eu considero esse processo como a atividade principal do ego. (Klein, 1957/1996a, p. 222, grifos meus)*

É nítida, portanto, a divergência da autora austríaca em relação às concepções de Freud, pois é no mesmo "Além do princípio do prazer" (1920/2010a) que o mestre de Viena nos diz que o instinto

---

6   Estamos usando, aqui, o termo pulsão conforme a versão traduzida para a língua portuguesa (publicada pela Editora Imago), embora não faça sentido algum, pois, em inglês, na versão original do texto, a autora faz uso do termo *instinct*.

de morte *só se torna agressivo quando aliado a Eros*. Esclareço: por meio dessa ligação com os instintos eróticos (de vida), o instinto de morte *ganha potência*, podendo ser defletido para fora, produzindo, assim, o sadismo. Em outro extremo, Tânatos também pode se unir a Eros e se direcionar ao próprio Eu, formando o que conhecemos como masoquismo.[7] Observemos:

> *Seria contrário à natureza conservadora dos instintos que o objetivo da vida fosse um estado nunca antes alcançado. Terá de ser, isto sim, um velho estado inicial, que o vivente abandonou certa vez e ao qual ele se esforça por voltar, através de todos os rodeios de seu desenvolvimento. Se é lícito aceitarmos, como experiência que não tem exceção, que todo ser vivo morre por razões internas, retorna ao estado inorgânico, então só podemos dizer que o objetivo de toda a vida é a morte, e, retrospectivamente, que o inanimado existia antes que o vivente. (Freud, 1920/2010a, p. 204, grifos do autor)*

Durante toda nossa trajetória existencial, somos constantemente desafiados, de acordo com Freud, a lidar com essas cargas de instintos (ora de vida, ora de morte). Com efeito, ao sermos acometidos por uma moção intensa de instinto de morte, uma das tendências psíquicas, além da incidência desse próprio instinto sobre o Eu, é a capacidade de direcionarmos isso ao outro (aos objetos), ao meio externo, sob a forma de agressividade (destrutividade). Cito Freud:

---

7 Freud problematizará ainda mais essa questão em seu artigo "O problema econômico do masoquismo", de 1924, que, a meu ver, traça uma espécie de continuação das ideias apresentadas em "Além do princípio do prazer".

> *A libido encontra nos seres vivos o instinto de morte ou destruição que neles vigora, que busca desintegrar este ser e conduzir cada um dos organismos elementares ao estado de inorgânica estabilidade (ainda que esta possa ser apenas relativa). Ela tem a tarefa de fazer inócuo esse instinto destruidor, e a cumpre desviando-o em boa parte – e logo com ajuda de um sistema orgânico particular, a musculatura – para fora, para os objetos do mundo exterior. Então ele se chama instinto de destruição, instinto de apoderamento, vontade de poder. ... É o sadismo propriamente dito. (Freud, 1924/2011, p. 191, grifos meus)*

Como forma de proteger o próprio organismo, os impulsos gerados pelo instinto destrutivo são defletidos para fora, em direção ao objeto. O que, muito provavelmente, irá produzir conflitos externos e violência. Vale lembrar, no entanto, que essa hipótese só aparecerá em Freud alguns anos depois (em 1924) da publicação original de "Além do princípio do prazer" (1920/2010a), demarcando um novo posicionamento de suas ideias, pois o que antes *apenas* possuía uma tendência ao inorgânico passou então a representar uma ameaça à convivência do ser humano com os seus pares.

Com a finalidade de esclarecer e expandir ainda mais essa exposição teórica, considero justificável mencionar os trechos de uma carta escrita por Freud a Einstein, em 1932, intitulada "Por que a guerra?". Nesse documento icônico, o criador da psicanálise articula suas teses acerca da agressividade, explicando o *real motivo* de os homens praticarem as guerras ao longo da história da civilização. Aqui, ouvimos a batida final do martelo freudiano no que tange às ressonâncias potencialmente destrutivas do instinto de morte, assim como a sua crença no fator constitutivo (inato) desse impulso. Acompanhemos:

> *quando os homens são incitados à guerra, neles há toda uma série de motivos a responder afirmativamente, nobres e baixos, alguns abertamente declarados, outros silenciados.* . . . . O prazer na agressão e na destruição é certamente um deles; as inúmeras crueldades que vemos na história e na vida cotidiana confirmam sua existência e sua força. A mescla desses impulsos destrutivos com outros, eróticos e ideais, facilita naturalmente sua satisfação. *(Freud, 1932/2010b, p. 428, grifos meus)*

Isso posto, percebemos o quanto o amor contorna e é contornado pelas linhas do ódio, estando muito mais próximo desse sentimento do que distanciado. Constatamos o funcionamento dessa premissa na prática escolar, por exemplo, ao analisarmos os movimentos que sustentam o *bullying* e os demais episódios cotidianos de violência. Esses atos são praticados com uma forte motivação de um ou mais indivíduos contra *o mesmo alvo em particular* – é o desejo de destruição que incita a intimidação e a agressão dirigidas ao outro e acaba reunindo um determinado grupo para exercer tais ataques a um mesmo "objeto". Eros e Tânatos se entrelaçam fortemente, assumindo o controle instintual do psiquismo.

Portanto, de acordo com a máxima freudiana, quando se odeia, geralmente, se odeia em prol de um aspecto em comum que justifique o ódio por alguém (ou alguma coisa). Esse ódio é nutrido pelo instinto de autodefesa (que, por sinal, é função de Eros), como estratégia de se livrar da ação de Tânatos, um paradoxo desdobrado brilhantemente por outra fala de Freud: "o instinto de morte se torna instinto de destruição ao ser dirigido, com a ajuda de órgãos especiais, para fora, para os objetos. *O ser vivo como que conserva sua própria vida ao destruir a vida alheia*" (Freud, 1932/2010b, p. 429, grifos meus).

Nesse sentido, podemos assimilar os impulsos agressivos como uma espécie de tática de sobrevivência, pois, não suportando o perigo dentro dele, o indivíduo o descarrega para fora – *projetando-o*, se quisermos utilizar, aqui, uma linguagem mais técnica e psicanalítica. Esse contexto abre a possibilidade de pensarmos que um indivíduo agressivo porta, no interior de si, muito sofrimento e conflitos emocionais de grande intensidade.

Ainda que, no arcabouço freudiano, essa dualidade instintual se apresente como um fator inato, há muito pouco que pode ser feito sobre a destrutividade inerente à subjetividade humana. Mas isso não impediu Freud de pensar em algumas possibilidades. Vejamos:

> *Se a disposição para a guerra é uma decorrência do instinto de destruição, então será natural recorrer, contra ela, ao antagonista desse instinto, a* Eros. *Tudo que produz laços emocionais entre as pessoas tem efeito contrário à guerra. Essas ligações podem ser de dois tipos.* . . . A psicanálise não precisa se envergonhar quando fala de amor, pois a religião também diz "Ama o próximo como a ti mesmo". Sem dúvida, uma coisa mais fácil de se pedir do que de realizar. O outro tipo de ligação emocional é o que se dá pela identificação. *(Freud, 1932/2010b, p. 430, grifos meus)*

Freud afirma com todas as letras que o único modo de se evitar a violência e os conflitos destrutivos será pela *via do amor*, pois a identificação – outro mecanismo psíquico citado nesse recorte – carece da construção de afinidades com o outro. Neste âmbito, destaco a importância do lugar ocupado pela teoria psicanalítica para pensarmos as configurações de ódio e violência que emergem no contexto escolar.

O amor, mencionado por Freud, não deve, de modo algum, ser interpretado à miséria de uma prática benevolente que coloque o ensinar em *segundo plano*. Afinal, a função da escola não pode ser renegada e tampouco esquecida. Estou falando de uma *ação educativa* que se deixe guiar pela *sutileza* presente nas relações humanas, com base no conceito de *transferência* – tão utilizado em psicanálise, mas expansível a qualquer relação humana. Citamos, a fim de maior compreensão, uma passagem de Kupfer (2007):

> *"Que são transferências?", perguntava Freud, no epílogo de "Análise fragmentária de uma histeria", escrito em 1901. E ele próprio respondia: "São reedições dos impulsos e fantasias despertadas e tornadas conscientes durante o desenvolvimento da análise e que trazem como singularidade característica a substituição de uma pessoa anterior pela pessoa do médico. Ou, para dizê-lo de outro modo: toda uma série de acontecimentos psíquicos ganha vida novamente, agora não mais como passado, mas como relação atual com a pessoa do médico". (p. 88)*

Dessa forma, um professor poderá se tornar a figura a quem serão endereçados os interesses de seu aluno, porque será objeto de uma transferência (que é sempre inconsciente). E o que se transfere são as experiências vividas primitivamente com os pais. Logo, podemos cogitar um cenário no qual o professor (e toda a instituição escolar) possa ser capaz de despertar, na criança, uma identificação que fortaleça *o vínculo*, a *cumplicidade* e, sobretudo, o *respeito* entre os pares. Para tanto, o olhar à singularidade é imprescindível.

> *O "sintoma" que a criança apresenta pode estar relacionado às suas experiências anteriores (de quando ela*

> *era mais nova), assim como também pode ser agravado pelas experiências atuais. E é para essa direção que devem apontar os nossos olhares investigadores, para as vivências iniciais que produziram marcas no sujeito.* (Almeida, 2018, p. 41)

A riqueza que habita o imprevisto do cotidiano pode ser um meio profícuo para que o professor se aproxime dos seus alunos. Perguntas, intervenções e diálogos estão carregados de afetos e *múltiplos sentidos* que, quando ignorados, reprimidos e ridicularizados, poderão virar atitudes agressivas dirigidas ao meio externo – sendo a escola o nosso *calcanhar de Aquiles*.

Ora, se, de acordo com Freud, somos constituídos pelo instinto de morte, quando não temos a oportunidade de mitigar a sua ação perigosa e destrutiva, amplificando o poder de Eros por meio de ligações variadas, dentro de um meio ambiente acolhedor, a única saída será despejar fora toda essa destruição. A escola torna-se, nesse horizonte, um espaço de saúde pública, onde ressignificações psíquicas são possíveis em virtude do enlace transferencial.

Ao compreender a realidade do estudante em sua esfera social, cultural e histórica, o professor poderá, assim, organizar alternativas e meios para que o indivíduo possa *vivenciar* e *transformar* o seu potencial destrutivo. O trabalho de escuta, no entanto, oferece oportunidades ao nosso *ser* e, consequentemente, ameniza a nossa condição de desamparo. Contudo, nesse ponto da discussão, o problema se alarga, pois um educador só poderá escutar legitimamente os seus estudantes caso a instituição escolar, respaldada por recursos mínimos do Estado, ofereça esse espaço de escuta também à sua equipe docente.

Conforme vimos, Freud (1932/2010b) destaca que, por amor a alguém, mudamos a nossa essência, nos identificamos com os nossos pares e constituímos o nosso caráter – um legado capaz de transformar todo o futuro de uma sociedade. A psicanálise caminha na direção de uma práxis diferenciada, que rompe os véus de uma ortodoxia ultrapassada, questionando a postura estatal de comodidade e negligência – por isso gera incômodo. Nesse caminho, Freud escreve:

> *Aqui talvez se possa acrescentar que deveria haver mais cuidado do que antes em* educar uma camada superior de indivíduos de pensamento autônomo, refratários à intimidação e buscadores da verdade, *aos quais caberia a direção das massas subordinadas. Não é preciso enfatizar que a extrapolação dos poderes do Estado e a proibição do pensamento pela Igreja não são favoráveis à criação dessa camada*. (Freud, 1932/2010b, p. 431, grifos meus)

É surpreendente como o pensamento freudiano permanece atual. Suas ideias se aproximam da lógica freiriana, que prioriza a educação como um recurso *libertador* ao sofrimento humano. Transformar os alunos em objetos receptores é uma tentativa "de controlar o pensar e a ação, levando os homens ao ajustamento ao mundo. É inibir o poder de criar, de atuar. Mas, ao fazer isto, ao promover obstáculos à atuação dos homens, como sujeitos de sua ação, como seres de opção, frustra-os" (Freire, 2013, n.p.); e, corroborando a minha afirmação do início, o autor continua: "Quando, porém, por um motivo qualquer, os homens se sentem proibidos de atuar, quando se descobrem incapazes de usar suas faculdades, *sofrem*" (Freire, 2013, n.p., grifos meus).

Logo, qualquer imposição autoritária e ideológica tende a despertar ainda mais violência e aniquilação dos laços significativos. Nessa perspectiva, aprendemos que o acesso ao conhecimento possibilita uma maior descoberta de si e do mundo que nos cerca, mas esses ganhos só serão alcançados por meio de uma ação educativa ancorada numa ética transformadora – que não se constrói sozinha, é preciso salientar.

Por esse ângulo, Libâneo nos propõe que "o professor não apenas transmite uma informação ou faz perguntas, mas *também ouve os alunos*. Deve dar-lhes atenção e cuidar para que aprendam a expressar-se, a expor opiniões e dar respostas" (Libâneo, 2008, p. 250, grifos meus). Uma educação, seguindo os rumos de uma vertente questionadora e libertária, conduzida por um professor que tenha acesso ao arcabouço psicanalítico (mesmo que basicamente), pode ser a via de acesso ao custoso processo de autoconhecimento, uma condição indispensável para que possamos lidar melhor com os instintos inconscientes que possuem uma grande influência sobre as nossas condutas e comportamentos e que constituem a maior parte de nossa personalidade, dominando impiedosamente a maneira como nos relacionamos com o meio social.

Entretanto, essa não é a única visão existente na psicanálise a respeito das manifestações de agressividade e da origem da destrutividade. Winnicott foi um autor que buscou outras hipóteses, bem originais, para responder a essa questão. Acompanhemos, a seguir, as ideias do pediatra britânico.

6.2 O psicanalista que não acreditava em instinto de morte

> *Lamento que [Freud] tenha introduzido aqui a pulsão de morte, porque ela confunde tudo e, do meu ponto de vista, é um conceito que Freud introduziu porque não tinha nenhuma noção a respeito do impulso primitivo de amor. Numa discussão não teria*

> *a menor utilidade introduzir a expressão pulsão de morte, a menos que se volte diretamente a Freud e se fale da tendência dos tecidos orgânicos de retornar ao estado inorgânico, o que, no que diz respeito a psicologia, não significa absolutamente nada, exceto uma afirmação do óbvio. Provavelmente não é verdade nem mesmo na sua forma mais crua e simples.*
>
> Winnicott, 2017, p. 50, grifos meus

Essa carta de Winnicott, destinada a Roger Money-Kyrle e escrita em 27 de novembro de 1952, deixa bem clara a posição do autor em relação ao conceito de instinto de morte. Ao estudar os fenômenos que constituem a agressividade e a conduta antissocial, Winnicott constatou que a origem desses comportamentos poderia ser encontrada a partir da análise das possíveis falhas do meio em que o indivíduo está inserido. Nesse sentido, o autor afasta-se das concepções freudiana e kleiniana, distinguindo a importância do ambiente como um fator indispensável ao desenvolvimento maturacional.

Na concepção do pediatra inglês, a agressividade é intrínseca à natureza humana, *própria do estar vivo*, mas não constitui um instinto comparável ao instinto sexual (de Freud). Para Winnicott, a agressividade deriva de mais de uma raiz, sofrendo transformações e adquirindo diferentes características durante o desenlace do processo de amadurecimento. "A agressividade propriamente dita, que permite ao indivíduo agredir, atacar, defender-se ou odiar o objeto *não é primária, mas uma capacidade constituída no desenvolvimento emocional*" (Lejarraga, 2015, p. 111, grifos meus), como resultante das interações entre o sujeito e o meio que o cerca.

"Em resumo, a agressão tem dois significados. Por um lado, constitui direta ou indiretamente uma reação à frustração. Por outro lado, é uma das fontes de energia do indivíduo" (Winnicott, 1964/1987b, p. 97). A raiz mais primitiva da agressividade, no entanto, é a *motilidade*, que começa a se exercer desde o útero materno, antes mesmo do nascimento. Essa atividade motora, que também é chamada por Winnicott (1950-1955/2021a) de "força vital", leva o bebê ao encontro com o ambiente, alavancando um árduo processo de descoberta da realidade externa.

Outra raiz da agressividade consiste no impulso amoroso primitivo, cujo protótipo é a voracidade, pela qual o bebê se lança *brutalmente* na direção do seio materno. Winnicott sugere que "Talvez a palavra voracidade expresse melhor do que qualquer outra, *a ideia da fusão original de amor e agress*ão, embora o amor neste caso esteja confinado ao amor-boca" (Winnicott, 1939/1987a, p. 92, grifos meus). O impulso amoroso primitivo é instintivo e impiedoso (*ruthless*), pois a criança não possui qualquer *preocupação* com o dano que poderá causar ao objeto. Ora, é preciso lembrar que, nos primórdios da vida, o bebê se situa no estágio de *dependência absoluta*, estando completamente misturado ao ambiente. Além disso, apesar de ele ser capaz de chutar ou morder, não podemos supor que exista, nesses atos, uma intenção destrutiva.

Essa motilidade, fundida à oralidade, encontra satisfação pela gratificação instintiva, com o auxílio das *zonas erógenas* do corpo – por meio das funções fisiológicas (evacuar, mamar etc.). Em contrapartida, a motilidade que está deslocada, ou seja, à parte dessa fusão, precisa encontrar uma *oposição*. Explico melhor: caso não haja essa oposição realizada pelo ambiente, a motilidade do bebê *cairá no vazio*, impedindo-o de tomar consciência de sua força muscular, de seu potencial agressivo e da existência de um mundo real. Essa motilidade originária, quando esbarra na oposição, possibilita, inclusive, o reconhecimento *gradativo* da externalidade. Cito Winnicott:

> *Entretanto, os impulsos agressivos não proporcionam nenhuma experiência satisfatória a não ser que encontrem uma oposição. A oposição deve-se originar no ambiente,*

> *no NÃO EU que gradualmente vai se distinguindo do EU. Pode-se dizer que a experiência erótica existe nos músculos e em outros tecidos que participam do esforço, mas se trata de um erotismo de natureza diferente daquele erotismo instintivo associado a zonas erógenas específicas. (Winnicott, 1950-1955/2021a, p. 388, grifos meus)*

Partindo dessa premissa, podemos supor que há uma diferença basilar entre *destrutividade* e *agressividade* na obra winnicottiana. A primeira se refere a uma destrutividade potencial, sem raiva, que permite o *reconhecimento* da realidade exterior – ainda que incipiente. A segunda pode ser concebida quando o bebê atravessa o estágio da dependência absoluta, chegando à dependência relativa e, por meio da oposição do ambiente, vai se desenrolando o seu potencial agressivo. "Passa-se da agressividade 'por acaso' para a agressividade intencional" (Lejarraga, 2015, p. 113).

A destrutividade inerente ao impulso amoroso primitivo – mais precisamente à fantasia destrutiva – passa a exercer um papel crucial no longo processo de desenvolvimento do *estágio da concernência*. Com efeito, para que uma criança possa assumir a responsabilidade em relação à sua impulsividade instintual, "é preciso, antes, que ela seja um EU, capaz de sentir-se *concernido* e preocupado com *as consequências da instintualidade*" (Dias, 2003, p. 102, grifos meus). Caso isso não aconteça, o bebê não atinge a capacidade de sentir culpa – de forma *espontânea* e *natural* – e, consequentemente, o desenvolvimento da alteridade também fica comprometido.

Adentramos, aqui, em outro conceito do vasto arcabouço winnicottiano: *o estágio da concernência* (*stage of concern*).

Porém, antes de iniciar as minhas breves exposições acerca desse conceito, é importante deixar claro que *não concordo* com a tradução do termo *concern* por "*preocupação*", realizada por alguns tradutores e algumas editoras, já que o verbo "preocupar" implica, em sua etimologia, o prefixo "pré", que está relacionado ao significado de "anterior", ou seja, ocupar-se com algo, num tempo *anterior* à ocorrência *desse algo*.

No sentido etimológico, alguém pode *"pré-ocupar-se"* com a sua aprovação, ou não, em um exame escolar ou em uma vaga de emprego que ocorrerá *no futuro* – algo presente que antecede o que ainda está por vir. E esse "ocupar-se fora do tempo próprio", conforme veremos, não tem *nada a ver* com o que ocorre nesse estágio descrito por Winnicott. Alguns pesquisadores brasileiros estudiosos desse autor, como Elsa Oliveira Dias (2003), optaram pelo neologismo *"concernimento"* para garantir uma maior fidelidade às ideias do psicanalista. A recente tradução realizada pela editora Ubu do livro *Da pediatria à psicanálise* (2021) recorreu à palavra "consideração" (que também não me agrada muito).

No entanto, o termo em português que corresponderia mais adequadamente ao vocábulo em inglês, a meu ver,[8] seria *"concernência"*. Assim, durante este capítulo, conservo o uso do termo "estágio da concernência" – em consonância com a língua portuguesa.

Pois bem, de impetuoso e indiferente aos seus próprios impulsos instintuais, o bebê passa, aos poucos, a se sentir *concernido* pelos instintos que o dominam nos momentos de excitação. Em outras palavras, suportar esses impulsos, significa suportar as manifestações vitais do bebê que se manifestam pelo choro, pela agitação ou pela inquietude – não à toa, ouvimos, frequentemente, este ditado popular: "o bebê testa a paciência da mamãe".

---

8 Isso implica também uma concordância, da minha parte, com as ideias do meu orientador, o prof. dr. Alfredo Naffah Neto, que é um grande estudioso da obra winnicottiana.

Diferenciando-se de Melanie Klein (1946/1996b), que postula uma dissociação necessária, operada pelo bebê, entre uma *mãe boa* e outra *má*, Winnicott irá se referir a essas duas mães como a mãe dos *estados de excitação* e a mãe dos *estados tranquilos*. A partir de 1963, com "O desenvolvimento da capacidade de se preocupar" (1963/1983b), ele passa a nomear essas duas mães "mãe-objeto" e "mãe-ambiente", respectivamente. Uma das coisas mais importantes que ocorrem no estágio da concernência, portanto, é o fato de que a criança passa a perceber a mãe como *única* (uma pessoa inteira). Nesse período em que a criança está juntando numa só pessoa a mãe-ambiente e a mãe-objeto, "a mãe real precisa continuar a desdobrar-se em duas, executando cada qual a sua parte da tarefa de cuidar do bebê" (Dias, 2003, p. 259). Vejamos:

> A mãe-objeto *tem de demonstrar que sobrevive aos episódios dirigidos pelo instinto, que agora adquiriram a potência máxima de fantasias de sadismo oral e outros resultados da fusão. Além disso, a* mãe-ambiente *tem uma função especial, que é a de continuar a ser ela mesma, a ser empática com o lactente, a de estar lá para receber o gesto espontâneo e se alegrar com isso.* (Winnicott, 1963/1983b, p. 73, grifos meus)

A tarefa de unificar a instintualidade, com toda a agressividade que lhe é inerente, requer *tempo* e um *ambiente pessoal contínuo*. A tendência da criança que começa a perceber que a agressividade *faz parte de sua natureza* é, então, projetar essa agressividade para fora, para o meio externo, que, por sua vez, ficará *povoado de ameaças*. Dessa forma, o ambiente será percebido como persecutório e altamente perigoso. Será a disponibilidade receptiva e protetora da mãe, no entanto, que poderá *neutralizar* o caráter de retaliação desse medo.

A capacidade de aceitar que a destrutividade é *pessoal* e *convive ao lado do amor* e dos *impulsos vitais* depende do desenvolvimento, na criança, da aptidão de fazer reparações a esses ataques realizados em *fantasia inconsciente*. Essa conquista só acontecerá se a mãe resistir (sobreviver). Segundo Winnicott:

> *Quando a confiança neste* ciclo benigno *e na expectativa da oportunidade se estabelece, o sentimento de culpa relacionado com os impulsos do Id sofre nova modificação; precisamos de um termo mais positivo, tal como "concernência". O lactente está agora se tornando capaz de ficar preocupado,* de assumir responsabilidade por seus próprios impulsos e as funções que dele fazem parte. *Isto provê um dos elementos construtivos fundamentais da brincadeira e do trabalho (Winnicott, 1963/1983a, pp. 73-74, grifos meus)*

A questão fundamental é que a criança precisa *experienciar a sua impulsividade*, porém, simultaneamente a isso, ela se depara com o medo de que os "estragos" realizados em sua mãe sejam irreversíveis. Quando a mãe fornece a oportunidade para que o "*ciclo benigno*" se repita inúmeras vezes – ou seja, o bebê "destrói" (em fantasia); a mãe "sobrevive"; e, então, ele "repara" –, a criança passa, gradualmente, a acreditar na *possibilidade efetiva da reparação*, como uma espécie de manifestação construtiva. Ao serem dadas condições de suportar essa culpa que emerge naturalmente, o lactente se tornará livre para expressar o *amor instintual*. Esta, para Winnicott, é a única culpa verdadeira.

Atualmente, tanto no contexto clínico, quanto no cenário escolar, é possível observar a uma transformação geral no registro da construção das subjetividades. Dentre essas inúmeras mudanças, gostaria de enfatizar duas: 1) os estados de tédio, apatia e depressão patológica; 2) a violência narcísica e egoísta que se manifesta por atos distantes de qualquer noção de coletividade. Vários autores da psicanálise e de outros campos do conhecimento irão discorrer sobre essa questão. É o caso, por exemplo, de Green (1988), Minerbo (2019), Figueiredo e Coelho Junior (2018) – para citar alguns dos principais. Uma boa parte da origem dessas novas subjetivações pode estar relacionada à apropriação gradual dos impulsos destrutivos e à conquista do sentimento de alteridade, resultante da concernência.

Recordo-me de uma menininha que chegou em nossa escola aos 4 anos de idade. Ela se mostrava extremamente insegura e possuía um medo inexplicável de fazer tudo – desde as suas próprias atividades pedagógicas até interagir com os colegas. Não suportava ficar longe da professora, apresentando um estado de excessiva dependência. Em uma conversa com a sua mãe, esta nos informou que, quando menor, Júlia era demasiadamente agitada; "um bebê fora do normal", de acordo com as palavras maternas. Em vista disso, a mãe acabava "não suportando" esse comportamento e, frequentemente, perdia a paciência com a menina, deixando-a chorar "mais que o natural" em seu berço, pois ela precisava cuidar dos afazeres da casa e dos outros dois irmãos mais velhos de Júlia. "Minha filha parecia testar a minha sobrevivência e eu ficava tão esgotada", admitiu com um certo timbre de culpa. Ora, é preciso urgentemente desromantizar a maternidade, ainda mais quando estamos lidando com contextos de vulnerabilidade social, em que as mães precisam desempenhar mil funções simultaneamente para cuidar de seus lares – na maior parte das vezes sozinhas. Muitas delas tentam fazer de tudo por seus bebês, embora possam falhar, e essas falhas são absolutamente normais, diga-se de passagem. Reforçar o peso da responsabilidade materna, nesses casos, em nada ajudaria no processo de amadurecimento de crianças que passaram por situações semelhantes às de Júlia. Munido dessas informações, realizei um trabalho de orientação com a professora de Júlia que, em pouco tempo, começou a colocar as minhas sugestões em prática. Vale destacar que tais recomendações haviam sido pensadas em conjunto – *aspecto que julgo essencial para o estabelecimento de uma ação educativa transformadora. Além de todo o acolhimento oferecido pela professora, que possibilitou a tessitura de um vínculo de confiabilidade com a menina, ela também passou a propor atividades que envolvessem "pequenos atos de destruição". Exemplifico: rasgar pedaços de revistas e colar numa folha em branco, pintar os azulejos do pátio da escola (permitindo que as crianças se sujassem com as tintas), apostar corrida com todos eles para chegar à sala de aula, rabiscar grandes pedaços de papel pardo que ficavam expostos pelo colégio como uma espécie de galeria de arte etc. Pela prática dessas atividades, Júlia começou a sair daquele enquadre de timidez e apatia, demonstrando ímpetos de vitalidade, ainda que breves. Passou, então, a realizar diversas brincadeiras com a professora e com os amigos. Uma de suas preferidas consistia em "prender" os coleguinhas no jogo de polícia e ladrão. Júlia também adorava construir arminhas com os blocos de encaixe, e imaginava matar os inimigos extraterrestres que invadiam o planeta Terra (representados, inclusive, pela professora, que encarnava esse papel na brincadeira). Gradualmente, a menina começou a construir relações de amizade com os colegas, preocupando-se legitimamente com eles. Somou-se a isso a ampliação de sua fala e de sua capacidade de articulação de pensamentos. Ao acompanhar o brilhante trabalho dessa educadora, pude perceber, nitidamente, o seu desempenho de "professora-ambiente", esperando o gesto espontâneo de Júlia mediante o surgimento do elo de confiança; e, de "professora-objeto", permitindo ser* destruída *por sua aluna no contexto das brincadeiras, ao passo que também assinalava algumas oposições quando essas atividades extrapolavam os limites. Afinal, o "não" é sempre necessário – apesar de parecer estar em desuso em nossos dias atuais.*

A aquisição da capacidade de se *responsabilizar* pelos sentimentos e ideias destrutivas tem, em sua origem, a existência de um *ambiente facilitador* e indestrutível, que ofereça à criança a oportunidade de encontrar as condições seguras para descobrir que ser destrutiva, ou desejar destruir, não culmina, necessariamente, numa destruição *real* desse ambiente. Não obstante, o indivíduo perceberá que os seus impulsos podem ter uma "existência total" no *plano da fantasia* – sendo, então, apropriados, elaborados e contidos pelo self; dirigidos para fins vitais e construtivos.[9]

Nesse sentido, a família precisa estar apta para *suportar* e *conter* os impulsos destrutivos iniciais de suas crianças ("sobrevivendo" a eles). Caso isso não aconteça por alguma razão, a escola surge, assim, como um lugar de possibilidade de reedição das vivências que não puderam ser *experienciadas* na situação original.

Sintetizando: em um ambiente suficientemente bom, a agressão passa a integrar a personalidade individual – conforme vimos no caso de Júlia – "como uma energia proveitosa relacionada ao *trabalho* e ao *brincar*; ao passo que, em um ambiente de privação, a agressão pode vir a se tornar carregada de *violência* e *destruição*" (Abram, 2000, p. 5, grifos meus). Quando isso acontece, a criança não consegue produzir as fantasias necessárias à apropriação de seus impulsos "agressivos-destrutivos", e tampouco terá alguma chance de realizar o "ciclo benigno".

De acordo com tudo o que foi apresentado até agora, percebemos que Winnicott busca explicações fundamentadas em sua *experiência clínica* para pensar em outras alternativas que possam *substituir* a noção especulativa de "instinto de morte", designada por Freud. Ao me debruçar sobre a obra deste último (e de alguns dos seus principais comentadores), foi possível compreender que ele usa o termo metapsicologia com *dois sentidos* diferentes: "primeiro, significando a própria teoria psicanalítica em geral; segundo, se referindo a um

---

9 Temos de nos lembrar que toda construção implica alguma forma de destruição. Por exemplo, para pintar um quadro, é preciso destruir tubos de tintas.

conjunto de conceitos inadequados para a compreensão do ser humano do ponto de vista da psicanálise" (Fulgencio, 2018, p. 186).

No primeiro sentido, a teoria metapsicológica é considerada por ele para descrever alguns processos do desenvolvimento maturacional do ser humano. No segundo sentido, Winnicott usa o termo metapsicologia como um conjunto de conceitos abstratos, que possuem uma duvidosa e imprecisa referência para definir o campo dos fenômenos clínicos, fornecendo apenas uma *ilusão* de compreensão. Em uma carta para Anna Freud, de 18 de março de 1954, o pediatra britânico escreve:

> *Estou tentando descobrir por que é que tenho uma suspeita tão profunda com esses termos [metapsicológicos]. Será que é por que eles podem fornecer uma aparência de compreensão onde tal compreensão não existe? Ou será que é por causa de algo dentro de mim? Pode ser, é claro, que sejam as duas coisas. (Winnicott, 2017, pp. 71-72)*

Winnicott cultiva como objetivo principal de seus escritos empregar uma linguagem teórica que seja o mais próxima possível dos *fatos observáveis* na vida cotidiana: "Um escritor que se debruça sobre a natureza humana precisa ir ao encontro de uma linguagem simples e para longe do jargão do psicólogo, mesmo que esse jargão possa ser valioso em contribuições para revistas científicas" (Winnicott, 1957/2021c, p. 150). Essa característica evidencia a sua postura metodológica de atribuir um sentido factual aos conteúdos de suas teorias, levando-o "não só a tecer duras críticas a conceitos como os de pulsão de vida (*Lebenstriebe*) e de morte (*Todestriebe*) mas, fundamentalmente, a abandonar os *conceitos especulativos* que caracterizam a metapsicologia freudiana" (Fulgencio, 2018, p. 187, grifos meus).

Entretanto, considero essencial destacar que o nosso autor *não despreza* e muito menos *desqualifica* as ideias originais de Freud e

Klein. Não é disso que se trata. Ele formula *hipóteses práticas originais*, tomando como guia norteador o seu próprio trabalho psicanalítico, baseado numa série de apontamentos feitos por esses dois últimos autores. Nesse sentido, acho pouco provável que pudesse haver "um Winnicott" sem a existência precedente de Freud e Klein – apesar de alguns analistas "winnicottianos" pensarem de maneira oposta (o que me assusta completamente, devo admitir).

Antes de passar para o próximo item, com a intenção de desfazer quaisquer conclusões superficiais, cito o trecho de um excelente artigo publicado por Leopoldo Fulgencio (2018):

> *O abandono da metapsicologia, para Winnicott, não significa recusar tudo o que Freud e outros analistas pós-freudianos fizeram, em benefício de suas próprias teorias. Uma série de descobertas feitas por Freud (a sexualidade infantil, o complexo de Édipo, o inconsciente recalcado, a transferência, a resistência etc.) e Klein (a posição depressiva, o uso do jogo e da brincadeira na técnica de tratamento de crianças etc.), entre outras contribuições que caracterizam o desenvolvimento da psicanálise, estão presentes na teoria psicanalítica winnicottiana, ainda que tenham sido reescritas ou redefinidas por ele no interior de sua teoria do amadurecimento pessoal, configurando, assim, a fé de Winnicott no próprio progresso da psicanálise como uma ciência. (p. 200)*

6.3 *A tendência antissocial*

Vimos, então, que Winnicott não utiliza o conceito especulativo freudiano de "instinto de morte". É a partir de sua teoria acerca das origens da agressividade que o pediatra inglês irá desenvolver a noção de *deprivação*,[10] delinquência e, por conseguinte, definir o que ele entende por "tendências antissociais". Cito-o:

> *A tendência antissocial caracteriza-se por um elemento que compele ao ambiente a tornar-se importante. O paciente, devido a impulsos inconscientes, obriga alguém a encarregar-se de manejá-lo. A tarefa do terapeuta consiste em envolver-se com esse impulso inconsciente do paciente, e o trabalho é realizado por meio de manejo, tolerância e compreensão. (Winnicott, 1956/2021b, p. 506)*

Para o autor, a tendência antissocial não se enquadra nos padrões de um diagnóstico. Ela também não se compara a outras psicopatologias, como a neurose e a psicose. Por isso, pode ser encontrada tanto em indivíduos normais como em neuróticos ou psicóticos, surgindo em todas as idades (inclusive "fora" da infância). Winnicott exemplifica suas teses valendo-se de um recorte clínico que não corresponde a um processo analítico propriamente dito, pois o autor apenas propôs algumas orientações à mãe do paciente em um ou dois encontros.

Trata-se de um menino chamado John, cuja idade não é revelada, mas que é o *mais velho* de quatro irmãos. A mãe do garoto procura Winnicott pois andava bastante preocupada com a conduta de seu filho: ele havia desenvolvido uma compulsão por roubar, começando

---

10 Winnicott usa duas palavras inglesas para falar em "privação": uma é *privation*, nos períodos iniciais da vida, em que o bebê ainda não constituiu um ego separado do ambiente, vivendo misturado ao mesmo; outra é *deprivation*, quando a criança já distinguiu um mundo interior de um mundo exterior. Zeljko Loparic (Loparic, 2001) propôs o neologismo "deprivação" como tradução para o segundo termo, a fim de distingui-lo do primeiro.

a fazer pequenos roubos em lojas e, também, em sua própria casa. Winnicott, então, explica a essa mãe que, quando John rouba, ele não está querendo os itens que apanha, mas sim procurando alguma coisa à qual *ele tenha pleno direito*. Ou seja, é como se ele estivesse fazendo uma *reclamação inconsciente* aos seus pais porque se sentiu, em algum momento, *deprivado* do amor deles.

No instante em que ouve as palavras do médico, a mãe se põe a chorar copiosamente, dizendo ao doutor que, às vezes, John é tão travesso que a família se *excede* nas broncas – aspecto que, muito provavelmente, despertaria no menino a dúvida sobre se, de fato, ele era *realmente amado* por sua família.

Chegando em casa, a mãe fez exatamente o que o pediatra havia recomendado: comunicou ao filho que, quando ele roubava algo, estava, na verdade, em busca do amor e da atenção de seus pais. Além disso, a mulher também foi à escola de John para conversar com a professora e explicar que o menino estava precisando de um *cuidado especial*. Oito meses depois, a mãe de John escreve à Winnicott, relatando que a criança não voltara a roubar e que o seu relacionamento com a família e a escola haviam *melhorado de forma expressiva*.

Conforme enfatizei, o analista inglês afirma que as crianças que possuem uma conduta antissocial sofreram algum tipo de *deprivação*, isto é, elas não foram privadas dos cuidados iniciais. Muito pelo contrário, se isso tivesse ocorrido, elas não teriam se desenvolvido ao nível que alcançaram – para Winnicott, essas crianças negligenciadas nas etapas primitivas da vida têm grandes chances de se tornarem *psicóticas*. A deprivação, de modo oposto, refere-se aos quadros de crianças que receberam o cuidado ambiental necessário quando bebês, mas que depois foram abruptamente desprovidas desse amor – por isso o prefixo "de" em privação (*deprivation*, no texto original).

Nos casos de condutas antissociais, o essencial é repor um ambiente seguro, confiável e acolhedor para a criança que o tinha, mas que, por algum motivo, o perdeu. O comportamento intransigente nada mais é do que um *pedido de resgate* da criança desamparada. A escola, nesse contexto, passa a ser um território de esperança, possibilitando que o indivíduo recupere o amor que é seu por direito.

Novamente afirmo que não estou defendendo, aqui, uma complacência romantizada, mas a implantação de circunstâncias *razoavelmente* saudáveis para que a criança possa retomar os pontos do seu processo de amadurecimento que ficaram congelados, à espera de um ambiente propício e sustentador. Acompanhemos o autor:

> *Quando existe esperança, no que se refere às coisas internas, a vida instintiva está ativa e o indivíduo pode usufruir do uso de impulsos instintivos, incluindo os agressivos, convertendo em bem na vida real o que era dano na fantasia. Isso constitui a base do brincar e do trabalho.... Se a destruição for excessiva e incontrolável, muito pouca reparação é possível e nada podemos fazer para ajudar. Tudo que a criança pode fazer é negar a propriedade de fantasias más ou então dramatizá-las. A agressividade, que dificulta seriamente o trabalho da professora, é quase sempre essa dramatização da realidade interior que é ruim demais para ser tolerada como tal. (Winnicott, 1939/1987a, p. 94, grifos meus)*

O entendimento de Winnicott em relação à agressividade e à violência amplia o valor do ambiente e, consequentemente, direciona a instituição escolar como foco central do escopo de nossa discussão. "A compreensão de que o *ato antissocial é uma expressão de esperança* é vital para o tratamento de crianças que mostram a tendência antissocial" (Winnicott, 1956/2021b, p. 506, grifos meus).

Vemos constantemente, porém, esses momentos de esperança serem repetidamente desperdiçados, devido à nossa impaciência diante dos quadros que escapam dos padrões de *normalidade*. Soma-se a isso a precariedade da formação docente, que, em muitos aspectos, se apresenta como *insuficiente*, principalmente no que tange às questões psicológicas e emocionais das crianças e do próprio educador.

Tomando como referencial a teoria psicanalítica winnicottiana e sua explicação para as raízes da agressividade, meu objetivo central é pensar a educação não apenas como um dispositivo regulador, mas, em especial, como um espaço de transformação que possa favorecer a criatividade e a expressão singular do sujeito. Trata-se de uma ação educativa que não se orienta apenas por repetir a tradição – indispensável para o processo de apropriação cultural –, mas que possa ir além disso, permitindo o surgimento de experiências criativas, responsáveis por deixar fluir e, ao mesmo tempo, reorientar os impulsos destrutivos que portamos no ímpeto do nosso *ser*.

6.4 Lilo & Stitch: *uma lição de esperança para a vida e para as escolas*

A princípio, a teoria de Winnicott pode parecer difícil de ser compreendida por muitos que não tiveram qualquer tipo de contato com a sua obra. Isso ocorre, em parte, pelo fato de o autor fazer um uso constante de *paradoxos*, e fundamentar uma parcela significativa de suas teses em bases fenomenológicas e existencialistas (Fulgencio, 2020). Além disso, Winnicott é ainda pouco trabalhado nos cursos de psicologia e, principalmente, de pedagogia. Seus textos exigem de quem os lê um certo nível de *abstração* e reflexão que, inicialmente, pode causar resistências.

Posto isso, penso que não há quaisquer chances de pensarmos em possibilidades de intervenções caso não compreendamos seguramente o arsenal teórico que estamos estudando. Esse, a meu ver, é um dos maiores abismos que existem entre a psicanálise e a educação. Diversos psicanalistas insistem em escrever em *psicanalês*, tornando a nossa disciplina praticamente impossível de ser assimilada por quem não é da mesma área. Nesse sentido, creio que não há nada melhor para aprendermos algo tão intricado do que tomarmos como referência um determinado recurso simbólico – podendo ser um filme, uma obra de arte, um conto, uma poesia etc. Por mais que fazer isso possa resultar em um reducionismo da riqueza teórica que atravessa a prática clínica, acredito que, para fins didáticos, vale a pena correr esse risco ao sustentar tal proposta. Com efeito, irei abordar alguns pontos teóricos deste capítulo por meio do enredo de uma animação.

Trata-se do longa-metragem *Lilo & Stitch*,[11] que nos leva a perceber a família como uma entidade indispensável à constituição pessoal do ser, assim como um meio potencial para a inscrição subjetiva da própria agressividade na essência do ser, atribuindo a ela um sentido efetivamente criativo. A história nos convida a analisar como a *dinâmica familiar* pode desempenhar uma função *positiva* em relação aos impulsos destrutivos, modificando suas estruturas a fim de despertar uma atitude de amor e cuidado pelo próximo, por meio do reconhecimento da alteridade.

O filme começa com a cena de um julgamento num tribunal bastante bizarro: em um planeta distante de nossa galáxia, um cientista alienígena está sendo acusado de criar uma das experiências

---

11 *Lilo & Stitch* é um filme de animação de longa-metragem produzido pelos estúdios Walt Disney, lançado no Brasil em 28 de junho de 2002, dirigido por Dean DeBlois e Chris Sanders e apontado como um dos novos clássicos contemporâneos do cinema infantil.

mais terríveis de que já se teve notícia, dotada de um potencial extremamente *destrutivo* e *aniquilador*. A criatura recebe o nome de "Experiência 626", sendo considerada uma autêntica ameaça à existência de todos os planetas. O que é mais curioso deste primeiro recorte é o fato de que a criatura denominada pelos presentes como "aberração" acaba sendo julgada justamente por outros alienígenas que possuem uma aparência muito mais exótica e assustadora do que a sua. Poderíamos perceber, aqui, que a destrutividade impulsiva representada pela figura de "626" seria, na verdade, a parte incontrolável de nós mesmos, manifestada de forma bruta, sem censura e sem nenhum controle?

A decisão final do julgamento é o exílio da criatura em um asteroide distante e qualquer. Ora, não é isso que tentamos fazer com os nossos impulsos destrutivos? Enviá-los ao exílio nas camadas mais profundas da psique, a fim de renegar essas partes vitais que nos edificam? Ao menos é essa a conduta que a sociedade exige que tenhamos, para que possamos conviver de maneira *civilizada*. Ora, foi o próprio Winnicott quem nos disse que: "Ser capaz de tolerar tudo o que podemos encontrar em nossa realidade interior é uma das grandes dificuldades humanas, e um dos importantes objetivos humanos consiste em estabelecer relações harmoniosas entre as realidades pessoais internas e as realidades exteriores" (Winnicott, 1939/1987a, p. 92). Nesse sentido, é muito mais fácil dissociar do que *experienciar*; no entanto, lembremos de que aquilo que foi dissociado *não desaparece permanentemente*.

Voltemos à animação. Enquanto está sendo extraditado para esse lugar longínquo e acompanhado de uma forte escolta policial interplanetária, a "Experiência 626" consegue escapar do cárcere e assumir o controle de uma pequena nave espacial. Em meio a essa confusão, a criatura segue uma rota um tanto quanto imprevisível e aleatória, acabando por aterrissar justamente em nosso planeta Terra.

Essa cena se encerra e somos remetidos ao ambiente terráqueo, mais precisamente, à região do Havaí. Nesse momento, passamos a acompanhar a rotina de Lilo, uma garotinha de 5 anos de idade que adora fotografar, nadar, explorar a natureza, cuidar dos animais mais desprotegidos, além de ser dotada de uma imaginação intensamente criativa. Essas peculiaridades, porém, diferenciam Lilo de suas demais coleguinhas – fator que a fará ser dolorosamente excluída de seu círculo social. Em um dos diversos desentendimentos que ocorrem entre elas, Lilo perde o controle emocional e acaba, inevitavelmente, mordendo e atacando uma das meninas que a provocou; essa atitude impulsiva faz com que ela seja ainda mais odiada pelo grupo de meninas.

Percebemos nessa pequena passagem que, por mais que a agressividade possa ser um caminho para o pensamento criativo, quando emerge de modo *inadequado* e explosivo, torna-se um *grande empecilho* para o desenvolvimento das relações interpessoais. Winnicott tece algumas considerações relevantes sobre essa perspectiva. Cito-o:

> *É tudo muito complicado e é necessário muito tempo para que a criança domine as ideias e excitações agressivas e seja capaz de controlá-las sem perder a capacidade para ser agressivo em momentos apropriados, seja ao odiar ou ao amar. ... Cuidando de crianças, observamos que elas tendem a amar aquilo que machucam. Machucar faz parte da vida e a pergunta é: de que maneira seu filho encontrará uma forma de aproveitar essas forças agressivas para a tarefa de viver, amar, brincar e (finalmente) trabalhar? (Winnicott, 1964/1987b, p. 101)*

Ao agredir sua colega de grupo, Lilo está reivindicando inconscientemente o lugar que deveria ser seu por direito, isto é, o lugar de *pertencimento* e a *aceitação* por seus pares – o que não ocorre na realidade. O episódio da briga acontece em meio a um ensaio de dança. Por conta disso, o professor da turma decide chamar a irmã mais velha de Lilo, Nani, para conversar sobre o comportamento agressivo da menina.

As duas irmãs moram sozinhas desde quando os seus pais morreram em um trágico acidente de carro. Ambas sentem muita falta da família completa, mas, ao mesmo tempo, vivem promovendo discussões entre elas.

Cabe ressaltar que Lilo foi profundamente afetada pelo trauma da perda dos pais e, desde então, se sente muito solitária. A irmã mais velha, por sua vez, demonstra amor e carinho por ela, mas o comportamento agressivo de Lilo – reativo à perda dos pais – acaba dificultando o estreitamento do vínculo entre as duas. Lilo é uma criança tipicamente malcriada e rebelde – por inúmeras razões que um olhar superficial não permite compreender.

Observando a carência afetiva de sua irmã mais nova, Nani decide levar Lilo para adotar um cachorrinho no abrigo de animais abandonados da cidade – é incrível como o tema da *rejeição* atravessa (mesmo que indiretamente) a órbita de todo o enredo da animação.

Chegando no canil, Lilo se depara com a Experiência 626, encanta-se com a sua *excentricidade* e o escolhe como o seu legítimo animal de estimação, chamando-o carinhosamente de "Stitch". A criatura altamente destrutiva acaba *acatando* essa posição e adere ao disfarce de animal de estimação de Lilo, mesmo porque alguns agentes interplanetários foram escalados para retirar o monstro do planeta Terra. Todavia, eles jamais poderiam ser descobertos pelos humanos; por causa disso, Stitch usa Lilo como um escudo de defesa para evitar a sua própria caça.

É divertido pensar que mesmo com todas as resistências de Nani e da própria gerente do canil, que consideram Stitch uma "aberração", Lilo é bem decidida e afirma com convicção ao escolher o monstrinho: "É ele! Melhor que ele não tem! *Eu sei* que ele é bom!".

Acreditando no que havia de melhor em Stitch – por mais que todas as suas atitudes apontassem para uma total destrutividade descontrolada – Lilo foi oferecendo um espaço de amor e paciência para que a criatura percebesse, então, o seu lugar e pudesse experienciar e atribuir algum sentido aos seus impulsos destrutivos.

Numa das cenas mais emocionantes da animação, Stitch pede para Lilo lhe contar a história do "Patinho Feio", que culmina em mais uma "pérola" dita espontaneamente pela garotinha: "Ele [o Patinho] fica muito feliz porque descobre *o seu lugar*, quando encontra a sua verdadeira família".

Como havia sido demitida de seu antigo emprego, por causa de algumas confusões ocasionadas por Lilo e Stitch, Nani precisa, urgentemente, arrumar um novo trabalho. Caso não consiga esse feito dentro do prazo estipulado pelo assistente social – responsável por vigiar a rotina das duas –, ela pode perder, definitivamente, o direito à guarda de sua própria irmã mais nova.

Em paralelo ao processo de busca por emprego de Nani, Lilo se propõe a deixar Stitch "mais bem educado", ensinando a ele regras e valores para que adquira uma "postura exemplar" – conforme a sua expressão – e, assim, possa evitar maiores problemas à família.

Após diversas tentativas que resultaram em total fracasso – tanto da parte de Nani com o emprego como da parte de Lilo com a educação de Stitch –, a família decide surfar para amenizar a tensão do final do dia, aceitando o convite de um grande amigo, David – afetivamente interessado em Nani e muito cuidadoso com ela e Lilo. Esse momento nos encanta com uma série de cenas sutis e emocionalmente intensas. O *surf* aparece como um brincar simbólico construtivo. Stitch, que estava receoso de entrar no mar, encanta-se com as manobras da prancha e a sensação de *liberdade* e *segurança* que corresponde à *experimentação* de algo inédito, ao lado de quem o ama de verdade. O extraterrestre está claramente encantado com Lilo, e passa a se identificar com o amor recebido por aquela família.

Assim que chegam em casa, Stitch tem uma espécie de crise existencial, tentando encontrar algum sentido na sua própria existência. Nessa hora, Lilo lhe mostra uma foto de sua família ainda completa (ao lado de seu pai e sua mãe) e conta a Stitch que seus pais saíram para passear num dia de chuva e nunca mais retornaram. Observando o envolvimento emocional do monstrinho, ela o questiona: "O que aconteceu com a sua família? Eu o vejo chorar à noite. Você sente falta deles?".

É óbvio que Stitch não tinha nenhuma resposta para aquela pergunta, afinal, nunca tivera uma família. Nasceu como resultado de um experimento científico e, portanto, não foi acolhido pelos cuidados primários desempenhados por um ambiente suficientemente bom, tampouco teve condições para constituir a sua subjetividade. Diante disso, o que lhe restava oferecer ao mundo seria somente a *destruição* e o *caos*.

De acordo com Winnicott (1964/1987b), existe uma destruição que é sadia e outra que é patológica. A destruição saudável é inconsciente e localiza-se na fantasia, na maior parte do tempo, o que significa que o sujeito alcançou a integração e a *maturidade emocional*. A destruição que atua e se manifesta externamente, fora do contexto,[12] é patológica, pois indica uma agressão que não pôde se integrar à personalidade e que permanece dividida, apontando, assim, para uma *imaturidade emocional*.

---

12 A agressividade externa é apropriada quando usada em situações de autodefesa e quando é intrínseca à produção de atividades que exijam a sua presença. Por exemplo, para esculpir uma esculta em mármore é necessário "destruir" a pedra bruta.

Pois bem, considero possível presumirmos que Lilo *teve* condições de estruturar um eu integrado, por isso as suas manifestações agressivas eram decorrentes da perda traumática de seus pais – uma espécie de deprivação. Em contrapartida, Stitch não teve qualquer oportunidade de ser abrigado por um ambiente protetor ao nascer. Tal situação representa *exatamente* o que Winnicott escreveu em seu texto "Raízes da agressão", de 1964, no qual nos dirá que, por meio de comportamentos agressivos, a criança tenta recuperar uma *relação de confiabilidade com o ambiente*, "pedindo" para que ele cumpra o seu papel de continência e provisão que foi, em algum momento, interrompido – essa ideia pode ser a pedra angular para a compreensão da atitude de Lilo após perder as pessoas mais importantes de sua vida.

Retornando ao filme e à cena bastante simbólica em que Lilo mostra a foto de sua família para Stitch. Após perceber a angústia de seu amigo e o quanto aquele gesto lhe afetara sentimentalmente, ela decide explicar a ele o significado da palavra *ohana*. Diz, então, Lilo: *"Ohana quer dizer família. Família quer dizer nunca mais abandonar ou esquecer"*. Stitch é envolvido inteiramente pelas potentes ressonâncias daquela expressão. Atordoado por esses efeitos, ele decide pegar o livro do *Patinho Feio* e partir, pulando a janela do quarto da menina.

Penso que, talvez, esse seria o momento de que ele precisava para assimilar o amor e a preocupação devotada de Lilo por ele – aliás, quantos alunos estranham (e se mostram resistentes) quando recebem, legitimamente, algum tipo de amor e cuidado por parte de seus professores? Até mesmo os nossos pacientes que estão densamente fragilizados também necessitam de um tempo para *digerir* o que está acontecendo numa análise baseada no resgate da confiança e na *ética do cuidado*. Sozinho, na floresta, Stitch abre o livro que carregou consigo e lê, em voz alta, as palavras do Patinho: "Tão só!".

Lilo soube delinear uma espécie de *contorno* aos impulsos destrutivos de Stitch, proporcionando uma identificação empática, capaz de permitir a integração do ego da criatura que, inicialmente, era tão impulsiva e inconsequente. Sem saber, a garotinha exerceu o papel de uma mãe devotada que, espontaneamente, entrou em sintonia com o seu bebê – permitindo a Stitch a chance de *vir a ser*.

Caminhemos em direção às partes finais do filme. Na cena em que Stitch está sozinho na floresta, refletindo sobre a história do *Patinho Feio*, os agentes espaciais aparecem para levá-lo de volta ao asteroide em que ele deveria permanecer isolado pelo resto de sua vida. Nesse ponto, acontece uma grande confusão, pois, com todo o alvoroço causado pelo processo de captura, os agentes acabam levando Lilo para o interior da nave espacial.

Nani, ao descobrir a situação, se desespera intensamente. No entanto, Stitch empreende a missão de salvar a sua melhor amiga (e cuidadora). Trabalhando em equipe, a família consegue resgatar a menina e ainda reverter a condenação do próprio exílio de Stitch, já que, no instante em que está sendo levado para o espaço, ele convence a "Grande Líder das Galáxias" a deixá-lo no planeta Terra. O pequeno argumento bem-sucedido criado por ele de modo espontâneo e real foi: "Esta é a minha família. Eu que achei. Sozinho! É pequena e incompleta, mas é boa!". Comovida com o ato de reparação e a capacidade de amar desenvolvida por Stitch, a Líder autoriza a permanência da criatura em seu novo lar.

Os minutos finais da animação são representados por registros fotográficos da vida de Lilo e Stitch, estabelecida a partir do vínculo de afeto que nasceu no interior dessa nova família. Stitch desenvolve a disposição para amar e cuidar do outro, transformando a maior parte de sua destrutividade em ternura. Caminhando com Winnicott, compreendemos que:

> *Finalmente, toda a agressão que não é negada, e pela qual pode ser aceita a responsabilidade pessoal, é aproveitável*

para dar força ao trabalho de reparação e restituição. Por trás de todo brincar, trabalho e arte está o remorso inconsciente pelo dano causado em fantasia, e um desejo (inconsciente) de começar a corrigir as coisas. (Winnicott, 1939/1987a, p. 96)

Poderíamos afirmar que Stitch representa o estereótipo clichê do aluno agressivo, que, sem a oportunidade de um *vir a ser* emocionalmente equilibrado e integrado, sente-se como *proveniente do espaço*, abstraído do sentimento de pertencer a qualquer grupo social?

Sorte de Stitch que Lilo nunca *perdeu suas esperanças*. Talvez o filme nos ensine aquilo que é central dentro do pensamento winnicottiano: *que o trabalho primordial do ambiente é possibilitar ao sujeito a capacidade de vir a ser e continuar sendo.* Que bom seria se todas as crianças pudessem construir a sua *ohana*. Nesse sentido, a escola ocupa um lugar de privilégio na vida do ser humano, desde que compreendida como um espaço para *ser* e, consecutivamente, para aprender.

Dirigindo-nos ao campo educacional, aos professores que trabalham com crianças que sofreram deprivações, o próprio Winnicott (1939/1987a) aconselha: apreciar os pontos positivos do aluno, reconhecer os seus êxitos, quando ocorrem, permitindo que o processo educativo fermente e torne interessante a tarefa, debatendo as razões do fracasso etc.

Além da experiência construtiva e da estabilidade ambiental, Winnicott destaca o rigor, a coerência e a confiabilidade da instituição que cuida da criança, como opção terapêutica mais adequada do que uma psicoterapia. Ele alerta para a aversão que os atos antissociais provocam nas pessoas e na importância de que elas possam compreender que eles são expressão de uma *necessidade profunda*, sendo necessário que se capte o sentido comunicado por esses gestos. A punição de tais comportamentos acarreta a extensão do problema, uma vez que a comunicação inconsciente não foi ouvida, tampouco acolhida.

É claro que temos todo um trabalho estrutural a ser feito, pois essa tarefa *não* é exclusiva da escola. Devemos pensar, sobretudo, nos princípios norteadores que orientam a formação do profissional da educação. Contudo, a teoria winnicottiana nos apresenta possibilidades e esperança.

Não pretendo, neste capítulo, apontar uma série de itens a serem seguidos ou a descrição de uma fórmula mágica acerca da resolução dessa temática. A minha ideia era apresentar as fundamentações teóricas de Winnicott sobre a agressividade, utilizando-as como uma espécie de "semente a ser plantada", capaz de render bons frutos em longo prazo, a partir do trabalho de reflexão (e ação) do próprio leitor. Espero, assim, ter atingido esse objetivo.

Termino, pois, com os versos de uma canção:

> *Queira! (Queira!)*
> *Basta ser sincero*
> *E desejar profundo*
> *Você será capaz*
> *De sacudir o mundo*
> *Vai!*
> *Tente outra vez!*
> *Tente! (Tente!)*
> *E não diga*
> *Que a vitória está perdida*
> *Se é de batalhas*
> *Que se vive a vida*
> *Tente outra vez!*
> (Raul Seixas, "Tente outra vez", 1975)

Referências

Almeida, A. P. (2018). *Psicanálise e educação escolar: contribuições de Melanie Klein*. Zagodoni.

Dias, E. O. (2003). *A teoria do amadurecimento de D. W. Winnicott*. Imago.

Figueiredo, L. C. & Coelho Junior, N. E. (Orgs.). (2018). *Adoecimentos psíquicos e estratégias de cura: matrizes e modelos em psicanálise*. Blucher.

Freire, P. (2013). *Pedagogia do oprimido*. Paz e Terra. (E-book)

Freud, S. (2010a). Além do princípio do prazer. In S. Freud, *Obras completas* (vol. 14). Companhia das Letras. (Trabalho originalmente publicado em 1920)

Freud, S. (2010b). Por que a guerra? (Carta a Einstein, 1932). In S. Freud, *Obras completas* (vol. 18). Companhia das Letras. (Trabalho originalmente publicado em 1932)

Freud, S. (2011). O problema econômico do masoquismo. In S. Freud, *Obras completas* (vol. 16). Companhia das Letras. (Trabalho originalmente publicado em 1924)

Fulgencio, L. (Org.). (2018). *A bruxa metapsicologia e seus destinos*. Blucher.

Fulgencio, L. (2020). *A psicanálise do ser: a teoria winnicottiana do desenvolvimento emocional como uma psicologia de base fenomenológica*. Edusp.

Green, A. (1988). *Narcisismo de vida, narcisismo de morte*. Escuta.

Klein, M. (1996a). Inveja e gratidão. In *Inveja e gratidão e outros trabalhos*. Imago. (Trabalho originalmente publicado em 1957)

Klein, M. (1996b). Notas sobre alguns mecanismos esquizoides. In *Inveja e gratidão e outros trabalhos*. Imago. (Trabalho originalmente publicado em 1946)

Kupermann, D. (2019). A virada de 1928: Sándor Ferenczi e o pensamento das relações de objeto na psicanálise. *Cadernos de psicanálise (Rio de Janeiro)*, *41*(40), 49-63. http://pepsic.bvsalud.org/pdf/cadpsi/v41n40/v41n40a04.pdf.

Kupfer, M. C. (2007). *Freud e a educação: o mestre do impossível*. Scipione.

Lejarraga, A. L. (2015). *Sexualidade infantil e intimidade: diálogos winnicottianos*. Garamond.

Libâneo, J. C. (2008). *Didática*. Cortez. (Série Formação do Professor, Coleção Magistério)

Loparic, Z. (2001). Esboço do paradigma winnicottiano. *Cadernos de História e Filosofia da Ciência (Campinas)*, *11*(2), 7-58. https://www.cle.unicamp.br/eprints/index.php/cadernos/article/view/640/518.

Minerbo, M. (2019). *Neurose e não neurose*. Blucher.

Winnicott, D. W. (1983a). Comunicação e falta de comunicação levando ao estudo de certos opostos. In D. W. Winnicott, *O ambiente e os processos de maturação: estudos sobre a teoria do desenvolvimento emocional*. Artmed. (Trabalho originalmente publicado em 1963)

Winnicott, D. W. (1983b). O desenvolvimento da capacidade de se preocupar. In D. W. Winnicott, *O ambiente e os processos de maturação: estudos sobre a teoria do desenvolvimento emocional*. Artmed. (Trabalho originalmente publicado em 1963)

Winnicott, D. W. (1987a). Agressão. In D. W. Winnicott, *Privação e delinquência*. Martins Fontes. (Trabalho originalmente publicado em 1939)

Winnicott, D. W. (1987b). Raízes da agressão. In D. Winnicott, *Privação e delinquência*. Martins Fontes. (Trabalho originalmente publicado em 1964)

Winnicott, D. W. (2017). *O gesto espontâneo* (3. ed.). Martins Fontes.

Winnicott, D. W. (2021a). A agressividade em relação ao desenvolvimento emocional. In D. W. Winnicott, *Da pediatria à psicanálise*. Ubu. (Trabalho original de 1950-1955)

Winnicott, D. W. (2021b). A tendência antissocial. In D. W. Winnicott, *Da pediatria à psicanálise*. Ubu. (Trabalho originalmente publicado em 1956)

Winnicott, D. W. (2021c). A contribuição da mãe para a sociedade. In D. W. Winnicott, *Tudo começa em casa*. Ubu. (Trabalho originalmente publicado em 1957)

7. As consultas terapêuticas e suas contribuições para o ambiente escolar

7.1 A origem das consultas terapêuticas

> A técnica para esse trabalho dificilmente pode ser chamada de técnica. Não há casos iguais e há um intercâmbio muito mais livre entre terapeuta e o paciente do que num tratamento psicanalítico puro. Isso não diminui a importância das longas análises em que o trabalho é calculado nos acontecimentos diários, dentro de um material clínico de elementos inconscientes na transferência, elementos em processo de se tornarem conscientes devido à continuidade do trabalho.
>
> Winnicott, 1971/1984, p. 9, grifos meus

O uso da psicanálise nas instituições escolares e da sua inclusão no processo de formação dos professores tem se defrontado com resistências tanto por parte dos psicanalistas, que temem um *desvirtuamento* de um *setting* seguro e conhecido, quanto por parte dos educadores que temem a aplicação de uma prática predominantemente *clínica* dentro de um espaço onde, por consenso, se deveria apenas educar, no sentido de *ensinar*. Temos, pois, um desacordo em comum.

Contudo, é importante ressaltar que o meu trabalho, como evidenciado em diversos trechos deste livro (e, também, do Volume 1), não pretende misturar esses dois campos sem considerar as suas respectivas limitações e singularidades. A proposta assinalada, desde o início, é o desenvolvimento de um *olhar* psicanalítico para tentar compreender alguns casos que, por um determinado motivo, chamam a nossa atenção; construindo, a partir desse diálogo, *estratégias de intervenção* para os educadores e, ao mesmo tempo, propiciando novas maneiras de pensar a relação do indivíduo com a cultura.

Para tanto, precisamos reduzir o abismo que há entre a clínica psicanalítica propriamente dita e a psicanálise aplicada em outros espaços, que escapam dos cenários familiarizados. Pensando nisso, escolhi, para este último capítulo, apresentar aos leitores, as inovações winnicottianas propostas através de sua técnica chamada "consultas terapêuticas" – que não é lá uma *técnica*, como bem nos alertou Winnicott (1971/1984), no trecho que usei como epígrafe.

Trata-se de uma nova forma de praticar a psicanálise, tendo em vista a *urgência* dos casos e a disponibilidade dos pacientes para o tratamento. No entanto, essa modalidade não substitui a análise clássica padrão – geralmente realizada com sessões de 50 minutos, duas a três vezes por semana, em um local previamente combinado.[1]

Inspirado pelo demasiado número de famílias angustiadas que o procuravam para o atendimento dos seus filhos, Winnicott, aos poucos, configurou um *método* – embora eu prefira o termo *estilo* – que o possibilitasse a atender essa grande demanda, sem se desvincular da ética psicanalítica. Sendo assim, as "consultas terapêuticas"

---

1 Muito embora a pandemia de covid-19 nos mostrou a eficácia das análises *on-line*.

nascem numa espécie de *transição* entre a pediatria – especialidade médica de Winnicott – e a psicanálise. Ao longo de sua atividade como pediatra, ele lidou com uma série de crianças que adoeciam precoce e severamente, apesar de diagnosticadas pelos médicos como *fisicamente saudáveis*.

As influências dos estudos freudianos, levou o psicanalista inglês a constatar que a psique está ligada ao soma e, portanto, seria inadmissível empreender uma visão *cindida* do indivíduo.[2] Durante um discurso realizado para a "Seção Médica da Sociedade Britânica de Psicologia", no dia 28 de janeiro de 1948, ele nos alerta:

> *As pesquisas iniciadas mais ou menos em conjunto com o trabalho pioneiro de Freud estabeleceram o fato de que, na análise das psiconeuroses, a infância do paciente revela-se o refúgio dos conflitos intoleráveis que levaram à repressão, à instauração de defesas e à interrupção de sintomas. Naturalmente, portanto, a pesquisa passou a orientar-se para a vida emocional das crianças. . . . Minha tese, então, é que o pesquisador em qualquer uma das*

---

[2] Como expliquei nos outros capítulos, em Winnicott "há uma distinção importante entre a psique, o soma e a mente. Ele faz uma modificação do quadro clássico que pensa os vínculos entre corpo e alma, recolocando a questão das relações entre a psique e o soma. A mente é uma maneira específica de funcionamento da unidade psique-soma. . . . Para Winnicott, a oposição entre corpo e mente é imprecisa, pois coloca como diversos referentes factuais que não são distintos nem opostos. Segundo ele, há, de um lado, o soma, e, de outro lado, a psique, sendo que a 'palavra psique, aqui, significa elaboração imaginativa dos elementos e funções somáticas, ou seja, da vitalidade física' (Winnicott, 1965, p. 25). O soma pode, portanto, ser considerado como o corpo que vai receber ou ainda não recebeu sentidos (dados pela elaboração imaginativa), isto é, o corpo que foi colorido semanticamente. . . . Essa integração entre *psique com o soma constitui uma fase precoce do desenvolvimento infantil.* Precoce, mas que segue por toda a vida" (Fulgencio, 2020, p. 203, grifos do autor).

> *duas especialidades teria muito a ganhar num encontro com o pesquisador da outra [pediatria e psiquiatria]. (Winnicott, 1948/2021a, p. 300, grifos e colchetes meus)*

No início dessa mesma conferência, valendo-se do seu sarcasmo britânico, ele admite: "Sou um pediatra que migrou para a psiquiatria e um psiquiatra que nunca abandonou a pediatria" (Winnicott, 1948/2021a, p. 30). Parafraseando a expressão winnicottiana, eu diria: "Sou um pedagogo que migrou para a psicanálise e um psicanalista que nunca abandonou a educação".

A passagem de Winnicott revela o quanto a sua compreensão de homem se orienta por uma perspectiva muito mais *integrada* do que dividida. Para o nosso autor, "pode-se dizer que os acontecimentos relativos ao corpo, enquanto dado biológico, recebem coloridos semânticos (via elaboração imaginativa) que levam o corpo a uma realidade não redutível à sua existência biológica" (Fulgencio, 2020, p. 203).

Tal maneira de pensar o tornou bastante crítico com os médicos de seu tempo que, por sua vez, tratavam as patologias infantis como algo puramente *fisiológico*, desprezando a importância do ambiente primário e do psiquismo. "Se alguns pediatras concentraram-se na vertente física e negligenciaram a psique, nada há que eu possa fazer" (p. 394), afirma, com certa indignação, no texto "Psicoses e cuidados maternos" (Winnicott, 1952/2021b).

A meu ver, esses pontos assinalados podem auxiliar o nosso entendimento sobre a origem e a dinâmica das *consultas terapêuticas*. Posteriormente, no artigo "Objetivos do tratamento psicanalítico" (1962), Winnicott declara: "Faço análise porque é isso que o paciente precisa ter feito e concluído. Se o paciente não necessita de análise então faço *alguma outra coisa*" (Winnicott, 1962/2022, p. 212) – é por essa direção que ele caminha enquanto realiza essas consultas.

É possível considerar que as consultas terapêuticas ocorrem nos moldes do que hoje denominamos, nos estágios de algumas faculdades de psicologia, de "plantão psicológico"[3], devido ao seu curto tempo de duração (variam de uma a seis sessões, no máximo) e à alta rotatividade de pacientes, que não possuem condições (financeiras e estruturais) para sustentar a periodicidade de um processo analítico.

Quando realizadas com crianças, é comum a utilização do "jogo do rabisco" (*squiggle game*) como forma de estabelecer uma comunicação mais *profunda* com elas. "O jogo dos rabiscos é simplesmente um meio de se conseguir entrar em contato com a criança. O que acontece no jogo e em toda a entrevista depende da utilização feita da *experiência da criança*, incluindo o material que se apresenta" (Winnicott, 1971/1984, p. 11, grifos meus).

Winnicott, em seu livro "Consultas terapêuticas em psiquiatria infantil", salienta que, para utilizar a *experiência mútua*, o psicoterapeuta – que pode ser um médico – precisa ter uma base da *teoria do desenvolvimento maturacional* e compreender o relacionamento da criança com o seu ambiente. Digamos que a experiência mútua – ou

---

[3] "O Plantão Psicológico tem por objetivo ser um atendimento breve, que atenda a pessoa no momento em que está necessitando. Esta é a característica inovadora do serviço, pois, como salienta Mahfoud (2004), o Plantão Psicológico pretende enfrentar o desafio de atender um número maior de pessoas, ampliando, dessa forma, os recursos disponíveis em Saúde Mental, já que estes são insuficientes, especialmente no contexto da saúde pública. Além disso, deve-se levar em consideração a pouca informação da população quanto às especialidades e à diversidade de cada área da saúde. Esses fatores, em conjunto, geram um afunilamento da demanda, fazendo com que sejam atendidos como prioridade apenas os casos mais graves. O atendimento no Plantão é baseado no aconselhamento psicológico centrado na pessoa. O desafio do plantonista é o de ouvir, acolher, acompanhar o cliente. Amparado pela crença na tendência ao desenvolvimento dos potenciais inerentes à existência humana, o trabalho do plantonista é o de estimular esta tendência, ajudar o cliente a encontrar caminhos para seu sofrimento, dentro da sua própria experiência" (Gomes, 2008, p. 51).

comunicação significativa – procede da *confiança* sentida pelo paciente em relação à figura do analista. Por isso a simplicidade do jogo do rabisco é tão importante.

Ouso dizer, portanto, que essa mesma simplicidade, atrelada ao estado de *confiabilidade* oferecido pela instituição escolar e ao *estudo* da teoria do desenvolvimento maturacional pela equipe pedagógica, oferece grandes chances de intervenção nas mais diversas situações de aprendizagem e de convívio social. "A escola é frequentada por um grande número de crianças. . . . É muito comum que apareçam questões na escola que não surgem em casa, pois é lá que elas têm a possibilidade de *experimentar*" (Sanches, 2005, p. 160). Desse modo, é mais fácil para essas instituições observar comportamentos e conflitos que os pais, tão diretamente *ligados* aos filhos ou, por outro lado, tão *ausentes*, não têm condições de enxergar.

Nesse sentido, considero fundamental, apresentar ao público algumas especificidades das *consultas terapêuticas*.

7.2 As consultas terapêuticas e a teoria do desenvolvimento maturacional

quando o mundo desaba a seus pés
não tem problema deixar que as pessoas
ajudem a recolher os pedaços
se estamos presentes para partilhar a
plenitude
quando o momento é próspero
somos mais do que capazes
de compartilhar seu sofrimento
– comunidade
Kaur, 2017, n.p.

"Se me cabe estar com a razão, então o tipo de trabalho que descrevo neste livro tem a importância que *a psicanálise não possui ao atingir a necessidade e pressão sociais nas clínicas*" (Winnicott, 1971/1984, p. 10, grifos meus). Essas são as palavras escolhidas por Winnicott para iniciar a obra "Consultas terapêuticas em psiquiatria infantil". O autor prefere dizer que não existe um *método* de trabalho adaptado para essas consultas – fator que evidencia a singularidade do seu pensamento, privilegiando o valor da *espontaneidade*.

Mas, afinal, o que significa "consultas terapêuticas"? Para respondermos essa questão, devemos nos lembrar que antes de ser psicanalista, Winnicott já era pediatra e atendia a milhares de famílias que vinham ao seu encontro no *Paddington Green Chlidren's Hospital*, em Londres.

Mesmo após a sua entrada no universo psicanalítico, na Sociedade Britânica de Psicanálise, Winnicott nunca deixou de exercer o ofício de pediatra, embora após a Segunda Guerra, ele prosseguiu com as suas atividades dentro de uma abordagem mais psicológica. Ele considerou que a *união* das duas áreas poderia ser muito útil, bem como ele próprio comunica no prefácio do livro "Da pediatria à psicanálise": "Tais atividades proporcionaram-me a possibilidade de aplicar de modo amplo o que eu vinha na mesma época aprendendo por meio da prática psicanalítica propriamente dita" (Winnicott, 1957/2021c, p. 7).

A adaptação ativa, empática e humanamente sensível do profissional durante as *consultas*, fornece ao paciente a confiabilidade que ele precisa ter para poder recordar e experimentar situações do passado, e sentir, em relação a elas, uma oportunidade de reedição. Maria Ivone Accioly Lins salienta que:

> *Técnica breve, as consultas terapêuticas não favorecem o desenvolvimento da neurose de transferência, mas*

sim a instauração de um clima de cooperação *em que os enganos do analista, frequentemente corrigidos pelo paciente, não são, para este, motivo de ódio. O apoio do analista se expressa por seu comportamento e por uma técnica de interpretação* criativa, *construída a dois na relação terapêutica. (Lins, 2015, p. 49, grifos meus)*

Como vimos em diversas partes deste Volume 2, os cuidados ambientais são necessários para que a linha do amadurecimento prossiga em continuidade. A teoria do desenvolvimento maturacional é uma proposta bastante diferenciada na psicanálise, mas, de modo algum, ela desconsidera as contribuições de Sigmund Freud. A mesma coisa pode ser dita em relação à técnica freudiana: Winnicott atribui outros sentidos para a interpretação do inconsciente:

A interpretação não é, em si mesma, terapêutica, mas facilita aquilo que é terapêutico, *isto é, o retorno à memória da criança de experiências assustadoras. Com o* holding *do ego oferecido pelo terapeuta, a criança se torna capaz, pela primeira vez, de assimilar essas experiências-chave a sua personalidade global. (Winnicott, 1971/1984, pp. 226-227, grifos meus)*

É bastante comum que a clínica psicanalítica seja associada *apenas* à prática da interpretação do conteúdo reprimido, que conduz às origens do sintoma e dos desejos inconscientes. Porém, como pensar em *desejo* no caso de um indivíduo que sequer possui um ego formado? Que não conquistou uma integração *espaçotemporal*? Que não responde como uma *unidade psicossomática*, e tampouco constituiu uma sexualidade verdadeira (de dentro para fora)?

Em busca de algumas respostas, acompanhemos as considerações de Elsa Oliveira Dias:

> *Na teoria winnicottiana dos distúrbios psíquicos, contudo, construída à luz da ideia do amadurecimento, essas categorias [formuladas por Freud para o estudo das neuroses] não servem, por exemplo, para o estudo das psicoses, pois estas têm seu ponto de origem num período tão primitivo da vida que essas formações psíquicas ainda não se constituíram. É preciso que muitas aquisições fundamentais – no sentido literal de serem os alicerces da personalidade – sejam feitas, nos estágios iniciais, para que algo como um inconsciente reprimido, conflitos de caráter instintual e a capacidade de desejar e de tolerar frustrações possam fazer parte da realidade psíquica do indivíduo. (Dias, 2014, p. 9, colchetes meus)*

"Com o paciente regredido, a palavra 'desejo' é incorreta. Devemos em seu lugar falar 'necessidade' (Winnicott, 1954/2021d, p. 476). Com efeito, um dos objetivos do tratamento psicanalítico, para Winnicott, é o de contribuir ativamente com a *integração* desse ego fragilizado. Frente a um paciente que teve a sua *continuidade de ser* interrompida, pela repetição de graves falhas ambientais, o analista deve ser *previsível*: evitando atrasos, faltas ou desmarcando as sessões em cima da hora. No entanto, acho que vale a pena fazer uma pequena pausa, aqui, para entender a que o autor se refere com o uso do termo "paciente regredido"?

> *Para mim "regressão" indica simplesmente o contrário de progresso. Esse progresso em si mesmo consiste na evolução do indivíduo, psicossoma, personalidade e*

mente junto com (finalmente) a formação do caráter e a socialização. O progresso tem início sem dúvida numa data anterior ao nascimento. Há um impulso biológico por trás do progresso. (Winnicott, 1954/2021d, p. 466)

A confiabilidade no *setting* terapêutico cria a possibilidade de o indivíduo fazer um tipo específico de regressão, a regressão da *dependência em relação ao analista*. "Ela visa a retomada da situação ambiental traumática para que, desta vez, o paciente possa agir por si mesmo sem ser aniquilado e, ao fazê-lo *encontrar a si mesmo*" (Fulgencio, 2020, p. 158, grifos meus). No entanto, quando saber que o indivíduo se encontra nessa condição de adoecimento psíquico?

Partindo dos pressupostos presentes na teoria do amadurecimento, cada tipo de paciente corresponde a um tipo de transferência, de contato e de comunicação; assim eles apresentam distintas necessidades de cuidado ambiental. *Grosso modo*, para Winnicott, "um *diagnóstico inicial*, que considere a situação do indivíduo e de seu meio, é necessário como guia provisório para a prática psicoterápica" (Fulgencio, 2020, p. 153, grifos meus). Ele serve para conhecer o grau de maturidade que o paciente alcançou e, por conseguinte, qual deve ser o *manejo* utilizado pelo profissional que conduz o tratamento. Vejamos:

Costumo dividir os casos em três categorias distintas. Primeiro, há os pacientes que funcionam como pessoas inteiras, cujas dificuldades estão no âmbito dos relacionamentos interpessoais. A técnica para o tratamento desses pacientes faz parte da psicanálise desenvolvida nas mãos de Freud no início do século XX.

Segundo, há os pacientes nos quais a personalidade está começando a se tornar algo que poderíamos, com

> *segurança, descrever como inteiro. . . . Aqui se trata da análise do estágio da consideração [concern] e do que ficou conhecido como "posição depressiva". Esses pacientes requerem uma análise de estado de ânimo. A técnica para esse tipo de trabalho não difere daquela adequada aos pacientes da primeira categoria. No entanto, surgem aqui novos problemas de manejo, por conta do espectro mais amplo do material clínico abordado. Do ponto de vista aqui adotado, o elemento importante é a* sobrevivência do analista *na condição de fator dinâmico.*
>
> *No* terceiro grupo *incluo todos aqueles pacientes cuja análise deverá lidar com os estágios iniciais do desenvolvimento emocional, até o estabelecimento da personalidade como uma entidade e antes da aquisição do* status *de unidade em relação a espaço-tempo. A estrutura pessoal não tem ainda uma base sólida. A respeito desse terceiro grupo, a ênfase recai mais frequentemente sobre o manejo, e por vezes passam-se longos períodos em que o trabalho analítico normal deve ser deixado de lado, com o manejo ocupando a totalidade do trabalho.* (Winnicott, 1954/2021d, pp. 463-464, grifos do autor e colchetes meus)

Ao se referir ao terceiro grupo, ou seja, aos indivíduos que sofreram quebras na *continuidade de ser*, nos primórdios da vida, Winnicott recomenda bem mais o exercício de um *manejo* adequado do que uma interpretação no seu sentido literal. Dias (2014) nos informa que o uso da palavra manejo (*management*), na obra winnicottiana, teve início em meados da década de 1950. "A ideia, contudo, já lhe era certamente familiar por ele ser médico e pediatra atuante, tendo tido que administrar o contexto global do tratamento de crianças, incluindo a orientação da família" (Dias, 2014, pp. 136 137). Penso que a *adaptação ativa* da mãe no estágio de *dependência absoluta* do bebê é a metáfora que mais se aproxima da definição de manejo na prática clínica.

A cada um desses pacientes, descritos na citação de Winnicott (1954/2021d), corresponderá um tipo de cuidado ou atitude terapêutica. "No caso dos neuróticos, caberá ao analista a interpretação do inconsciente reprimido. Com os depressivos, ele deverá sobreviver às ambiguidades e aos ataques do paciente. Os psicóticos deverão ser efetivamente sustentados pelo analista" (Fulgencio, 2020, p. 155). Já nos casos de *deprivação* e tendência antissocial (conforme abordei no capítulo 6), caberá ao ambiente facilitador reafirmar sua confiabilidade, sobrevivendo aos ataques do paciente, não desistindo dele, ainda que isso possa exigir a expressão de um ódio verdadeiro.

Sobre a *regressão*, acredito que seja útil recorrermos a mais uma citação winnicottiana, a fim de facilitar o entendimento do leitor:

> *Quando falamos de regressão em psicanálise, supomos a existência de uma organização do ego e uma ameaça de caos.... É como se houvesse uma expectativa de que surgissem condições favoráveis que possibilitassem a regressão e oferecessem uma nova oportunidade para o avanço do desenvolvimento, que havia sido inicialmente impossibilitado ou dificultado devido a uma falha ambiental....*
> A teoria aqui proposta é a da regressão como parte de um processo de cura, *na verdade como um fenômeno normal que pode ser produtivamente estudado em pessoas saudáveis.* (Winnicott, 1954/2021d, p. 467, grifos meus)

A regressão não deve acontecer, portanto, através de uma *imposição* ou de uma *sugestão* do próprio analista, ao considerar que um determinado paciente, em *estado grave*, deve regredir. Caso isso ocorra, a continuidade de ser *não* será favorecida pelo meio. Pelo contrário, o indivíduo continuará recebendo intrusões de fora para dentro, e a regressão não poderá ser *experienciada* como legítima. É o paciente quem regride de forma espontânea, dadas as condições de confiabilidade, mantidas pelo manejo e pela manutenção de um *setting* previsível. Compartilho, nas linhas abaixo, um relato na intenção de evidenciar esse fenômeno que, embora tenha um embasamento clínico, também pode ser observado em outros contextos, como na instituição escolar.

Maria, de 4 anos, foi matriculada em nossa escola para cursar a primeira fase da educação infantil. Nos primeiros dias de aula, revelou-se uma menina muito doce e tímida. Além disso, criou um vínculo com a professora e andava para todos os cantos com ela. Maria demonstrava um capricho fora do comum em relação às suas atividades: coloria os desenhos de um jeito extremamente criativo, além de expressar um amplo interesse pelos temas ensinados. No entanto, em meados do mês de junho, o seu comportamento começou a mudar significativamente, chamando a atenção de toda a equipe pedagógica: ela chorava muito na hora da entrada, querendo permanecer em casa; dormiu debruçada sobre a mesa durante as aulas; era desobediente com a professora; e, passou a agredir os coleguinhas sem quaisquer razões aparentes. Decidimos, assim, chamar a mãe de Maria para conversar. No dia da reunião, a jovem mulher nos avisou que tinha recém-divorciado do pai da menina e, por conta da discussão entre eles, o rapaz havia arrumado as próprias coisas e saído de casa. Desde então, a mãe passou a fazer alguns "bicos", com o objetivo de aumentar a renda familiar e, por isso, ficava mais tempo longe da filha. Percebemos – com base em nossos estudos de Winnicott – que Maria havia regredido e estava testando a sobrevivência do ambiente que ela tanto parecia amar. Após essa conversa com a mãe da menina, reforçamos a nossa paciência e os laços de confiabilidade, evitando punir a criança que já estava bastante fragilizada. Esses gestos foram essenciais e permitiram que Maria regredisse um pouco mais: ela passou a exprimir fortes ímpetos de raiva e sofria de muita ansiedade. Porém, ao perceber que a professora e a escola estavam ali, inteiras, oferecendo uma rotina de cuidados, ela pôde sair do estado regredido e, gradualmente, foi retomando, de maneira espontânea, *a sua continuidade de ser que, provavelmente, tinha sido rompida pelo abandono inesperado do pai. Vale dizer, por fim, que conversamos novamente com a mãe de Maria que, ao saber da situação, se comprometeu a ficar mais próxima da filha.*

Esse trabalho de comunicação envolvendo a criança, a família e a escola é um campo fecundo para a aplicação das ideias de Winnicott que, de modo direto ou indireto, abarca a dinâmica das consultas terapêuticas. No entanto, conforme a descrição do caso, é imprescindível que os educadores tenham acesso à teoria do desenvolvimento maturacional. Esse recurso altera efetivamente as nossas formas de compreender os conflitos e, por conseguinte, conduzi-los.

Via de regra, as consultas terapêuticas representam uma nova possibilidade de reescrever a história de um caso clínico por meio de um *breve contato* com o paciente, isto é: obter e conduzir os elementos vitais que possam ajudá-lo na resolução de um sofrimento específico ou de uma dificuldade, naquele tempo que temos disponível para a nossa atuação. Não se trata, pois, de uma análise padrão.

Buscando, novamente, esclarecer a dinâmica desse trabalho, Winnicott descreve:

> *Os princípios aqui enumerados são os mesmos que caracterizam um tratamento psicanalítico. A diferença entre a psicanálise e a psiquiatria infantil [o autor está se referindo às consultas terapêuticas] é principalmente que, na primeira, tenta-se ter a oportunidade de fazer tanto quanto possível. . ., enquanto na última pergunto-me:*

qual é o mínimo que se precisa fazer? O que se perde fazendo-se tão pouco quanto possível é balanceado por um lucro imenso, uma vez que na psiquiatria infantil tem-se acesso a um vasto número de casos... para os quais a psicanálise não constitui uma proposta prática.
(Winnicott, 1965/1994, p. 261, colchetes meus)

7.3 Explorando as possibilidades das consultas terapêuticas

> Minha concepção do lugar especial da consulta terapêutica e da exploração da primeira entrevista (ou primeira entrevista reduplicada) surgiu gradualmente no decorrer do tempo em minhas experiências clínica e privada. Há contudo um ponto que se pode dizer que teve significação especial. Em meados dos anos vinte, quando ainda era pediatra praticante vendo muitos pacientes no hospital-escola e dando oportunidade a quantas crianças fosse possível se comunicarem comigo, desenharem figuras e me contarem sonhos, fiquei surpreso com a frequência com que as crianças sonhavam comigo na noite anterior à consulta. Esse sonho com o médico que elas iriam ver, obviamente refletia o preparo mental imaginativo delas mesmas em relação a médicos, dentistas e outras pessoas que se supõe sejam auxiliadoras. Também refletiam, em graus variados, a atitude dos pais e a preparação para a visita. Contudo, lá estava eu quando, para minha surpresa, descobri ajustando-me a uma noção preconcebida.
> Winnicott, 1971/1984, p. 12, grifos do autor

O fragmento acima está localizado no livro de Winnicott dedicado às consultas terapêuticas. Enquanto relia, não pude deixar de resgatar uma das minhas vivências mais corriqueiras no dia a dia do consultório. Compartilho:

– Oi, doutor! – disse o pequeno menino entusiasmado, com seus quatro anos de idade.
– Olá! Como você está? – eu respondi.
– Estou bem. Estava ansioso para ver o senhor!
– Você sabe o que veio fazer aqui? – lhe indaguei.
– Sim. Eu não consigo aprender as coisas na escola! – retrucou o garotinho em tom de pesar.

Em nossa prática clínica infantil, é comum recebermos pacientes que trazem relatos como este. Concordo com Winnicott (1971/1984), quando afirma que ficava surpreso com a frequência com que as crianças *sonhavam com ele* na noite anterior à consulta. Ou seja: de alguma forma, já estamos presentes no universo psíquico desses pequenos sujeitos antes mesmo deles chegarem a nós. Portanto, se fizermos um bom trabalho, acabamos ocupando um lugar especial em suas vidas. Sempre fico imaginando quantas coisas podem ser feitas nos primeiros encontros, sem a necessidade de recorrer às interpretações psicanalíticas. A primeira consulta deve ser um momento para a sustentação do discurso, da criação do laço e do estabelecimento da confiabilidade. Caso contrário, obviamente, *afugentamos* os nossos pacientes.

Inicialmente, o analista precisa, sobretudo, *ouvir* o analisando, e não realizar uma interpretação tão profunda onde ainda não há um *espaço* disponível para tanto. Devemos *sentir* o indivíduo, em todos os níveis. Tenho o costume de dizer, em minhas aulas e supervisões, que *a clínica é soberana*; é ela quem dita o manejo e as *regras do jogo*.

Paralelo a isso, lembro-me de alguns atendimentos conduzidos por mim, na modalidade on-line, no início da pandemia de covid-19. Era comum observar, nas entrevistas iniciais, a imagem de sujeitos muito bem arrumados – às vezes, usando as suas melhores roupas. Sem contar o nervosismo diante da câmera. Aquele período em que estávamos *juntos* representava um verdadeiro *evento* para eles. Retorno a Winnicott (1962/2022): "Sempre me adapto às expectativas do indivíduo, de início. *Seria desumano não fazê-lo.* Ainda assim, estou o tempo todo fazendo manobras para chegar a uma análise-padrão" (p. 213, grifos meus).

Em casos como esses, assumir uma postura de neutralidade – que beira a indiferença – traumatizaria ainda mais a pessoa que precisou reunir *energia* e *esperança* para encarar a imprevisibilidade desse primeiro encontro analítico. A ideia de *tato*, como nos propôs Sándor Ferenczi[4] no texto "Elasticidade da técnica psicanalítica", resume bem o que estou propondo: "O tato é a faculdade de 'sentir com' [*Einfühlung*]" (Ferenczi, 1928/2011, p. 31).

De modo análogo, a criança que chega à escola, pela primeira vez, também carrega consigo uma série de expectativas regadas por *inseguranças*. Deparar-se com um professor rígido, que prioriza apenas a aplicação de conteúdos, pode ser uma experiência decepcionante para alguém que conserva um turbilhão de emoções *nunca antes* vivenciadas. Winnicott, nessa perspectiva, tem muito a nos ensinar.

Segundo o pediatra britânico, as experiências de vida do infante tornam-se *pessoais* apenas quando são submetidas à sua criatividade primária (gesto espontâneo); justamente ali, onde a figura materna se coloca a serviço do objeto subjetivo requisitado. A mesma coisa pode ser dita acerca das nossas relações interpessoais:

---

4 Ver o Volume 1: "Por uma ética do cuidado: Ferenczi para educadores e psicanalistas" (Blucher, 2023).

> *O início das relações objetais é complexo. Não pode ocorrer se o meio não propiciar a apresentação de um objeto, feito de um modo que seja o bebê quem crie o objeto. O padrão é o seguinte: o bebê desenvolve a expectativa vaga que se origina em uma necessidade não-formulada. A mãe, ao se adaptar, apresenta um objeto ou um manejo corporal que satisfaz as necessidades do bebê, de modo que ele começa a se sentir confiante em ser capaz de criar objetos e o mundo real. A mãe proporciona ao bebê um breve período em que a onipotência é um fato da experiência. Deve-se ressaltar que, ao me referir ao início das relações objetais, não estou referindo às satisfações e frustrações do id. (Winnicott, 1962/1983, p. 60, grifos meus)*

Isso posto, o nosso autor restringe o uso das consultas terapêuticas não por intermédio de quadros psicopatológicos, mas em relação a dois aspectos intimamente intrinçados: 1) a capacidade da criança de ter esperança em um encontro humano que venha em seu auxílio; 2) a presença de um ambiente imediato que poderá ou não se valer do progresso alcançado por meio da integração oferecida pela consulta – representado pela família ou pela escola. Explico: haverá provisão ambiental suficiente para sustentar as necessidades do sujeito após o *desbloqueio* da linha de desenvolvimento decorrente das consultas? – como notamos no caso de Maria.

É o próprio Winnicott quem nos adverte:

> *Há uma categoria de casos em que essa espécie de entrevista psicoterapêutica deve ser evitada. Não diria que com uma criança muito doente não é possível fazer um trabalho eficaz. Mas diria que, se a criança sai*

da consulta terapêutica e retorna para uma situação familiar ou social anormal, então não há provisão ambiental alguma da espécie necessária e que eu julgaria admissível. Confio em um "ambiente desejável médio" para encontrar e utilizar as mudanças que ocorrem no menino ou na menina durante a entrevista, *mudanças que indicam uma anulação da dificuldade no processo de desenvolvimento.*

De fato, a principal dificuldade na avaliação dos casos para essa espécie de trabalho é a de avaliar o meio ambiente imediato da criança. Onde há um poderoso e contínuo fator externo adverso ou ausência de um consistente cuidado pessoal, é preciso evitar essa espécie de procedimento, devendo-se sentir inclinado a explorar o que pode ser feito mediante "tratamento cuidadoso" ou ainda instituir uma terapia que possa dar à criança a oportunidade para um relacionamento pessoal do tipo geralmente conhecido como transferência. *(Winnicott, 1971/1984, pp. 13-14, grifos meus)*

Frente a isso, podemos presumir que pouco adiantaria o trabalho psicoterapêutico, realizado nas consultas, caso a criança não pudesse contar com alguma estabilidade no seu ambiente. Por isso se faz essencial a constante *interação* entre o aluno, a escola e a família. Nos cenários em que a instituição escolar consegue realizar uma intervenção desse tipo, ancorada no estudo da teoria winnicottiana, o meio familiar precisa assegurar a *continuidade de ser* do indivíduo que passou por uma vivência traumática, responsável pela ruptura do seu amadurecimento. *Grosso modo*, tal modelo de tratamento não pode se efetivar "sozinho" – assim como o processo de ensino- -aprendizagem. Em síntese: o diálogo é fundamental.

Nesse sentido, a prática das consultas terapêuticas exige do profissional a criação de um espaço potencial, fruto da confiabilidade fornecida. Em outras palavras: um analista e, no nosso contexto, um educador que é capaz de brincar – identificando-se com o seu aluno, ao mesmo tempo que preserva a sua identidade pessoal – pode aliviar a sobrecarga causada pela incidência do sofrimento psíquico. Vale lembrar, mais uma vez, que a criança que ingressa na escola, costuma conservar um sentimento de incerteza e desamparo, esperando que alguém venha *ao seu encontro*. De acordo com a consideração winnicottiana, pode-se supor que:

> *É apenas aqui, nesse estado não integrado de personalidade, que pode aparecer aquilo que descrevemos como criativo. Se devolvido, e apenas se devolvido, isso pode se tornar parte da personalidade individual organizada, permitindo, em suma, que o indivíduo seja, que seja encontrado; e, por fim, que postule a existência do self.*
>
> *Isso serve de indicação para nosso procedimento terapêutico – propiciar a oportunidade de experiências amorfas, impulsos criativos, motores e sensoriais, que constituem a matéria prima do brincar. É com base no brincar que se constitui a totalidade da existência experiencial humana. Não se pode mais dizer que somos introvertidos ou extrovertidos. Experienciamos a vida na área dos fenômenos transicionais, em que a subjetividade e a observação objetiva se entrelaçam, e na área intermediária entre a realidade interna do indivíduo e a realidade compartilhada do mundo, que é externo aos indivíduos.* (Winnicott, 1971/2020, p. 107)

Esse fragmento do texto de Winnicott me despertou a memória de quando eu tinha por volta dos oito anos de idade. Na escola, eu *era considerado um menino demasiadamente introvertido, evitando interagir com os outros colegas e com os professores. Por outro lado, em casa, eu passava horas a fio brincando sozinho – na presença dos meus pais. Inventava uma centena de histórias, jogos e atividades, a ponto de me perder no tempo cronológico. "Falava mais que a boca", conforme a expressão dos meus familiares. Porém, ao chegar no colégio, eu me fechava como uma ostra. Preocupada com o rumo do meu desenvolvimento emocional, a professora chamou a minha mãe para conversar, explicando-lhe os detalhes dessa situação. De imediato, minha mãe mostrou-se surpresa, pois o meu comportamento era completamente o oposto em casa. A professora, entretanto, foi muito compreensiva, dizendo que essa conduta era "bem normal" em algumas crianças, principalmente, em filhos únicos. Em seguida, complementou de forma acolhedora: "não se preocupe, mamãe. No tempo dele, ele pode, ou não, se tornar mais comunicativo. Se ele brinca em casa, segundo o relato da senhora, está tudo ótimo".*

Considero que as miudezas presentes nas relações humanas são aquelas que mais geram frutos em nossas vidas e reverberam pela nossa eternidade. Talvez, essa professora não sabia nada de Winnicott, mas o que ela fez, com toda certeza, surtiu efeitos em minha mãe, evitando que eu fosse categorizado ou *patologizado*, como o ponto da curva que escapa da normalidade. Seriam esses os resultados esperados por uma consulta terapêutica? A resposta fica a critério dos leitores.

7.4 *Algumas palavras finais*

Pois bem, em virtude da brevidade do tratamento, nas consultas terapêuticas, o analista deve explorar ao máximo o período de *lua-de-mel*: o caráter particular de um tratamento psicanalítico, a saber, *a transferência*. Para Winnicott, esse momento é percebido pelo paciente como uma realidade subjetiva, independente de sua idade emocional. Neste âmbito, o profissional não deve interpretar conteúdos relativos ao mundo subjetivo do analisando, mas *facilitar* a sua própria descoberta. Portanto, é o paciente que *cria* o tratamento quando vai ao seu encontro, descobrindo nas consultas terapêuticas uma saída possível para a resolução do seu sofrimento. Isto é: é ele que *cria* a sua melhora.

Quão pouco pode ser feito nessas consultas iniciais? Ou numa entrevista com os pais na secretaria das escolas? Aproveitar essa boa relação transferencial, pode ser um excelente começo para uma possível intervenção, visto que as consultas terapêuticas têm esse curto período de duração.

> *No entanto, apesar de as consultas terapêuticas serem consideradas uma nova modalidade de prática psicológica, não podem ser definidas a partir de procedimentos técnicos estanques. A comunicação significativa, isto é, o ponto-ápice dessa modalidade de intervenção e avaliação psicológicas, gradualmente se configura ao longo do próprio processo de comunicação e contato entre analista e paciente. Para surpresa de ambos, em um dado momento, a comunicação significativa apresenta-se muito claramente, por meio da fala, das brincadeiras ou de desenhos comuns aos participantes. A dupla analítica surpreende-se com a emergência de aspectos essenciais da biografia do paciente, relacionados à problemática que o paciente buscava tratar – e que sequer tinha consciência dessa abrangência que o motivava a buscar auxílio. (Lescovar, 2004, p. 45)*

Esse é o famoso *aqui e agora*; ocasião que irá delinear as margens para uma possível intervenção. Que vai traçar o *percurso* de resolução da queixa manifesta para a queixa latente. O que sabemos da vida do paciente? Essa é a queixa central. O que podemos fazer para poder aliviar esse momento de angústia? Essa é a grande urgência desta modalidade de atendimento – ou de escuta.

É claro que, em um tratamento psicanalítico padrão, no qual o paciente é atendido uma ou duas vezes por semana, existe um prazo muito maior para poder mergulhar nessas inquietações. Examinemos a descrição de Winnicott no que se refere ao material necessário a essa modalidade de trabalho:

> A *única companhia que tenho ao explorar o território desconhecido de um novo caso é* a teoria que levo comigo *e que se tem tornado parte de mim e em relação à qual sequer tenho que pensar de maneira deliberada. Essa é a* teoria do desenvolvimento emocional *do indivíduo, que inclui, para mim, a* história total *do relacionamento individual da criança até seu meio ambiente específico.*
> (Winnicott, 1971/1984, p. 14, grifos meus)

Portanto, é a imprevisibilidade da clínica que vai ditar a teoria que devemos utilizar, e não o contrário. Não devemos impor o nosso conhecimento adquirido ao paciente. É ele que possui as ferramentas necessárias à sua melhora. O paciente não pode ser atravessado pela teoria, de forma vertical. O processo analítico deve ser uma *construção*. Como psicanalistas, precisamos pensar: "o sujeito sente isso, pois é *isso* que ele consegue expressar. Logo, qual é a intervenção mais adequada para *essa* situação? Interpretamos ou esperamos um pouco mais?"

O analisando que procura pelas consultas terapêuticas busca, principalmente, a esperança que lhe escapou. Geralmente, são indivíduos aprisionados em um nível de sofrimento incapacitante.

Trata-se de pessoas que perderam a capacidade de rir da própria vida e que precisam de ajuda – seja ela qual for. Cito Winnicott:

> Agora posso esclarecer o meu objetivo. Quero tirar a atenção da sequência – psicanálise, psicoterapia, material da brincadeira, o brincar –, organizando-a de trás para frente. Em outras palavras, é a brincadeira que é universal e que pertence ao âmbito da saúde: o brincar promove o crescimento e, portanto, a saúde; brincar leva aos relacionamentos de grupo; brincar pode ser uma forma de comunicação na psicoterapia; e, por fim, a psicanálise foi desenvolvida como uma forma altamente especializada de brincar, em prol da comunicação consigo mesmo e com os outros. (Winnicott, 1971/2019, p. 74)

Essa é uma das grandes lições que nos deixa Winnicott. As consultas terapêuticas servem para auxiliar o paciente naquele estado de extrema vulnerabilidade: acolhendo, fazendo uma intervenção pontual ou gerando uma sustentação, como um *ego auxiliar*, caso ele não possua um *self* fortalecido para carregar o peso da vida sozinho. Através desse cuidado, o indivíduo pode, então, desatar o nó da sua linha de desenvolvimento, seguindo *rumo à independência*, em primeira pessoa.

Como educadores é preciso aprender a escutar e a observar, identificando-se empaticamente com os nossos alunos que aguardam por uma oportunidade de encontro, por um sinal de esperança. É isso que a criatividade winnicottiana desvela, oferecendo novas possibilidades para as antigas metodologias.

Por fim, gostaria de relatar o exemplo de uma paciente atendida por mim, remotamente, em apenas seis sessões, para tratar de uma queixa específica.

Certa vez, em um jantar na casa de amigos, ao perguntarem se ela gostaria de tomar vinho tinto ou branco, ela, que sempre foi muito tímida e tinha o hábito de responder "tanto faz", disse, para a sua própria surpresa: "eu prefiro o branco".

A meu ver, esse é um dos maiores pagamentos que podemos receber: mostrar às pessoas que elas podem ser elas mesmas. Diria que a mesma competência é esperada de uma boa ação educativa.

Referências

Ferenczi, S. (2011). Elasticidade da técnica psicanalítica. In S. Ferenczi, *Obras completas* (vol. 4). Martins Fontes. (Trabalho originalmente publicado em 1928)

Gomes, F. M. D. (2008). Plantão psicológico: novas possibilidades em saúde mental. *Revista da SPAGESP*, 9(1), 39-44.

Kaur, R. (2017). *O que o sol faz com as flores*. Planeta. (E-book)

Khan, M. M. R. (2021). Introdução. In D. W. Winnicott. *Da pediatria à psicanálise*. São Paulo: Ubu. (Trabalho originalmente publicado em 1975)

Lescovar, G. (2004). As consultas terapêuticas e a psicanálise de D. W. Winnicott. *Estudos de psicologia (Campinas)*, 21(2), 43-61.

Lins, M. I. A. (2015). *Consultas terapêuticas*. Casa do Psicólogo.

Sanches, R. M. (2005). *Winnicott na clínica e na instituição*. Escuta.

Winnicott, D. W. (1983). A integração do ego no desenvolvimento da criança. In D. W. Winnicott, *O ambiente e os processos de maturação*. Artmed. (Trabalho originalmente publicado em 1962)

Winnicott, D. W. (1984). *Consultas terapêuticas em psiquiatria infantil*. Imago. (Trabalho originalmente publicado em 1971)

Winnicott, D. W. (1994). O valor da consulta terapêutica. In D. W. Winnicott, *Explorações psicanalíticas*. Artes Médicas. (Trabalho originalmente publicado em 1965)

Winnicott, D. W. (2019). *O brincar e a realidade*. Ubu. (Trabalho originalmente publicado em 1971)

Winnicott, D. W. (2021a). Pediatria e psiquiatria. In D. W. Winnicott, *Da pediatria à psicanálise*. Ubu. (Trabalho originalmente publicado em 1948)

Winnicott, D. W. (2021b). Psicoses e cuidados maternos. In D. W. Winnicott, *Da pediatria à psicanálise*. Ubu. (Trabalho originalmente publicado em 1952)

Winnicott, D. W. (2021c). Prefácio. In D. W. Winnicott, *Da pediatria à psicanálise*. Ubu. (Trabalho originalmente publicado em 1957)

Winnicott, D. W. (2021d). Aspectos clínicos e metapsicológicos da regressão no contexto analítico. In D. W. Winnicott, *Da pediatria à psicanálise*. Ubu. (Trabalho originalmente publicado em 1954)

Winnicott, D. W. (2022). Os objetivos do tratamento psicanalítico. In D. W. Winnicott, *Processos de amadurecimento e ambiente facilitador*. Ubu. (Trabalho originalmente publicado em 1962)

Considerações finais

> *Enfim, eu fico imaginando um monte de criancinhas brincando de alguma coisa num campo imenso de centeio e tal. Milhares de criancinhas, e ninguém está por ali – ninguém adulto, assim – fora eu. E eu estou parado na borda de um penhasco maluco. O que eu tenho que fazer é que eu tenho que pegar todo mundo como se eles fossem cair do penhasco – quer dizer, se eles estiverem correndo e não olharem pra onde vão eu tenho que aparecer de algum lugar e apanhar eles. Era a única coisa que eu ia fazer o dia todo. Eu ia ser o apanhador no campo de centeio e tal. Eu sei que é doido, mas é a única coisa que eu queria ser de verdade. Eu sei que é doido.*
>
> Salinger, 2020, p. 194

O tema que me propus a tratar neste livro é extremamente complexo, amplo e delicado. Cada capítulo daria mais umas quinze laudas, recebendo um enfoque ainda mais aprofundado. Porém, como me disse uma querida amiga: "uma pesquisa nunca termina, ela simplesmente se encerra com o prazo". Antes de seguirmos com o nosso debate, devo confessar um fato importante aos leitores: eu pensei em desistir. Sim, pensei em trocar de tema. Muitas noites, eu me sentava em frente ao computador para digitar alguma coisa e não saía uma palavra sequer. Diante dessa cena de angústia e desespero, só me vinha uma única indagação: por que eu havia decidido pesquisar sobre duas áreas tão diferentes?

Percebi, então, que aquela sensação de conforto e estabilidade que acometia diversos psicanalistas era a mesma que estava me atingindo. Na verdade, eu queria escrever sobre aquilo que, supostamente, eu já tinha algum certo domínio ou sobre aquilo que, na minha fantasia, poderia ser mais fácil. Ora, imagino que o leitor deve estar se perguntando: "se o Alexandre praticamente nasceu e se criou dentro de um ambiente escolar, por que esse *martírio* todo?".

Pois bem, acontece que, durante a pandemia de covid-19, a escola da minha família foi atingida em cheio pelos impactos da crise econômica que se instaurou no país de modo geral. É preciso lembrar que a periferia foi a maior vítima desse caos. Soma-se a isso a total indiferença do Estado. Assim, o desastre estava anunciado: perdemos um número expressivo de alunos matriculados e a escola teve uma queda brutal de faturamento. Desde aquele período, passamos a lutar todos os dias para não demitir nenhum professor – e, de fato, não mandamos ninguém embora. Além de tudo, éramos brutalmente atravessados pela incerteza da vida e a iminência da morte.

Em meio a esse turbilhão de sofrimentos, me vi às voltas com minha família à mercê de necessidades. Com efeito, passei a me dedicar ao Instagram e à criação de grupos de estudos em psicanálise na modalidade remota. Essas atividades, junto ao rápido crescimento da minha clínica, acabaram ganhando uma dimensão inesperada e, em alguns meses, eu me tornei o responsável pela renda da minha família e, igualmente, da nossa escola. É óbvio que essa virada na minha vida profissional acabou me distanciando do universo pedagógico. Ou seja: todas essas ocupações passaram a exigir de mim um tempo de leitura, de estudos e de dedicação muito maior do que aquele a que eu já estava acostumado. Até porque, quando você se dispõe a produzir conteúdos digitais, sabemos da seriedade e do compromisso que essa empreitada demanda pois, como dizem por aí, "a internet não perdoa".

Nesses últimos dois anos, portanto, a minha rotina mudou efetivamente e, com ela, o meu foco de interesse científico também se modificou. As questões da clínica ganharam um investimento maior da minha atenção e, na mesma medida, passei a me debruçar sobre outros assuntos, como a história da psicanálise, os adoecimentos psíquicos e alguns temas voltados à literatura e às artes.

Dessa forma, uma lacuna gigantesca se abria entre a minha experiência profissional e a temática que, até então, era o alicerce da minha pesquisa. Eu me afastava da escola para poder *cuidar* das pessoas que eu amo. Isto é, para manter a escola erguida, mesmo frente a tantas dificuldades, eu precisava seguir o meu caminho e me ausentar, ainda que parcialmente, daquela vivência que corria nas minhas veias. A ética do cuidado era o pano de fundo da minha decisão. Logo, não fazia nenhum sentido abandonar essa investigação.

Na história do Peter Pan, existe uma passagem que diz o seguinte: todas as vezes em que um indivíduo diz que "não acredita em fadas", uma delas acaba caindo morta pelos cantos de algum lugar. Todavia, para que elas possam reviver, renascer das cinzas, assim como a Fênix (o pássaro lendário), as crianças devem se concentrar, bater palmas, e cantar em voz alta diversas vezes: "Eu acredito em fadas! Acredito! Acredito!".

Foi exatamente essa mesma estratégia que decidi usar neste trabalho. Explico melhor: caso eu mesmo não fosse capaz de acreditar nas razões que estão embutidas neste material, ele jamais teria tido qualquer chance de continuidade. Nesse sentido, optei por iniciar estas "considerações finais", com uma citação do livro *O apanhador no campo de centeio*, de Salinger (2020), pois a sua narrativa me remete aos fenômenos que ocorrem, atualmente, na infância e na educação. Vejo que esses dois temas estão completamente esquecidos. Quase nada é dito sobre eles. Antigamente, por exemplo, as nossas crianças tinham programas especializados na televisão aberta e uma série de materiais criados precisamente para elas. A própria TV Cultura possuía uma infinidade de atrações educativas que, hoje em dia, não são mais transmitidas. A criança perdeu o seu lugar; primeiro na televisão e, em seguida, no mundo. Atualmente, a sua existência é apenas virtual.

Trata-se de um tipo de virtualidade *selvagem*, que rasga a pele e invade a alma. Que fomenta o *bullying* e aguça o ódio. E as pobres criancinhas vagam livremente nesse espaço infinito, sem bordas e sem limites. Um espaço onde o ser é líquido, ou melhor, gasoso. A vida se esvai, como fumaça entre os dedos, desmancha-se. "E eu estou parado na borda de um penhasco maluco", nos diz Salinger. Eu me identifico com o autor e penso em voz alta: "O que eu tenho que fazer é que eu tenho que pegar todo mundo como se eles fossem cair do penhasco" (Salinger, 2020, p. 124). Preciso *apanhá-los*!

Recentemente, tive acesso a uma notícia que circulou com veemência pelo bairro. Uma informação capaz de revirar o meu estômago, contorcendo as minhas vísceras. Daquelas difíceis de digerir. Foi no dia 13 de junho de 2022. Onze dias antes do meu aniversário. Uma menininha de 13 anos se suicidou em uma escola de um bairro nobre da zona sul de São Paulo. O colégio, muito influente e endinheirado, abafou o caso na imprensa, bloqueou os comentários em suas redes sociais e agiu como se nada tivesse acontecido. As poucas informações que se tem é que a garota estava sofrendo *bullying* de colegas que, dias antes, esconderam os seus óculos. Nada foi feito. Uma semana depois, a menina, impulsionada pela revolta de ter as suas queixas banalizadas, mordeu um desses colegas que haviam sumido com os seus óculos. Aí, sim, a instituição decidiu tomar uma atitude: suspenderam *a vítima* por conta da mordida.

Desesperada com o castigo e marcada pelo abandono, a menina correu para o banheiro para poder chorar. Chorar pelas dores do seu silenciamento e pelas marcas do desmentido. Em seguida, sua mãe foi chamada para ir buscá-la, mas quando chegou no colégio, encontrou a menina sem vida, trancada no banheiro. No site que veiculou a notícia, era possível ler os depoimentos de diversos alunos e ex-alunos que sofreram, na pele, as ressonâncias dessas negligências. Mas a escola simplesmente escondeu o episódio. Silenciou, na medida em que também silenciava os próprios estudantes, os pais e a comunidade.

Aprendemos, com Ferenczi, o quanto o psiquismo se estilhaça após um evento traumático e se fragmenta com mais intensidade quando não há um testemunho. Custava ter ouvido a menina? Custava escutar as crianças? Silêncio. Apenas silêncio. O barulho assustador de um silêncio forçado.

Por essas e outras razões esta pesquisa é tão necessária. Por essas e outras razões achei melhor não desistir dela. "Eu ia ser o apanhador no campo de centeio e tal. Eu sei que é doido, mas é a única coisa que eu queria ser de verdade. Eu sei que é doido" (Salinger, 2020, p. 194). O *cuidado*, em si, é uma coisa meio doida. Esclareço o que eu quero dizer: no ápice da minha loucura, quando me vi às voltas com o tema, sozinho, sem conseguir redigir uma frase, minha família veio ao meu encontro, cuidar de mim. Permaneceram ao meu lado, sustentaram as minhas ansiedades e os meus medos até o último ponto final. O cuidado é assim: um vai e volta. Refere-se a algo mútuo, caso contrário não pode ser encarado como um cuidado de verdade.

Lembremos que, para Winnicott, as tendências inatas à integração só se concretizam quando o ambiente as favorece, tendo em vista que o excesso de privação acarreta consequências imprevisíveis na vida dos sujeitos: a ausência do sentimento de continuidade de *ser*, de sentir-se real, de que a vida vale a pena ser vivida. Essa forma de pensar a natureza humana e a cultura, entre indivíduo e sociedade, rompe uma visão limitada por dicotomias. A construção da subjetividade, portanto, é indissociável dessa dinâmica.

Hoje, os valores da ética do cuidado, baseados na empatia e na sensibilidade, foram substituídos pela competição generalizada, consagrando como valor a lógica do mercado, isto é, predomina a sobrevivência do "mais forte". Não há dúvida de que esse princípio é capaz de promover uma maior produtividade, privilegiando o interesse do capital (o lucro), desconsiderando, assim, as genuínas necessidades humanas devido ao caráter predatório que se impõe no interior das relações sociais.

A pergunta que fica é: a que preço?

Por que, então, insistir nesse abismo entre a psicanálise e a educação? Winnicott (1988/1990b) segue na contramão e nos diz: "A pessoa que cuida do bebê, e o professor não menos que aquela, estão disponíveis para receber o gesto espontâneo de amor da criança, capaz de *neutralizar* suas preocupações, remorsos ou culpa" (p. 94, grifos meus). Com efeito, é importante sublinhar o papel decisivo do cuidado no processo de constituição do indivíduo.

Desse modo, as características assumidas pelas relações sociais nas quais o sujeito está inserido, ao longo da vida, são de importância vital seja para o fortalecimento de uma vida emocional sadia, seja para a sua deterioração. Em seus artigos sobre a democracia, Winnicott a associa com a maturidade emocional, isto é, com a capacidade que seus integrantes têm de, sentindo-se parte de um coletivo, reconhecer a singularidade do outro.

Apesar de parecer uma utopia, a característica dessa mudança do contexto social deve ser regida pela ética do cuidado e, nesse terreno, a educação escolar possui um papel relevante. Escola, família e comunidade são os três pilares fundamentais para a construção de um novo modelo civilizatório. Não creio, evidentemente, que isso ocorrerá em um passe de mágica, mas com um enorme esforço a partir da compreensão dos temas que foram abordados neste trabalho. Por sorte, eu não desisti. Por sorte a psicanálise se mostra mais viva do que nunca. Sobretudo quando se propõe a sair do seu círculo e dialogar com outros saberes. Foi isso que aprendi com os meus professores e é nisso que acredito.

Acreditemos!

Referências

Salinger, J. D. (2020). *O apanhador no campo de centeio.* Todavia.

Winnicott, D. W. (1990). *Natureza humana.* Imago. (Trabalho publicado postumamente em 1988)

GRÁFICA PAYM
Tel. [11] 4392-3344
paym@graficapaym.com.br